決定版

農家が教える 野菜の収穫・保存・料理

大ボリューム!
おいしいレシピ
295

西東社編集部編

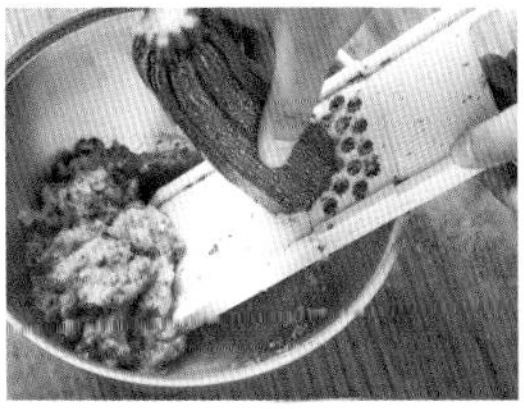

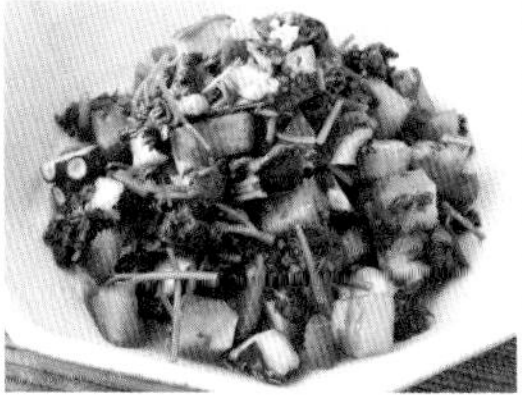

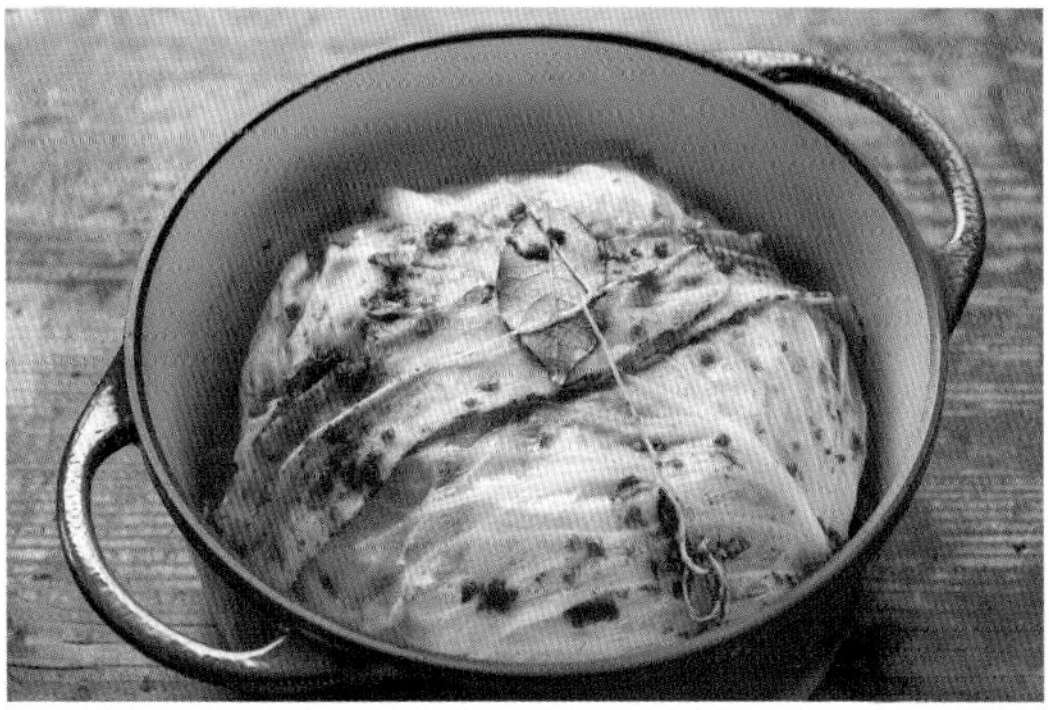

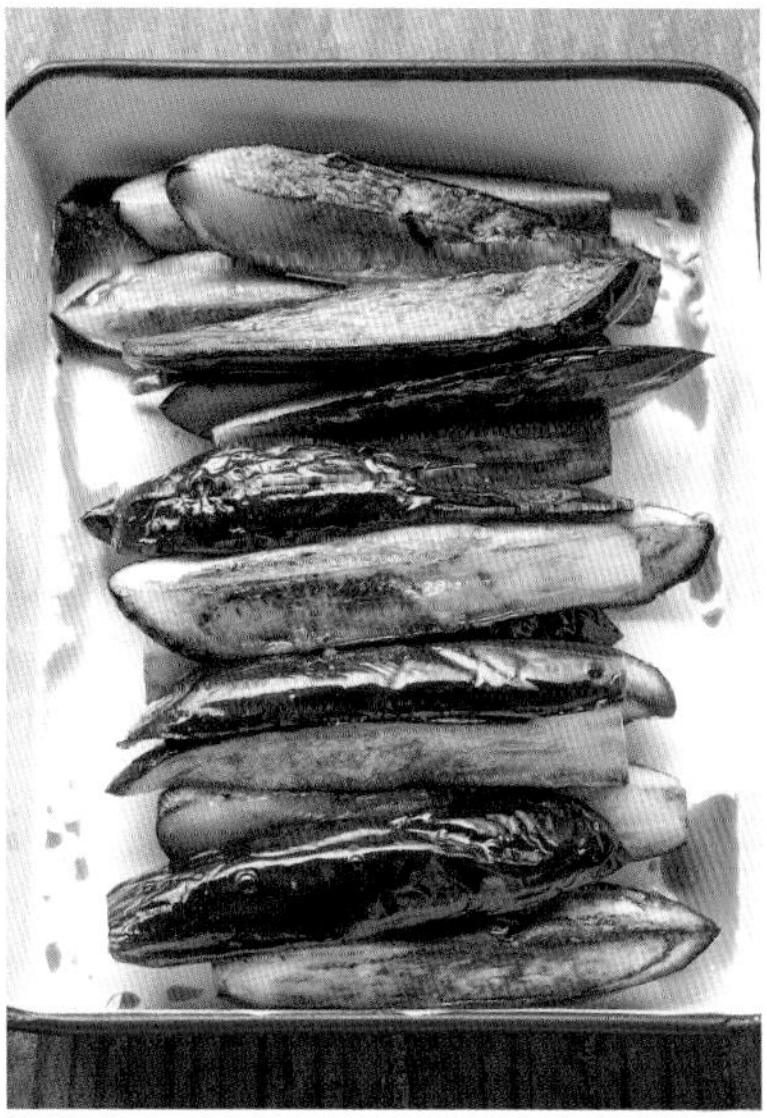

西東社

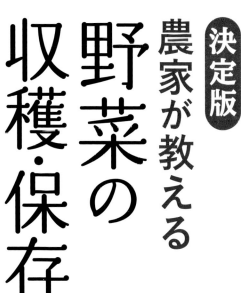

CONTENTS

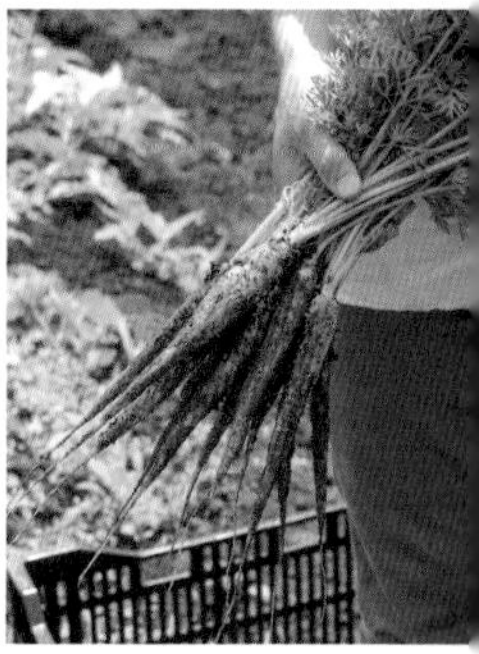

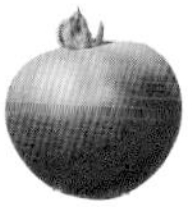

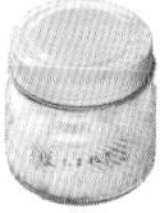

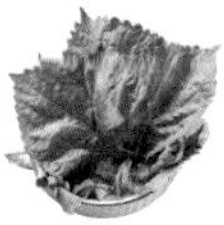

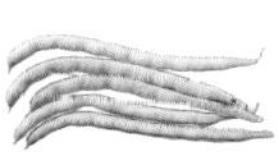

1章 春・夏の野菜

15～113

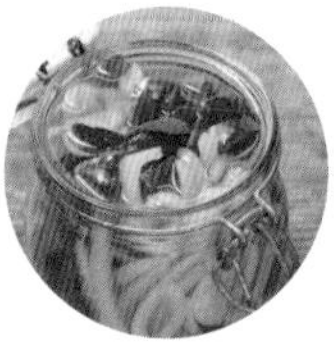

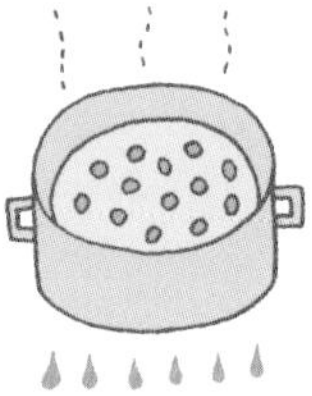

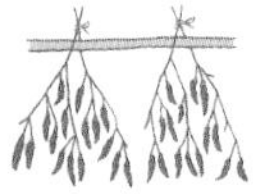

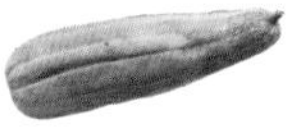

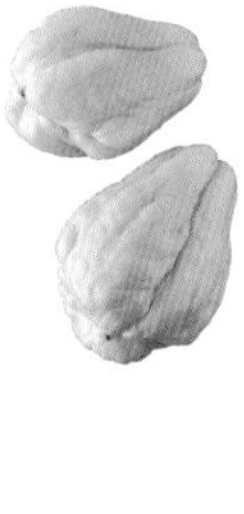

山菜の保存と活用法

114～128

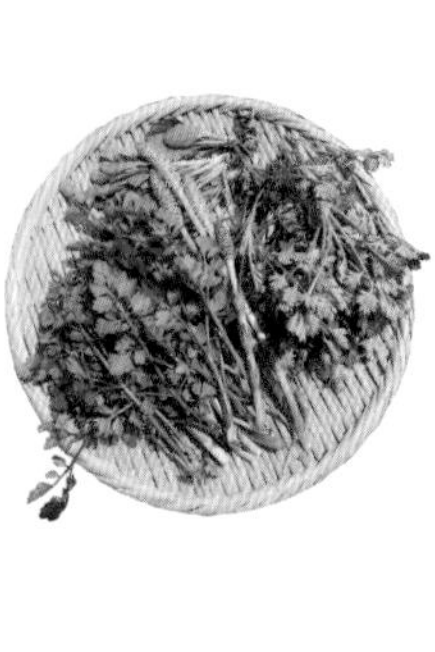

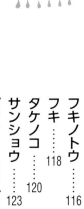

2章 秋・冬の野菜

129～209

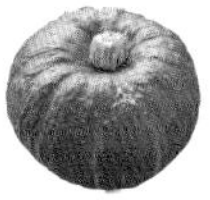
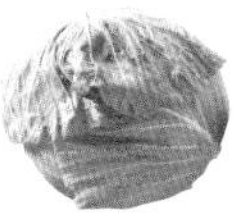
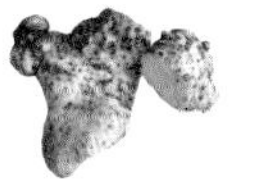
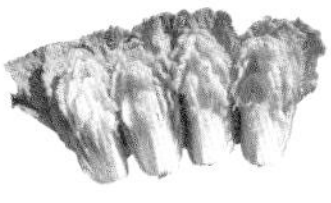
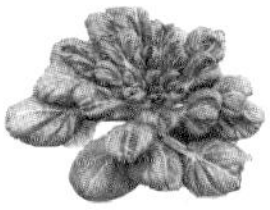

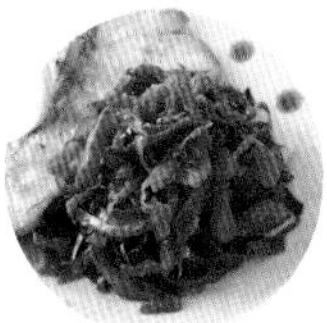
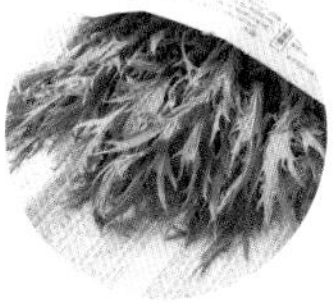
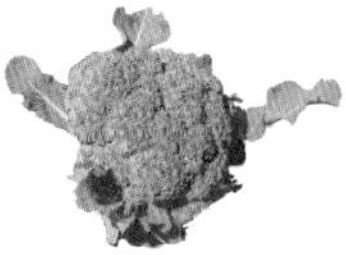

ハーブの保存と活用法

210～223

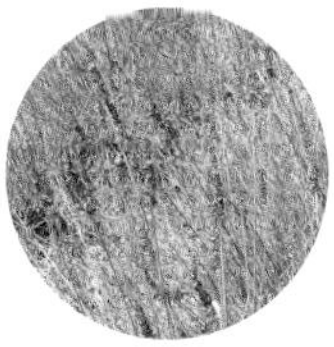
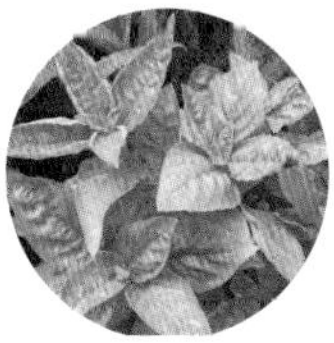
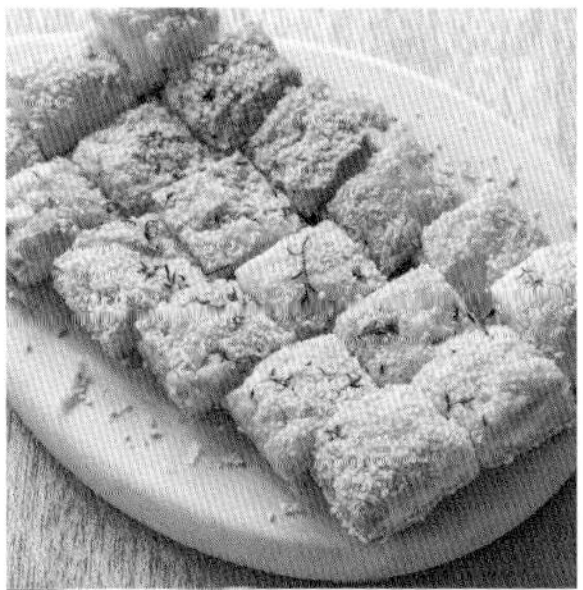
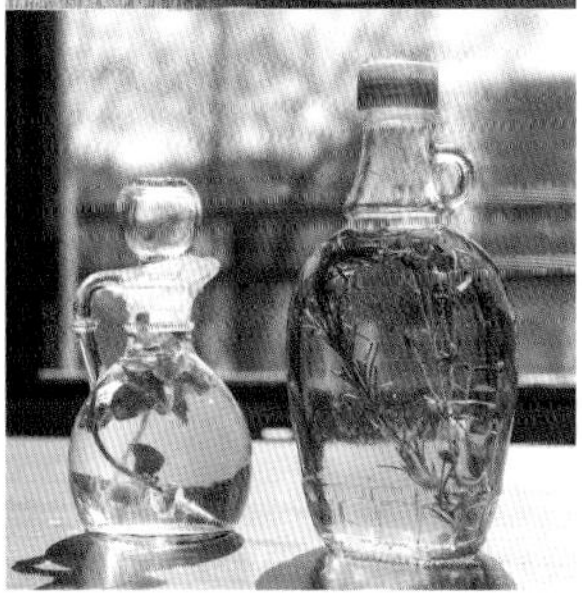

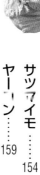

50音順 野菜さくいん

野菜別 レシピもくじ

春・夏の野菜

秋・冬の野菜

本書の使い方

本書では、家庭菜園などで栽培している野菜の収穫方法や、保存方法、収穫した野菜をムダなくおいしく食べられるレシピを掲載しています。

消費料理

たくさん収穫できたときにおすすめのレシピを紹介しています。

収穫方法

家庭菜園での収穫の仕方のほか、より多く収穫できるコツや、より長く収穫するためのコツも掲載しています。

囲みコラム

種のとり方や収穫・保存に役立つ情報を掲載しています。

保存方法の種類

各野菜で紹介している、おすすめの保存方法を示しています。

保存方法

各野菜に適した保存方法を掲載しています。
下記のような保存方法があります。
なお、各保存方法は下記の温度・場所を想定しています。

常温保存 15～25度で保存。「冷暗所」とは直射日光が当たらない通気性のよい場所。

冷蔵保存 冷蔵庫の5度前後で保存。

冷凍保存 冷凍庫のマイナス20度前後で保存。

乾燥保存 天日に当て、水分をとばして保存。干し時間は、よく晴れて乾燥している日の目安。

漬け保存 漬け汁につけておく保存法。冷蔵・冷凍保存が必要な場合は、別途記載。

加工保存 より長く保存するために、ひと手間かけたもの。

収穫カレンダー

収穫の目安を表示。茨城県南部を基準にしています。地域や天候によって異なるため、あくまで参考としてください。

保存期間の目安

本書想定の場所、温度で保存した場合に保存できる期間の目安。あくまで目安として、必ず状態を確認してから食べてください。

【料理レシピについて】

- 材料は作りやすい量で記載しています。
- 大さじ1は15㎖、小さじ1は5㎖、米1合は180㎖です。
- 電子レンジの加熱時間は500Wの場合の目安です。お手持ちのレンジのワット数に合わせて調整してください。
- 砂糖は粗糖や三温糖を使うとまろやかでコクも出るのでおすすめ。
- サラダ油は、なたね油や米油などを使ってもOK。

野菜保存の基礎

育ててきた野菜が大豊作！　こんなにうれしいことはありませんが、
いつまでもおいしく食べられる保存方法に悩むところです。
ここでは、収穫野菜を保存するときに知っておきたい基礎知識を整理しておきましょう。

野菜に適した保存方法を知りましょう

葉もの

ホウレンソウやレタス、ハクサイなどの葉もの野菜は、葉から水分が失われていきます。蒸散を防ぐため、湿らせた新聞紙に包んでから保存袋に入れて、冷蔵保存を。また、畑では上へ上へと大きくなっていた野菜なので、その環境に近いよう、立てて保存します。横にしていると上に伸びようと、余分な栄養を使ってしまいます。

根菜類

ニンジン、ダイコン、カブなど、土の中で育つ根菜類は乾燥が苦手です。土の中から掘り出したときから乾燥していくので、保存するときは新聞紙や紙袋でおおっておきましょう。土の上に出ていた葉茎は、収穫したらすぐに根と切り分けておきます。

ぶら下がってなる野菜

キュウリ、ナス、トマトなどぶら下がってなる野菜の多くは、気温の高い時期に生長し、収穫されます。そのため、冷たい場所は苦手です。もし冷蔵庫に保存する場合は、新聞紙などに包んで保存袋に入れ、野菜室で保存をしましょう。冬なら常温保存も可能です。

基本の保存法

収穫した野菜を保存する方法は、おもに以下の3種類があります。
収穫後、すぐに適した保存法を行い、長くおいしく食べましょう。

冷凍保存

冷蔵保存は対策を講じても数日間しかもちません。食べ切れないことが予想されるときは、早めに冷凍保存にしておきましょう。野菜によっては生のまま冷凍できます。ゆでるなど加熱したり、あらかじめ味をつけたりしておけば、調理をするときに時間短縮もできます。

加熱して調理によく使う大きさに切り、小分けしておくと便利です。ゆでるときは、かためにゆでておくとよいでしょう。

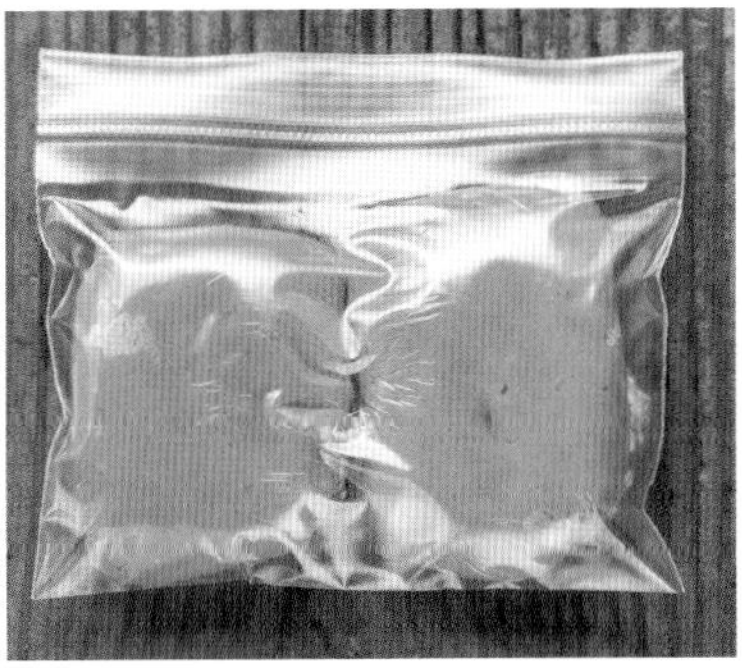

ジャガイモやカボチャなど、冷凍すると繊維が壊れて食感が悪くなるものは、ゆでてマッシュにして冷凍を。

冷蔵保存

丸ごと保存する場合は、保存袋やポリ袋などに入れてから冷蔵庫へ。乾燥を嫌うものなら、湿らせた新聞紙やキッチンペーパーで包んでから袋に入れると安心です。低温を嫌うものは野菜室に入れ、庫内の温度が下がりすぎないように気をつけておきましょう。

鮮度保持の働きがある保存袋を使うと、より長く生き生きと保存ができます。冷蔵庫に入れっ放しにせず、状態はこまめにチェックを。

カットした野菜は、切り口が空気に触れないようにぴったりとラップでおおっておきましょう。さらに保存袋に入れておけば劣化が防げます。

常温保存

寒さが苦手な野菜などは、風通しがよい冷暗所に常温保存をします。ただし気をつけたいのは、常温とはいってもキッチンのコンロまわりや閉め切った部屋では温度が高くなりやすく、冬場の屋外では温度が低くなりやすいこと。環境の変化にも注意を払うようにしましょう。

コンテナそのものは風通しがよいものですが、中に野菜を入れて積み上げると蒸れてしまいます。ズラして重ねるなどの注意を。

室内で保存する場合、かごやバスケットなどに入れれば、見た目にもあまり気になりません。常温保存できるものも、カットしたら冷蔵庫へ。

保存袋と容器

野菜保存には袋、びん、密閉容器が適しています。
野菜の鮮度を保つ専用の袋もおすすめです。

密閉シール容器

保存容器。水分のあるものなど袋では保存しにくいものに利用します。ふたつきで冷蔵、冷凍が可能なものを。

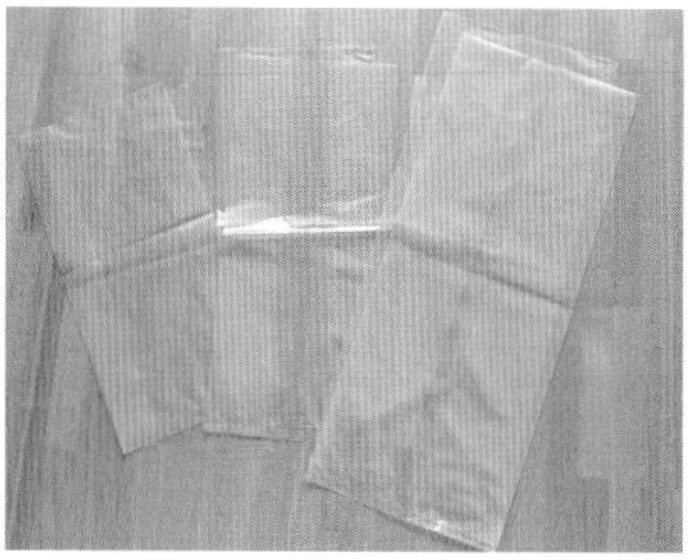

鮮度保持袋

鮮度を保持する働きをもつ保存袋。野菜の呼吸をコントロールし、休眠状態にして老化物質を出すのを抑えます。

密閉ガラスびん

保存びん。煮沸して使うことで(→P13)、格段に保存期間が長くなります。目的に応じた大きさのものを用意しましょう。

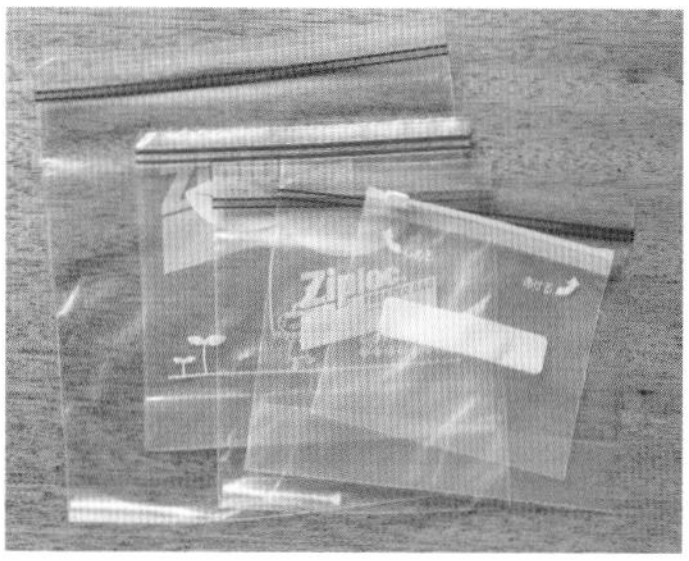

ジッパーつき保存袋

密閉ができるジッパーつき保存袋。中の空気をしっかり抜いてとじます。冷凍用には専用のものを使いましょう。

農家のコツ

熱めのお湯で洗うと、野菜の鮮度が保たれる！

元気がなくなった野菜は、熱めの湯で洗うことで元気をとり戻します。手で触って熱いと感じるくらいの温度の湯に浸すことで、気孔がゆるみ、そのときによりたくさんの水分をとり込むからです。みずみずしくなるだけでなく、汚れや泥も落としやすくなり、さらに野菜がもつアクやえぐみも少なくなります。レタスやキャベツ、ホウレンソウなどの葉もの野菜だけでなく、キュウリやトマトなどでも効果があります。

1 水を張ったボウルに熱湯を少しずつ足し、熱いと感じる程度に水温を調整します。

2 熱くなったお湯に野菜全体を浸け、葉の間までお湯がいきわたるように洗います。

3 水気を切り、キッチンペーパーで包んで保存袋に入れて冷蔵庫の野菜室で保存します。

定番の加工方法

冷蔵保存や冷凍保存をするだけでなく、
長期間保存できる加工食品にするのもおすすめです。

ジェノベーゼ

バジルのジェノベーゼがよく知られていますが、緑色の葉をもった野菜なら何でもジェノベーゼソースにできます。パスタソースのほか、肉や野菜にかけるソース、ドレッシングや和え物など幅広く重宝します。

適した野菜
シュンギク、ルッコラ、青ジソ、ニンジンの葉など。

材 料

- バジル…80g
- クルミ…50g ●ニンニク…1かけ ●塩…小さじ1
- アンチョビ…2枚 ●オリーブオイル…100㎖ ●しょう油…小さじ1

作り方

1 すり鉢にバジル、クルミ、ニンニク、塩、アンチョビを入れ、よくする。
2 オリーブオイルを少しずつ加えて混ぜ合わせる。最後にしょう油を加える。

※ミキサーに材料を入れてすべて混ぜ合わせてもよい。
※クルミの代わりに松の実、ピーナッツ、ゴマなどでも。

ピクルス

酢を使った漬け物です。ほとんどどのような野菜でも作れます。いろいろな野菜で挑戦してみましょう。基本のレシピに好みの香辛料を加えて、アレンジを楽しんでみては？

適した野菜
定番のパプリカ、キュウリ、ニンジン、ミニトマト、オクラ、ズッキーニ、セロリ、ダイコンなどのほか、生のカボチャなども。

材 料

- パプリカ…4個
- ピクルス液〔酢…200㎖、水…150㎖、砂糖…50g、塩…4g、ローリエ…1枚、コショウ…少々〕

作り方

1 パプリカは種をとり、1㎝幅に切って、保存するびんに詰める。
2 鍋にピクルス液の材料を入れ、火にかけて沸騰したら1に注ぎ入れる。

保存容器の煮沸　容器に保存するときは、必ず煮沸しましょう

長期保存が可能な保存用のガラスびんは、使用前にきちんと消毒しておく必要があります。鍋に入るものなら煮沸消毒を。大きいものは無水エタノールなどのアルコール消毒を。

深鍋にたっぷりの水を入れてびんを入れます。沸騰後10分、煮沸消毒をします。

とり出したらふせて置き、乾燥させます。ふきんで拭きとらないようにしましょう。

干し野菜の作り方

野菜が余ったときには干し野菜にするのもよいでしょう。
干すことでうまみが凝縮し、生とは違った食感も楽しめます。

野菜の切り方

干し野菜を作るときは、皮はむかずに切ります。皮と実の間にうまみが多く、それを逃さないためです。キュウリやゴーヤなどは種をとり除きます。断面を多く切ると、その分、早く乾燥できます。

野菜の干し方

切った野菜を重ならないようにざるに並べ、風通しがよくて日当たりのよいところに置きます。夕方以降は湿気が増えてくるので室内にとり込みます。乾燥ぐあいをみながら、野菜を裏返しましょう。

保存の仕方

完全に干し上がったものは、乾燥剤を入れて密閉容器や保存びんに入れておきます。数カ月はもちます。すぐに使う場合はジッパーつきの保存袋に入れて冷蔵庫へ入れておきましょう。

干し野菜の利用法

揚げ物や炒め物に

水分がなくなっているので炒め物は水っぽくならず、味もしみ込みやすくなります。水分が多いと油はねが心配な揚げ物も、干し野菜なら心配ありません。干したことで歯ごたえがアップしているので、食感を生かしたメニューも楽しめます。

1章

春・夏の野菜

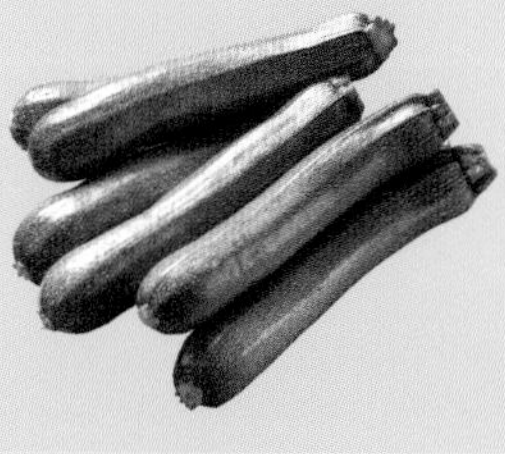

トマト

長く収穫できる家庭菜園の代表的野菜。未熟な状態で収穫したときは、常温で追熟を。

保存方法の種類

常温保存　冷蔵保存　冷凍保存　漬け保存　加工保存

収穫カレンダー（月）

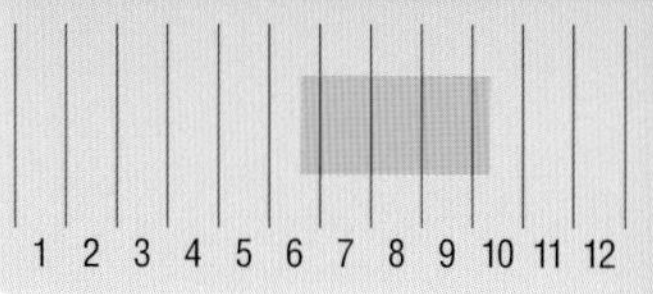

収穫方法

赤く熟したものから収穫。収穫後、ほかの実を傷つけないよう、へたギリギリのところで切ります。

長い間収穫できる

夏野菜の代表的な存在ですが、盛夏だけでなく、6月下旬から10月上旬まで長い間収穫できます。1株の中でつぎつぎに実をつけるので、収穫期間中も肥料を切らさないようにしましょう。

最初の実がピンポン玉（ミニトマトなら直径1cm）くらいになったら肥料を2～3週間に一度くらいのペースで株元に与えます。1株で大玉なら20個、ミニトマトなら150個の収穫も可能です。

実が熟し始めたら乾燥気味に

赤く色づいたものから順に収穫していきます。熟し始めてきたら、水やりを控え、やや乾燥気味にすると、味がぐっとよくなります（それまでは通常どおりの水やりを）。

収穫直前に雨が多くふると実が水分を過度に吸収し、「実割れ」を起こすこともあります。大雨が予想されるときは早めに収穫しておくとよいでしょう。

秋のトマトは味が凝縮

9月に入ったら、水やりと追肥は控え、土に残った水分と肥料だけで育てます。果実はやや小ぶりになりますが、味は凝縮度が高まります。

青みが残るものは常温で追熟を

十分赤くなってから収穫するのが理想ですが、天候の状況などから早めに収穫したものは常温保存で赤くなるのを待ちましょう。青いものはピクルス(→P18)にすると美味。

収穫・保存Q&A

Q 加工用トマトは、ふつうのトマトと味が違う？

加工用トマトは育てやすく、栄養価が高く、うまみのもとになっているグルタミン酸もふつうのトマトより多く含まれています。ソースなどを作ることが決まっているときは加工用を。

保存方法

熟しているものは、水分に触れないようにポリ袋などに入れて冷蔵庫へ。新鮮なうちに切って冷凍したり、加工したりしておくとよいでしょう。

常温保存 約1週間

鮮度のよいもの

かごやバスケットなどに入れ、風通しのよいところに置いておきます。冷やしすぎると糖度が落ちるため、できるだけ常温で保存するのがよいでしょう。

冷蔵保存 約1週間

熟度の進んだもの

完熟しているものは冷やしすぎないように、そのままではなくポリ袋などに入れて、野菜室に保存を。切ったものはラップに包んで保存します。

すぐに使えるように湯むきをしたものも、2～3日なら冷蔵保存が可能です。

冷凍保存 約1カ月

切って冷凍、丸ごと冷凍も可

へたをとってざく切りするか、丸ごと冷凍保存袋に入れます。丸ごと冷凍すると、使うときに水で洗うだけでするっと皮がむけます。冷凍したものは1カ月程度おいしく食べられます。収穫期が長いので、一度に冷凍してしまうよりは、いろいろな保存方法を楽しみつつ、計画的に冷凍をしていくとよいでしょう。

農家のコツ

ミニトマトの便利な切り方

一度に半分に切ることができます。

1 平らな皿にミニトマトを並べます。

2 その上にもう1枚、皿を重ねます。

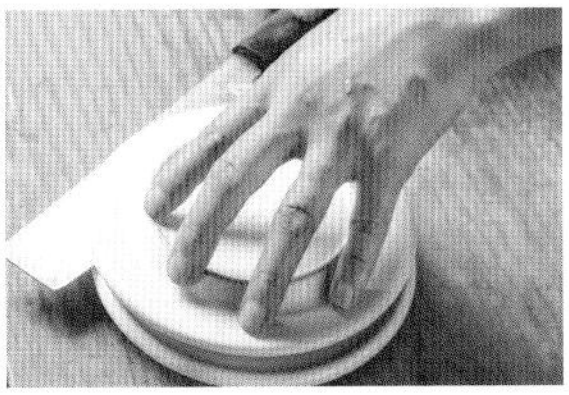

3 皿を押さえながら、皿と皿の間に包丁を入れます。

4 上の皿をはずすと、すべて半分に切れています。

漬け保存 約1週間～1年

漬け保存❶ 約1年*

ミニトマト・セミドライトマトのオイル漬け

*冷蔵庫で2週間、冷凍庫で1年保存可

ミニトマトを半分に切り、天板に並べてオーブンの低温（約140度）で1時間焼きます。ひたひたのオリーブオイルに漬けます。

オイル漬けを使って

材料

- セミドライトマト…5個
- クリームチーズ…100g　●牛乳…大さじ1

作り方

1 オイル漬けにしたセミドライトマトは油を切ってみじん切りにする。

2 クリームチーズを室温に戻し、やわらかくなったら牛乳を少しずつ加え1を合わせる。

セミドライトマトとクリームチーズディップ

漬け保存❷ 約1週間

青トマトのピクルス

分量

- 青トマト…250g
- ピクルス液［酢…200mℓ、水…150mℓ、砂糖…50g、塩…4g、ローリエ…1枚、コショウ…少々］
- 砂糖…少々

作り方

1 青トマトはくし形に切り、砂糖を混ぜ、半日置く。

2 1を保存するびんに詰める。

3 鍋にピクルス液の材料を入れ、火にかけて沸騰したら2に注ぎ入れる。

加工保存 約1週間～1年

加工保存❶ 約1カ月～約1年

トマトソース

生食用トマトでもできますが、加工用トマトで作ると深い味わいに。時間があるときに大量に作り、小分けにして保存を。保存期間が圧倒的に長いのはびん詰めですが、保存びんの煮沸を確実に行うことが必要。冷凍保存袋での保存は手がるですが、早めに使い切りましょう。

分量

- 加工用トマト…25個

MEMO

びん詰め→1年
冷凍保存→1カ月

作り方

1 加工用トマトをざく切りにして、鍋に入れる。

トマトソースを使って

ダイズのチリコンカン

材料

- トマトソース……400g
- 豚ひき肉……150g
- ダイズ……400g
- ニンジン……300g
- サラダ油……大さじ1
- 塩……小さじ1
- ニンニク……1かけ
- 水……100mℓ

A［クミンパウダー、チリパウダー、パプリカパウダー……各小さじ1
　クローブパウダー……小さじ¼

※パウダー類がすべて揃わなければ、クミンパウダー、チリパウダーのみでも可。

作り方

1 ダイズはひと晩水に浸し、やわらかくなるまで中火で煮る。
2 ニンジンは1㎝角に切り、ニンニクは包丁の背でつぶしておく。
3 鍋に油を熱して豚ひき肉を炒め、ニンジンを加える。
4 ニンニク、トマトソース、A、水、塩、1を加える。
5 水分が少なくなるまで中火でじっくり煮詰める。

ピタパンを半分に切り、袋状にして中にチリコンカンを入れれば、ピタパンサンドのでき上がりです。

3 水分が出てきたら、木ベラで崩していく。

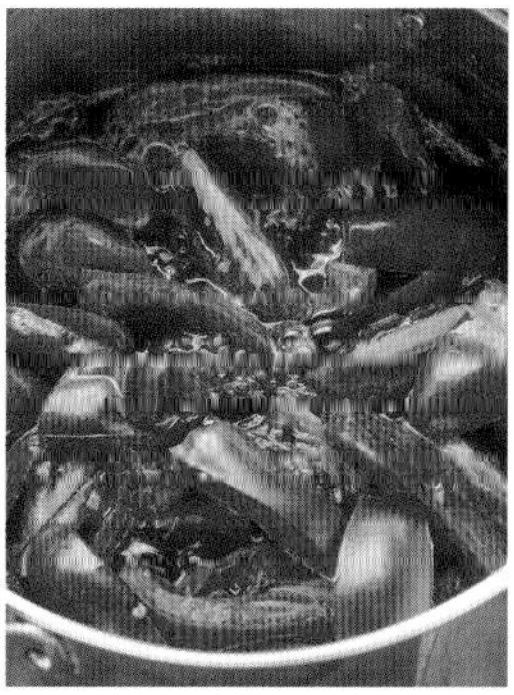

2 中火にかけて煮る。

4 半分くらいになるまで、中火で煮詰める。

5 ざるなどを使ってこす。

加工保存❷
約1カ月

トマトケチャップ

味つけがすんでいるので、手がるに料理に使えます。トマトソースとは別に作っておくと重宝します。

分量

- トマト…大5個
- タマネギ…½個　●塩…小さじ1　●ローリエ…1枚
- 砂糖…大さじ1　●酢…小さじ1（好みでニンニクを加えても）

作り方

1 トマトは湯むきしてざく切り、タマネギはみじん切りにする。
2 鍋に1と酢以外の調味料を入れて中火にかけ、煮立ったら弱火にする。途中、木ベラでトマトをつぶしながら半量になるくらいまで煮詰める。
3 酢を加え、さらに10分ほど煮詰める。

トマトケチャップを使って

材料

- トマトケチャップ…150㎖
- ピーマン…4個　●タマネギ…1個　●ソーセージ…4本
- オリーブオイル…大さじ2　●パスタ…4人分　●粉チーズ…適量

作り方

1 パスタは表示どおりゆで、ざるに上げてオリーブオイルをかけておく。
2 食べやすく切ったソーセージ、ピーマン、タマネギをフライパンに入れて炒め、野菜がしんなりしたらトマトケチャップと1を加え合わせる。
3 好みで塩、コショウをして味をととのえる。
4 最後に粉チーズをふる。

ナポリタン

加工保存❸
約1週間

ミニトマトのハーブマリネ

分量

- ミニトマト…15個
- はちみつ…大さじ1
- 塩…小さじ¼
- 酢…150㎖
- オレガノ…1枝

作り方

1 ミニトマトは切り目を入れて、熱湯にさっとくぐらせて氷水にとり、皮をむく。
2 ボウルに1とそれ以外の材料を合わせ、冷蔵庫でひと晩置く。

加工保存❹
約1年

青トマトのジャム

分量

- 青トマト…1kg
- 砂糖…500g
- レモン汁…少々

作り方

1 青トマトは1㎝角に切って、砂糖を混ぜ、半日置く。
2 鍋に1を入れ、中火で煮る。
3 アクが出てきたらとり除き、さらに中火で30分煮て、最後にレモン汁を加える。
4 煮沸したびんに入れ、びんごとふたたび煮沸して保存する。

煮込み料理などに使えば一度にたくさんの量を使い切ることができます。そのほか、下のような目新しい料理を食卓に出しても喜ばれることでしょう。

消費料理

トマトとトウモロコシの炊き込みご飯

材料

- トマト……2個
- 米……4合
- トウモロコシ……½本
- 鶏のだし……4合分
  (鶏もも肉…1枚、水…1ℓ)
- 塩……小さじ1
- 有塩バター……50g
- コショウ……少々

作り方

1 鶏もも肉と水を鍋に入れて弱火にかけ、沸騰させないように1時間ほど煮て、だしをとる(残った肉はサラダなどに)。
2 米は洗ってざるに上げ、水気を切る。
3 トマトはくし形切りにし、トウモロコシは実をはずす。
4 2、3と分量の鶏のだし、塩を合わせ、土鍋やほうろう鍋で炊く(炊飯器でも可)。
5 炊き上がったらバター、白コショウを加える。

ガスパッチョ

材料

- トマト……2個
- キュウリ……½本
- ピーマン……1個
- 塩……小さじ1
- ニンニク……½かけ
- 昆布水……100mℓ
  (昆布5×10cm+水500mℓを前日に冷蔵庫に入れておく)
- オリーブオイル……大さじ1
- 仕上げ用オリーブオイル、キュウリ‥適量

作り方

1 トマトはざく切り、キュウリは乱切り、ピーマンは種をとり4等分にする。
2 材料をすべてミキサーにかけ、冷蔵庫で冷やす。
3 食べるときに、仕上げ用オリーブオイルをまわしかけ、キュウリをちらす。

MEMO

夏野菜をたくさん使えるスペイン発祥の冷製スープ。トマトの酸味がさわやかで食欲をそそります。

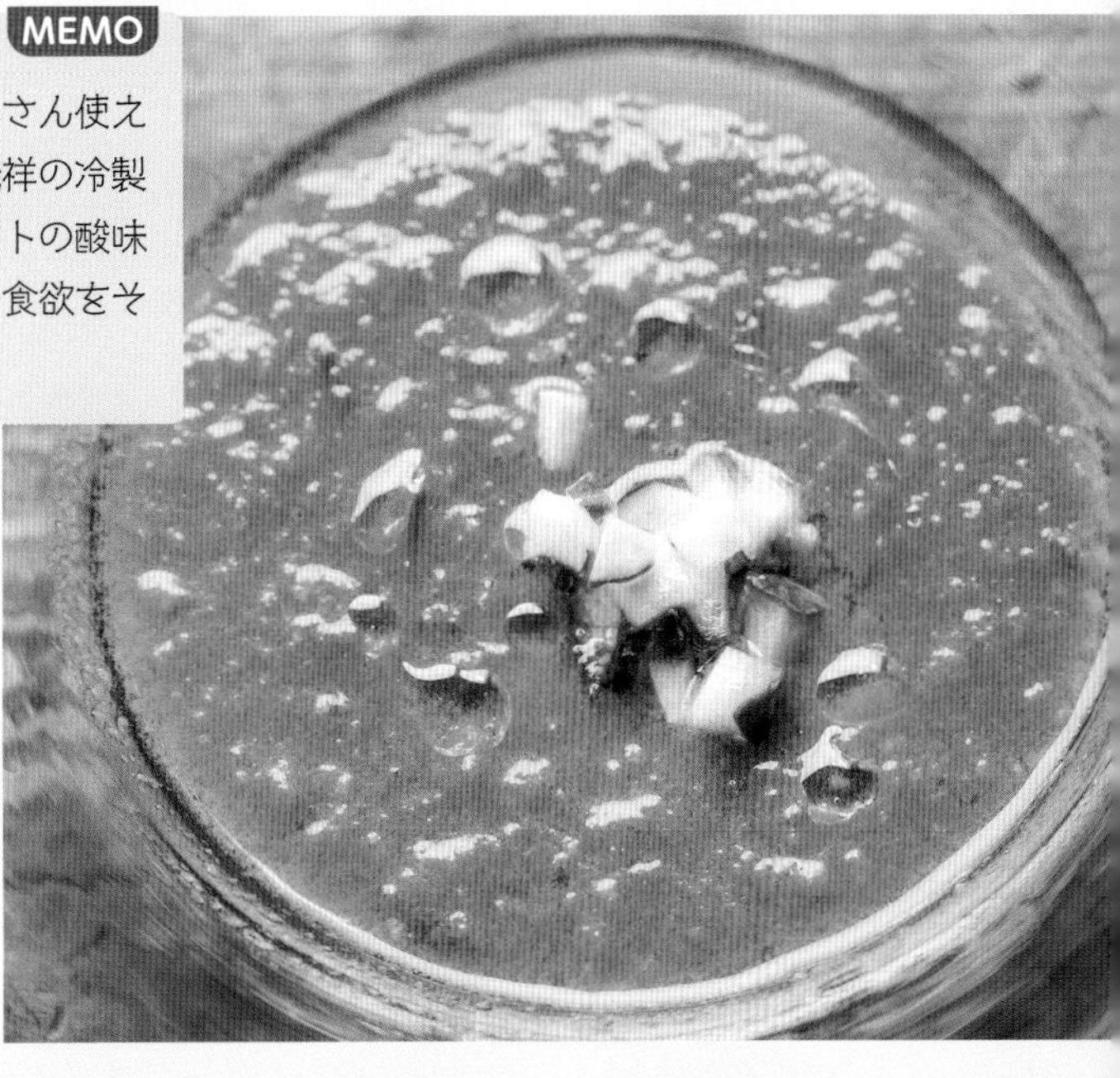

ナス

水分が蒸発しやすく、冷やしすぎると身が縮んでしまうので長く保存する場合は調理してから密閉容器に入れて冷凍します。

保存方法の種類
常温保存
冷蔵保存
冷凍保存
乾燥保存
漬け保存
加工保存

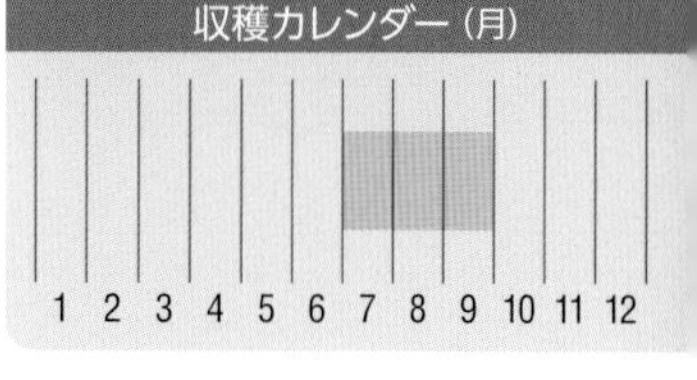

収穫方法

生育状況に合わせた手入れの仕方や収穫量の調整方法など、ナスの収穫のポイントを紹介します。

実の長さが12cm前後になったら、実のつけ根をハサミで切って、収穫します。

伸ばす枝を3本にする

最初に花が咲いたら（一番花）、そのすぐ下と上のわき芽を伸ばし、まっすぐに伸びている枝（主枝）と3本仕立てにします。その下のわき芽はすべて摘みとり、枝葉や根がよく伸びるようにします。

一番果は小さなうちに摘みとっておく

最初になった実は、小さなうちに摘みとっておきます。そのまま大きくすると、実に栄養がとられ、株の生長が遅れてしまうからです。二番果以降は長さ12cm前後になってから収穫を。

剪定

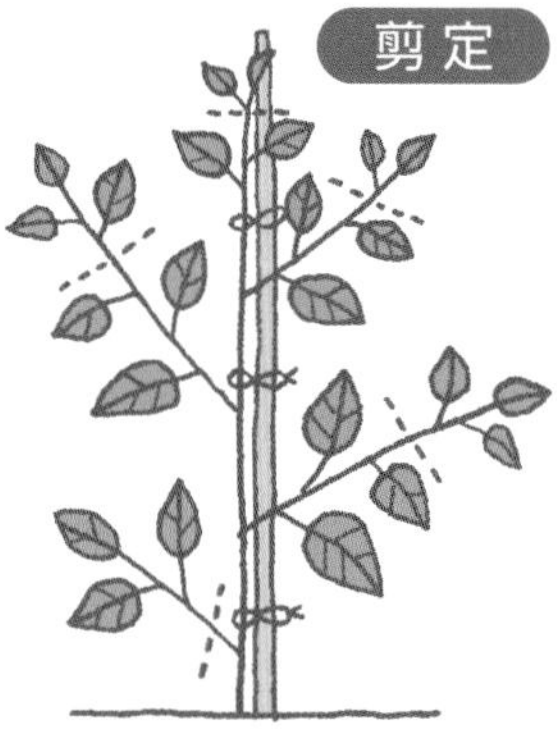
各枝とも、葉を2～3枚残して切り詰める。

秋ナス用の剪定を

つぎつぎと実をつけた株は7月下旬から8月上旬になると勢いが弱ってきます。この時期に一度、剪定を。いちばん下の枝は落とし、ほかのすべての枝の葉を2～3枚残して切り詰めます。1カ月後くらいからふたたび実をつけ始め、秋ナスの収穫ができます。

種のとり方

水中でとり出す

種とり用の実は収穫せず、株に残したまま追熟させます。図のように種をとり出し、水に沈んだ種だけを室内の風通しのよい場所で約5日程度乾かし、びんなどに入れて保存を。

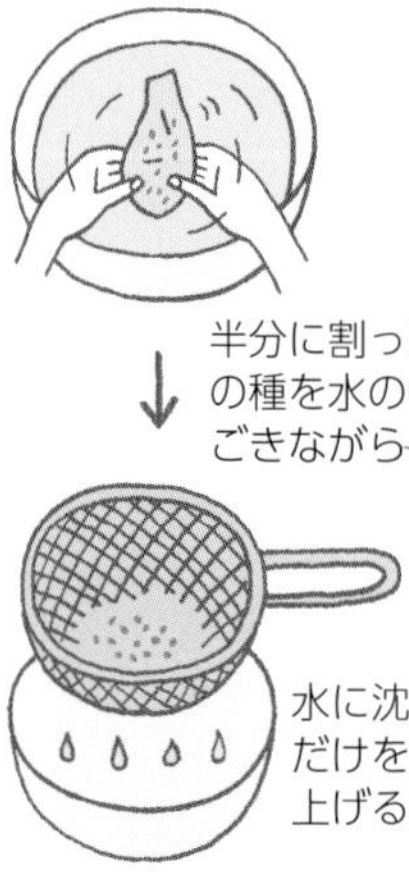
半分に割ったナスの種を水の中でしごきながらとる。
水に沈んだ種だけをざるに上げる。

保存方法

ナスは低温に弱く、冷やしすぎるとかたくなり風味が落ちるので、冷蔵保存の方法に注意を。長期保存は下ごしらえをしておくと安心。

常温保存 約3日

かごごとポリ袋へ

すぐに使う分は、かごに入れて上から湿らせた新聞紙をかけ、かごごと大きなポリ袋（ゴミ袋でもよい）に入れます。口をしっかり結んで冷暗所へ置いておきましょう。

冷蔵保存 約1週間〜10日

冷蔵保存① 約1週間

保存袋をしっかり密封して保存する

保存袋に入れ、袋の口を閉じて野菜室で冷蔵保存。1本ずつラップで包んでから保存袋に入れてもＯＫ。

冷蔵保存② 約10日

焼きナスをオイルに漬け、保存

1cm幅の輪切りにしたナスに塩少々をふり、熱したグリル板で焼きます。両面にこんがり焼き目がついたら、バットにとり上げ、すぐにオリーブオイルに漬けます。冷めたら保存袋に入れ、冷蔵保存します。

※好みで赤トウガラシやニンニクの千切りを加えても。

冷凍保存 約1カ月

カットして冷凍

へたをとり、乱切りにして10分ほど水にさらして水気を切り、保存袋に入れて冷凍を。冷凍のまま炒め物などに使えます。食感や色の劣化も少ない方法です。このほか、丸ごと蒸して、1本ずつラップで包んで冷凍しても。

乾燥保存

約2カ月

塩水に浸けて天日干しに

縦切りまたは輪切りにして濃いめの塩水（約5％）に10分浸けたあと、水気を拭きとってからざるに並べ、天日*で3～4日干します。

【縦切り】

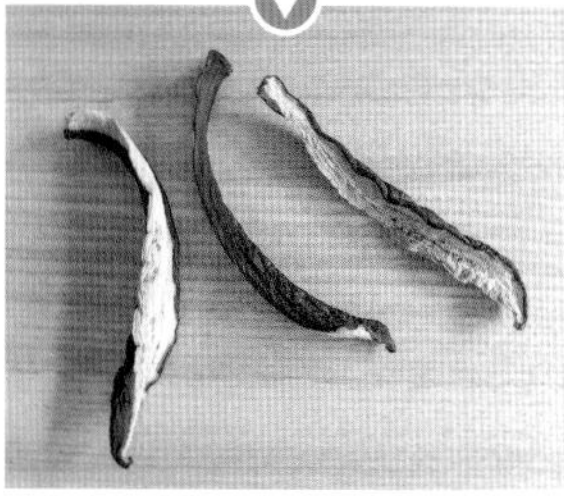

＊様子をみて、ときどき裏返してください。

【輪切り】

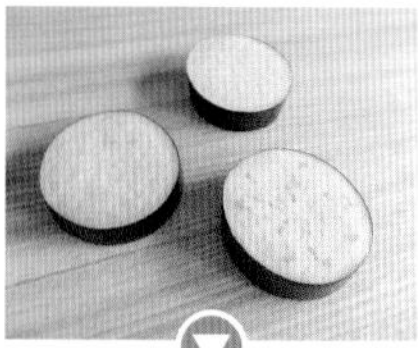

活用法

そのままみそ汁に入れるだけで、生のナスとは違った食感の即席具として大活躍！　また、水で戻して炒め物にしたり、パスタの具材としてなど幅広く活用できます。

干しナスを使って

材料

- 干しナス……2本分
- 車麩……………………2個
- 冷凍インゲン………5本
- サラダ油………大さじ1

A
- 酒……………大さじ2
- みりん………大さじ2
- 砂糖…………大さじ1
- しょう油……大さじ2
- だし……………50㎖

作り方

1 干しナスと車麩は水につけて戻しておく。
2 戻した車麩は4等分、インゲンは5㎝幅に切る。
3 鍋に油を熱し、水気を切ったナスと車麩を炒めてからAを加える。
4 中火で30分煮込み、インゲンを加えて5分煮る。

干しナスと車麩の炊き合わせ

漬け保存

約*1カ月

梅酢とみりんで漬け物に

＊重しをしたまま冷蔵保存

2㎜幅の半月切りにしたナスに梅酢と煮切ったみりんを加え、重しをして半日置きます。梅干しを漬けたときにできる梅酢で簡単にできる「しば漬け」です。梅酢に漬かった赤シソがあればざく切りにして入れます。

分量

- ナス…3本
- 梅干しと一緒に漬けた赤ジソ…少々
- 梅酢…大さじ2
- 煮切ったみりん…大さじ2

加工保存

約1カ月*

*冷凍庫で保存

加工保存❶ 約1カ月

焼きナスのしょう油漬け

分量

- ナス…5本
- サラダ油…大さじ2
- A しょう油…大さじ1 / だし…50㎖

へたをとったナスを縦4等分に切ります。サラダ油を熱したフライパンで両面を焼き、バットにとり出したら、Aの漬け汁を合わせてかけます。冷めたら保存袋に入れて、冷凍庫で保存します。

しょう油漬けを使って

材料

- 焼きナス…2本分
- 木綿豆腐…1丁
- 薬味ネギ…適量

作り方

よく水を切った木綿豆腐、焼きナスのしょう油漬けを器に盛り、薬味を添える。

冷や奴と焼きナスのしょう油和え

加工保存❷ 約1カ月

焼きナスの中華風漬け

分量

- ナス…5本
- ゴマ油…大さじ2
- A ナガネギみじん切り…½本分 / ショウガみじん切り…1かけ分 / ニンニクすりおろし…2かけ分 / しょう油…50㎖ / 豆板醤…大さじ1

ナスを縦4等分に切って、ゴマ油を熱したフライパンで焼き、バットにとり出します。Aの漬け汁を合わせてかけ、冷めたら保存袋に入れて冷凍保存します。

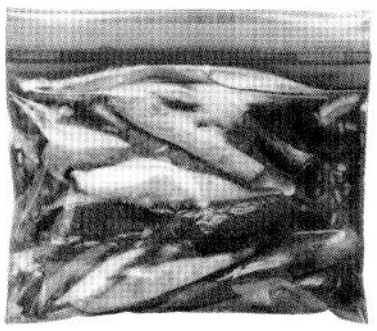

中華風漬けを使って

材料

- 焼きナス…3本分
- 豚肩ロースの塩漬け*…適量

*豚肩ロースの塩漬けの作り方

豚肩ロースに塩（肉250gに対して大さじ1）をすり込み、ラップをして冷蔵庫で1日ねかせる。ショウガを入れて弱火で1時間煮る。

作り方

ゆでた豚肩ロースの塩漬けを冷まし、解凍した焼きナスと和える。

塩豚とナスの中華風和え

分量

- ナス…5本
- レモン…2個
- 塩…小さじ¼
- オリーブオイル…大さじ2
- バルサミコ酢…大さじ3
- オレガノ…少々（あれば）

加工保存❸
約1カ月

焼きナスのレモン・バルサミコ酢マリネ

フライパンにオリーブオイルを熱し、へたをとって4等分に切ったナスに塩をして、両面を焼きます。焼き上がったらバットに並べ、レモン1と½個分をしぼり、バルサミコ酢を全体にかけて和えます。レモンの残りはスライスし、オレガノ（あれば）とともに保存袋に入れ、冷凍保存します。

レモン・バルサミコ酢マリネを使って

材料

- 焼きナス…3本分
- 生ゆば…適量
- 黒コショウ…少々(好みで)

作り方

生ゆばと焼きナスを交互に並べ、マリネ液と黒コショウをかける。

焼きナスとゆばのカプレーゼ

活用法

冷凍保存しておくと、そば、うどん、そうめんなどの具にできます。忙しいときの昼食が豪華に。

加工保存❹
約1カ月

焼きナスの和風めんつゆ漬け

フライパンにサラダ油を熱し、へたをとって4等分に切ったナスの両面を焼きます。焼き上がったらバットに並べ、めんつゆをかけます。冷めたら保存袋に入れ、冷凍保存します。

市販のめんつゆでもOK

分量

- ナス…5本
- めんつゆ［しょう油…50㎖、みりん…50㎖、酒…25㎖、かつお節…10g］
- サラダ油…少々

※めんつゆの作り方はp.51参照。

和風めんつゆ漬けを使って

材料

- 焼きナス…3本分
- そば…適量
- 青ジソ…適量

作り方

そばをゆで、焼きナス漬けを切って盛りつけ、つゆをかけて青ジソの千切りをちらす。

ナスと青ジソの和えそば

ナス自体は淡泊な味なので、濃いめの味で煮ると一度にたくさん食べられます。ディップも使い勝手のいい大量消費料理です。

消費料理

ナスとスペアリブの白ワイン煮込み

材料

- ●ナス……6本
- ●豚スペアリブ……2本
- ●オリーブオイル……大さじ1
- ●塩……小さじ1
- A
  - 白ワイン……200㎖
  - ニンニク……2かけ
  - ブラックオリーブ……10粒
  - タイム……3枝

作り方

1 豚スペアリブに塩をして30分置く。

2 ナスは2㎝角、ニンニクは半分に切る。

3 鍋にオリーブオイルを熱し、豚肉をこんがり焼く。

4 Aをすべて加え、中火で煮る。沸騰したら弱火で1時間煮込む。

ナスのディップ

材料

- ●ナス……3本
- ●タマネギ……½個
- A
  - 塩……小さじ¼
  - しょう油……小さじ2
  - なたね油……50㎖
  - ニンニクすりおろし……小さじ1
- ●オリーブオイル……適量
- ●黒コショウ……適量

作り方

1 タマネギはみじん切りにする。

2 ナスに筋を4本包丁で入れ、魚焼きグリルで両面をこんがり焼く。熱いうちに皮をむく。

3 フードプロセッサーに2とタマネギ、Aを入れて撹拌し、器に盛りつけ、表面にオリーブオイルと黒コショウをかける。

4 野菜やパンにつけて食べる。

活用法

トマトやレタスにかけたり、トーストにのせても。大量に消費できる一品！

ピーマン

夏の家庭菜園でつぎつぎに収穫が楽しめます。収穫しているあいだは、定期的に追肥を。たくさんとれたときは冷凍がおすすめ。

保存方法の種類　冷蔵保存　冷凍保存　加工保存

収穫カレンダー（月）

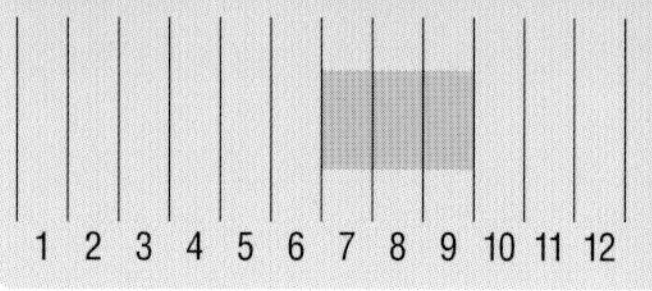

収穫方法

長く収穫していくためには、一番花は摘みとり、実が大きくなりすぎないうちに収穫を。

一番花は摘みとる

株に負担がかからないよう、一番花（→P22）は摘みとりましょう。もし実になってしまった場合は、早めに摘みとります。枝が折れやすいので、ハサミでつけ根を切って収穫しましょう。一般的には、1株で40〜60個の実をつけるといわれます。

長期間収穫し続けたいときは実が小さいうちにとっていく

実を大きくするたびに株に負担がかかり、収穫量が減ってしまうため、実が大きくなりすぎないうちに摘みとることを心がけましょう。収穫が遅れると、表面のツヤや張りがなくなり、しわがよってきます。

実がつき始めたら、定期的に追肥も行いましょう。化成肥料なら半月に1回、液肥なら1週間に1回程度を。花がついてすぐに落ちてしまったり、実の形がいびつになったりしたときは、ほぼ肥料不足が原因です。実に小さな穴があいていたら、害虫が入り込んでいることがあります。

株が疲れたときは若どりを

真夏になって株に疲れが見えたときは、実がまだ若い（小さい）うちに実を摘みとって、株に元気をとり戻させます。

赤いピーマンの収穫

ピーマンは若いうちは緑色で、熟してくると赤くなってきますが、株が小さなうちに完熟まで待っていると、株が消耗してきます。赤いピーマンを収穫したい場合は、収穫期の後半で行うとよいでしょう。

食べられる？食べられない？

赤くなったピーマン

ピーマンは、熟してくると赤くなってきます。赤いピーマンも緑ピーマンと同様に保存、調理できます。赤くなったもののほうがピーマン独特の青臭さがなく、甘みが増します。ただし、赤くなるまでには開花から60日かかります。

赤い色素には抗酸化作用があり、ビタミンCやカロチンも緑ピーマンの2〜3倍含まれている。

保存方法

すぐに食べ切れるときは冷蔵を。収穫量が多かったときは早めに冷凍しておくとよいでしょう。常備菜への加工も。

冷蔵保存 約2週間

保存袋に入れて野菜室で

洗ったあと、水気をよく拭きとってから、ポリ袋や保存袋に入れて口を閉じ、野菜室へ。傷みのあるものを見つけたらすぐにとり出します。

冷凍保存 約1カ月

食べやすい大きさに切って保存袋で冷凍

苦みのもとである種とわたはしっかりとり除き、食べやすい大きさに切って、保存袋に入れて冷凍。鮮やかな色を残したいときは、切ってからかるく塩ゆでか、バターソテーをしてから保存袋に。

MEMO

作るメニューに応じた切り方にして保存しておくと、時短調理に役立ちます。

加工保存 約1週間〜6カ月

加工保存❶ 約1週間＊

ピーマンのピペラドソース

＊冷蔵庫または冷凍庫で保存

大量に消費できる具だくさんソースです。赤いものも加えるときれいなソースになります。

分量

- ピーマン…10個
- オリーブオイル…大さじ2
- ニンニク…1かけ
- 塩…大さじ½
- トマトホール缶…½缶
- 白ワイン…100㎖
- タイム…1枝

作り方

1 ピーマンは縦半分に切り、へたと種をとり除き、千切りにする。
2 鍋にオリーブオイルを熱し、スライスしたニンニクを炒め、1と塩を加え炒める。
3 しんなりしたらほかの材料を加え、ふたをして30分煮込む。その後、ふたをあけて煮詰める。冷凍なら1カ月もつ。

ピペラドソースを使って

作り方

卵3個を溶きほぐし、塩、コショウ各少々を入れ、熱したフライパンに流し込み、半熟になったらピペラドソースをのせる。

ピペラドソースのふんわりオムレツ

加工保存❷

約6カ月

ピーマンみそ

ピーマンを細かく刻んで油で炒め、みそなどの調味料を加えて火を通します。ご飯のお供に最適。冷蔵庫で保存しましょう。

分量

- **ピーマン…10個**
- サラダ油…大さじ1
- A
  - みそ…150g
  - 砂糖…80g
  - みりん…100mℓ
  - 酒…100mℓ

作り方

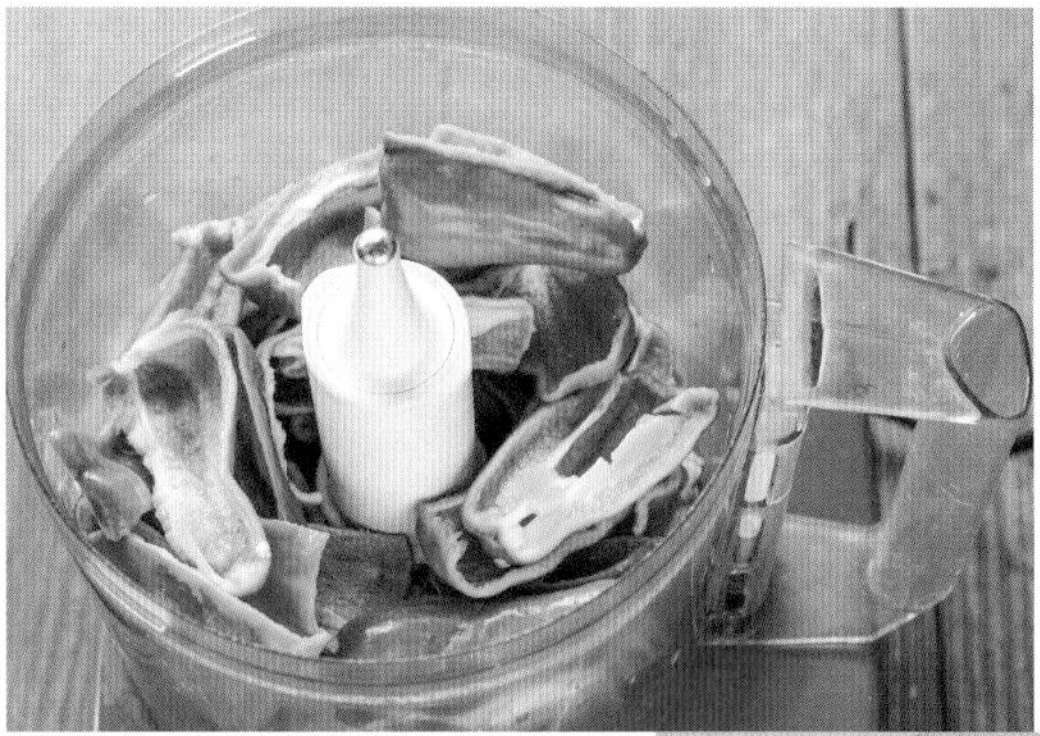

1 ピーマンは縦半分に切り、へたと種をとり除く。フードプロセッサーに入れ、細かく刻む。

MEMO

フードプロセッサーで細かくしたものは、保存袋に入れて冷凍保存にしても。

2 フライパンに油を熱し、1を加え、しんなりしたら、合わせておいたAを加える。

3 よく混ぜながら火を通す。

4 フライパンの底に筋ができればでき上がり。保存容器に入れて保存する。

脇役になりがちですが、ときにはピーマンが主役の炒め物に。丸ごと煮込んだり、肉詰めにするのも、おいしくたくさん食べたいときにもってこい。

消費料理

ピーマンとイカのショウガ炒め

材料

- **ピーマン……15個**
- イカ……1パイ
- ゴマ油……小さじ1

A
- 塩……小さじ¼
- 酒……50mℓ
- みりん……大さじ2
- ショウガすりおろし……大さじ2

作り方

1 ピーマンは縦半分に切ってへたと種をとり、ピーマンとイカは2㎝幅に切る。
2 フライパンにゴマ油を熱し、イカを炒める。
3 ピーマンを加え、**A**を加えて炒める。

ピーマンの丸ごとピリ辛煮込み

材料

- **ピーマン……15個**
- 赤トウガラシ……1本
- 塩……小さじ¼
- オリーブオイル……大さじ1
- 水……100mℓ
- しょう油……大さじ1

作り方

1 鍋にしょう油以外の材料を入れ、ふたをして弱火で30分煮る。
2 仕上げにしょう油を加え、ざっと混ぜ合わせる。

ピーマンの肉詰めフライ

材 料

- **ピーマン**……………6個
- 卵……………………………1個
- 小麦粉………………………適量
- パン粉………………………適量
- 揚げ油………………………適量

A
- 豚ひき肉……………200g
- タマネギみじん切り……½個
- 片栗粉……………大さじ1
- パン粉……………大さじ4
- 卵…………………………1個
- 塩…………………小さじ½

作り方

1 ピーマンは縦半分に切り、へたと種をとり除く。
2 ボウルにAの材料を合わせ、よく練り混ぜる。
3 ピーマンの内側に分量外の片栗粉を茶こしで薄くふって、2を詰める。
4 小麦粉を全体にまぶし、溶き卵、パン粉の順につけ、180度に熱した油できつね色に揚げる。

農家のコツ

ピーマンの便利な切り方

まな板がなくても、そぎ切りで簡単に切れます。

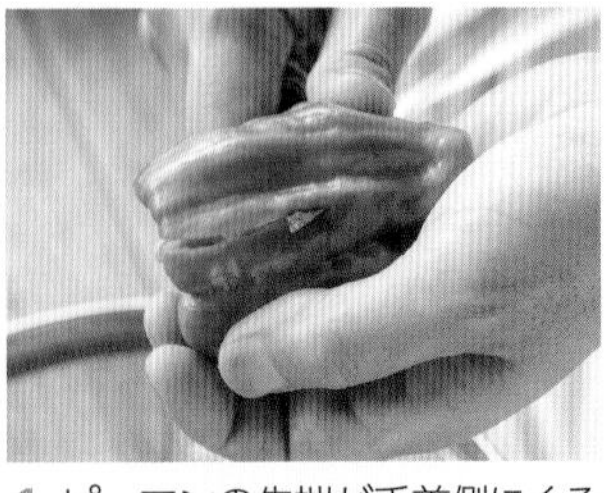

1 ピーマンの先端が手首側にくるように、縦に持ちます。

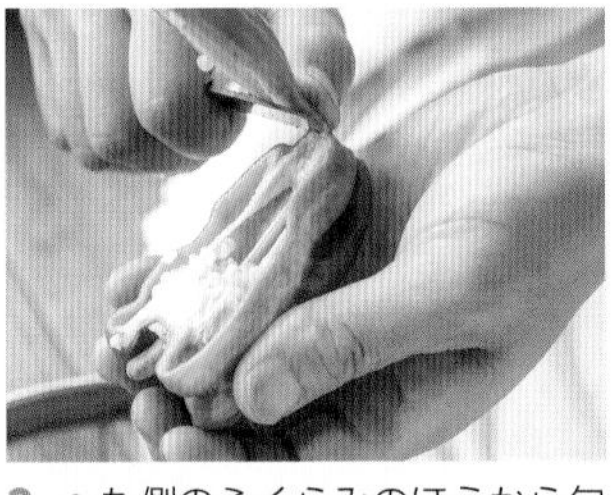

2 へた側のふくらみのほうから包丁を入れ、そぎ切りにします。

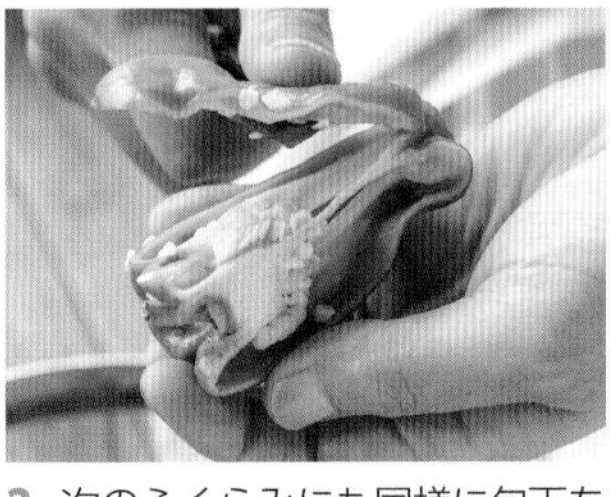

3 次のふくらみにも同様に包丁を入れて、そぎ切りにします。

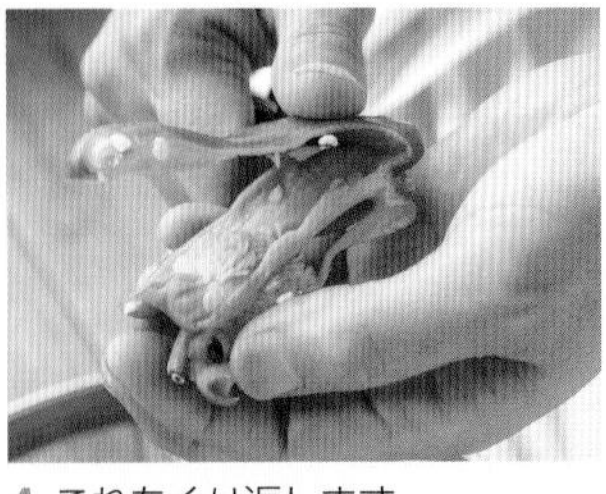

4 これをくり返します。

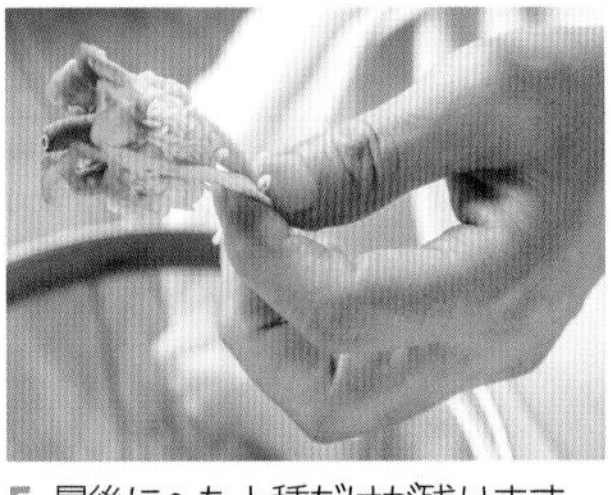

5 最後にへたと種だけが残ります。

column 彩りアップ！ パプリカの保存

赤、黄、オレンジと色鮮やかなパプリカは、炒め物やスープに入れると、見た目も華やかになり、子どもにも喜ばれます。

●みじん切りにして冷凍

みじん切りにして冷凍しておき、いろいろな料理にプラスして、楽しみましょう。ピーマンもプラスすると、よりカラフル。

みじん切りにした冷凍パプリカを使って

材 料

●みじん切り冷凍パプリカ…4個分

●タマネギ…1個 ●セロリ…1本 ●オリーブオイル…大さじ2
●ニンニク…1かけ ●トマトホール缶…½缶 ●塩…小さじ1
●白ワインビネガー…小さじ2

作り方

1 セロリとタマネギは3㎝角に切り、ニンニクはみじん切りにする。
2 鍋にオリーブオイルとニンニクを入れて炒め、香りが出たら1とみじん切りした冷凍パプリカを加え、塩を入れて炒める。
3 全体に油がまわったら、トマトホール缶を入れ、ふたをして弱火で30分煮る。
4 最後に白ワインビネガーを入れる。

カポナータ

●ピクルス

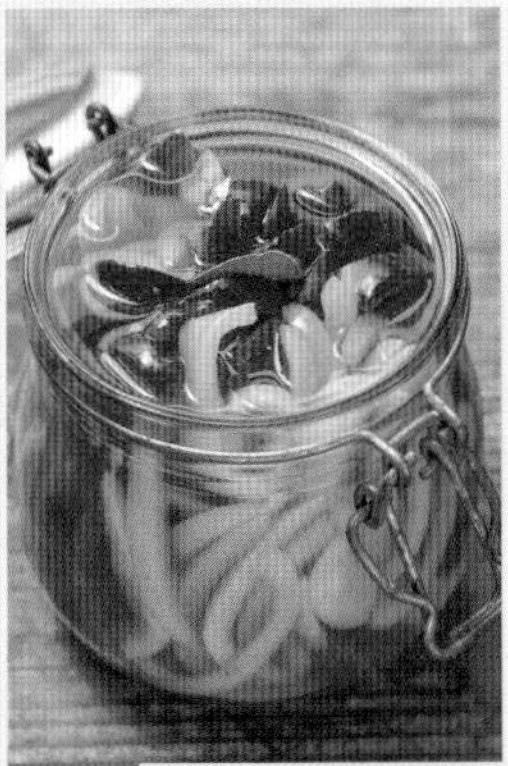

パプリカは種をとって、1㎝幅の細切りにし、保存するびんに詰めます。鍋にAを入れ、火にかけて沸騰したら、パプリカを入れたびんに注ぎ入れます。

分量 ●パプリカ…4個
A［酢…200㎖、水…150㎖、砂糖…50g、塩…4g、ローリエ…1枚、コショウ…少々］

ピクルスを使って

手まり寿司

材 料

●ピクルス…100g

●ご飯…400g ●ピクルス液…40㎖ ●塩…小さじ½
●スモークサーモン…1パック

作り方

1 ピクルスは小さめに切っておく。
2 炊きたてのご飯をボウルか飯台に入れ、ピクルス酢、塩、1を加えて混ぜ、うちわで冷ます。
3 ラップにスモークサーモン少々、2少々をのせ、丸くにぎる。上に赤と黄のピクルスを飾る。

ジャガイモ

花が咲くころに収穫したものは新ジャガ。皮が薄く、長く保存できないのでとりたてを早めに味わうか、冷凍保存を。

保存方法の種類　常温保存　冷凍保存

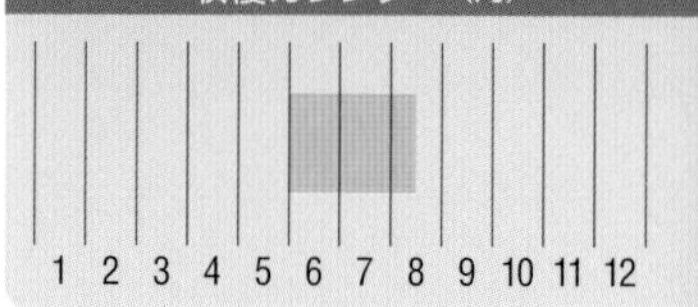

収穫方法

試し掘りをしてイモが大きくなっていれば収穫できます。葉が枯れてから収穫したものは長期保存も可。

試し掘りをしてみる

本格的な収穫期は葉が枯れ始めてからですが、花が咲いているころから新ジャガイモの収穫は可能です。株ごと引き抜いて試し掘りをしてみて、まだ小さすぎた場合は、土に埋め戻しておきます。新ジャガイモのうちに収穫したものは、保存がきかないので早めに食べます。葉が枯れてから収穫したものは、長期保存が可能です。

晴天が続くときに収穫を

収穫後は畑に広げて、半日ほど天日干しをします。このとき傷んでいるものはとり除いておきましょう。雨天が続いたあとは、畑の土が乾燥するまで収穫を待ちます。土が湿ったときに収穫すると、収穫時についた傷から菌が入りやすくなります。

ジャガイモの花。

収穫・保存Q&A

Q　収穫したイモを翌年の種イモにできる?

ジャガイモはウイルス感染しやすく、ウイルス感染した種イモを使うと収穫量が減ってしまいます。収穫したイモを翌年の種イモにできないことはありませんが、保存状態によってはウイルス感染してしまっている可能性もあるので、市販の検査ずみのものを利用したほうが確実で安心です。

食べられる? 食べられない?

しなびたイモ

水分が抜けたジャガイモは、味が濃くなっています。シャキシャキとした食感を味わう料理には使えませんが、煮物やイモもちなどでおいしく食べられます。

芽が出た、緑色になったイモ

芽にはソラニンという毒が含まれています。大量にとると、下痢や腹痛、めまいをおこします。保存中はまめに芽をかいておきましょう。全体が緑色になっているものもソラニンの影響なので、食べないようにします。長期保存後は厚めに皮をむいて調理を。調理するときは包丁の角を使って、芽を深めに削りとりましょう。

保存方法

4度以下になるとデンプンが変質してホクホク感が失われます。そのため冷蔵保存は厳禁。湿気と光も嫌います。

常温保存 約3〜9カ月

紙袋に入れて冷暗所へ

湿気で腐りやすいため、湿気を呼び込まないよう、ジャガイモについている土は、保存前にしっかりはらっておきます。光が当たらないように紙袋などに入れて、風通しのよいところに置いておきましょう。

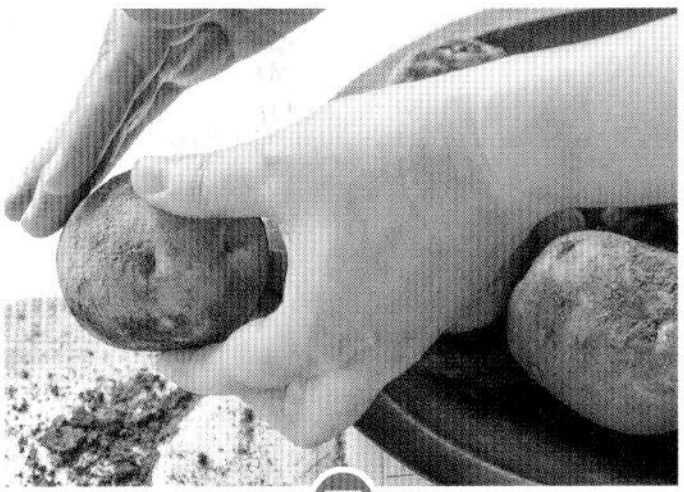

農家のコツ

リンゴをそばに置く

ジャガイモを保存している紙袋やかご、箱の中にリンゴを入れておくと、リンゴから発生するエチレンガスが発芽を抑える働きをします。

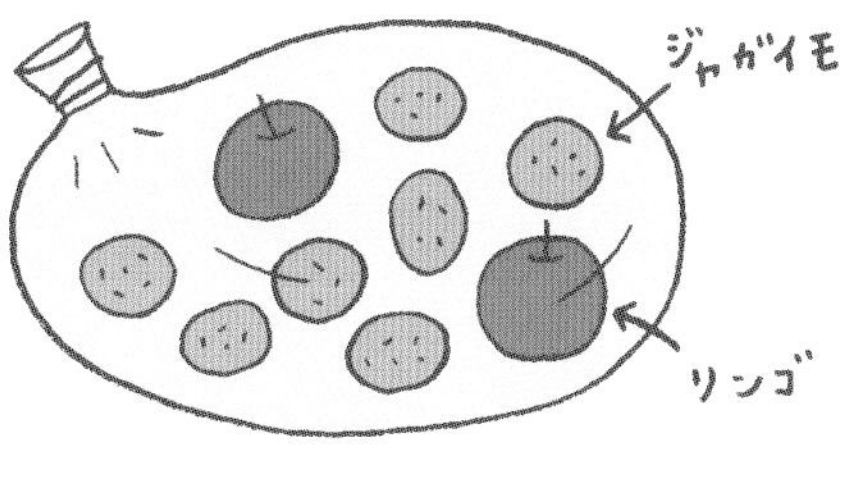

冷凍保存 約1カ月

冷凍保存① 約1カ月

切って冷凍

好みの大きさに切って、5分ぐらい水にさらし、水気をよく拭きとったものを冷凍保存袋に入れて、冷凍保存します。炒め物などには冷凍のまま使います。

冷凍保存② 約1カ月

マッシュして冷凍

風味を落とさずに冷凍するなら、マッシュ保存がいちばん。皮をむいて6等分くらいに切り、竹串が通るまでゆでます。水分をとばして熱いうちにマッシャーでつぶし、冷めたら保存袋へ。半解凍してコロッケやスープなどに使います。

定番料理以外もお試しを。自家製ポテトチップスは、食べ始めたらとまらなくなります。ポテトフライ（→P213）、蒸かしイモ（→P216）もぜひ。

消費料理

ジャガイモの春巻き

材 料

- **ジャガイモ……500g**
- 合いびき肉……150g
- タマネギ……1個
- 塩……小さじ½
- 春巻きの皮……10枚
- 炒め油、揚げ油……各適量

作り方

1 タマネギはみじん切りにする。
2 フライパンに油を中火で熱し、肉を炒める。
3 肉に火が通ったらタマネギを加えて炒め、冷ましておく。
4 ジャガイモは皮をつけたまま丸ごとゆでて皮をむき、マッシュする。
5 3を4に加えて塩をふり、春巻きの皮で包む。
6 揚げ油を160度に熱し、きつね色に揚げる。

カルボナーラ風ポテトサラダ

材 料

- **ジャガイモ……500g**
- ベーコン……50g
- オリーブオイル……大さじ2
- A
  - 卵黄……2個
  - 生クリーム……150mℓ
  - パルメザンチーズ……大さじ3
- 黒コショウ……適量

作り方

1 ジャガイモは皮をむいてゆで、ひと口大に切り、ベーコンは1cm幅に切る。
2 フライパンにオリーブオイルとベーコンを入れて中火にかけ、こんがり焼き色がつくまで焼く。
3 ジャガイモを加えて炒め、Aを合わせて入れ、弱火にする。
4 ソースが全体にからまって、少し煮詰まれば、黒コショウをかけてでき上がり。

タラモディップ

材料

- **ジャガイモ……200g**
- たらこ……1腹
- レモン汁……小さじ1
- 牛乳……大さじ2
- ニンニク……1かけ
- オリーブオイル……50㎖
- 黒コショウ……少々(好みで)

作り方

1 たらこは皮に切り込みを入れて中身をしごき出し、レモン汁を混ぜ合わせる。
2 ジャガイモは皮をむいてひと口大に切り、ゆでて熱いうちにマッシュする。
3 ニンニクはすりおろして牛乳と混ぜ合わせ、2に加える。
4 1と3を合わせてオリーブオイルを加え、ゴムベラで混ぜる。
5 好みで黒コショウをかけ、パンや野菜につけて食べる。

自家製ポテトチップス

材料

- **ジャガイモ……適量**
- 塩……適量
- 揚げ油……適量

作り方

1 ジャガイモはスライサーなどで薄くスライスして水にさらし、何度か水を替える。
2 1の水気を切り、160度に熱した油で、きつね色になるまで揚げる。
3 塩をふり、全体を混ぜる。

バジル風味のジャガイモベーコン巻き

材料

- **ジャガイモ**……………2個
- ベーコン……………………8枚
- ジェノベーゼ(→P13)……大さじ1
- オリーブオイル……………大さじ1

作り方

1 ジャガイモは縦に8等分のくし形に切り、ボウルに入れてジェノベーゼで和える。

2 1本ずつ、半分に切ったベーコンを巻きつける。

3 フライパンにオリーブオイルを熱し、とじ目を下にして**2**を並べ入れる。ときどき上下を返しながら、弱火でじっくり中まで火を通す。

ジャガイモとスペアリブのカムジャタン(韓国風煮物)

材料

- **ジャガイモ**……………4個
- 豚スペアリブ…………4本(約400g)
- ナガネギ……………………1本
- ゴマ油……………………大さじ1
- A
  - 酒……………………大さじ4
  - コチュジャン……………大さじ2
  - 豆板醤……………………小さじ1
  - みそ、しょう油…………各大さじ1
  - 砂糖……………………小さじ2
  - ニンニクすりおろし………小さじ1
  - ショウガすりおろし………小さじ1
- 水……………………………適量

作り方

1 ジャガイモは皮つきのまま縦半分に切って3等分に切る。ナガネギは2㎝幅に切る。

2 鍋にゴマ油を熱してスペアリブを焼きつけ、表面がきつね色になったら**1**を加えて炒める。

3 **2**に**A**を加えて水をひたひたに入れ、中火で30分煮込む。

4 器に盛り、好みでナガネギの小口切りをちらす。

ジャガイモのチーズガレット

材 料

- ジャガイモ……………4個
- シュレッドチーズ……………80g
- 塩……………………………小さじ¼
- サラダ油…………………大さじ2

作り方

1 ジャガイモは千切りにしてボウルに入れ、塩を加えて混ぜる。

2 フライパンに油を熱し、1の半量を入れて全体に広げる。その上にシュレッドチーズを広げてのせ、チーズをはさむように残りの1を広げてのせ、全体をへらで押さえて密着させる。

3 弱火でじっくりと焼き、焼き目がついたらひっくり返してきつね色になるまで焼く。

ジャガイモのシャキシャキ和風サラダ

材 料

- ジャガイモ………2個
- A だし……………………100mℓ
  酢……………………大さじ1
  塩……………………小さじ½
  しょう油…………小さじ½
- かつお節…………………………3g

作り方

1 ジャガイモは千切りにし、熱湯でさっとゆでて水気を切る。

2 ボウルにAを合わせて1を加え、冷蔵庫に1時間ほど置いて味をなじませる。

3 器に盛ってかつお節をのせる。

キュウリ

みずみずしい食感で、体の熱をとってくれる、夏にぴったりの野菜。時期をずらして栽培すれば、長く収穫できます。

保存方法の種類
冷蔵保存
冷凍保存
乾燥保存
漬け保存

収穫カレンダー（月）

収穫方法

なり始めから3個めまでは小さなうちにとり、もろきゅうも味わいながら、大きく育ったものを収穫。

キュウリの雌花。つけ根に小さなキュウリができています。

一番果は摘みとる

株がまだ若いうちに実をつけると負担が大きいため、最初になった実から3番めになった実あたりまでは、小さいうちに（長さ5cmくらいまでに）摘みとっておきましょう。

生長が早いので早めに収穫を

その後は22～23cmくらいになったものを収穫していきます。収穫期は1日に3cmくらいずつ大きくなります。大きくなりすぎると、皮がかたくなり、味も落ちるので菜園になかなか行けない場合は早めの収穫を。

もろきゅうを楽しんでも

10cmくらいの若い実を「もろきゅう」といいます。これを収穫して、みそをつけて味わったり、ピクルスにしても楽しめます。

収穫期は水切れに注意

キュウリは生長が早いため、1株で1日に1.5ℓもの水を必要とします。収穫が始まってからも、水はたっぷり与えましょう。水切れすると収穫量が減ってしまいます。

種のとり方

種とりは追熟させてから

種とり用は黄色くなるまで株につけたままにしておきます。完熟したら半分に切ってスプーンで種をとり、ポリ袋に入れて3日ほど常温に置いて発酵させます。その後、水にとって洗い、沈んだ種だけ新聞紙に広げて乾かし、びんで保存します。

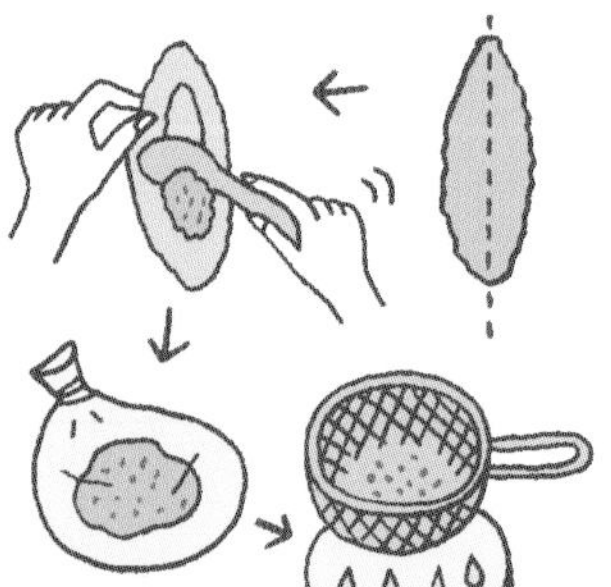

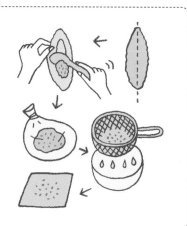

保存方法

3〜4日で食べ切れないときは、早めに冷凍や加工をしてしまいましょう。

冷蔵保存 約5〜7日

保存袋に入れて冷蔵庫の野菜室で

冷えすぎないよう、野菜室は10度前後に温度設定を。5度以下になると実が溶けてきます。ねかせて保存すると水分が出やすいので、立てて保存します。新聞紙で包んでから保存袋に入れ、通気のため、袋の口はあけておきましょう。

冷凍保存 約1カ月

板ずりをして冷凍

まだ新鮮なうちに写真のように丸ごと板ずりをするか、スライスして塩もみをして冷凍しておくとよいでしょう。

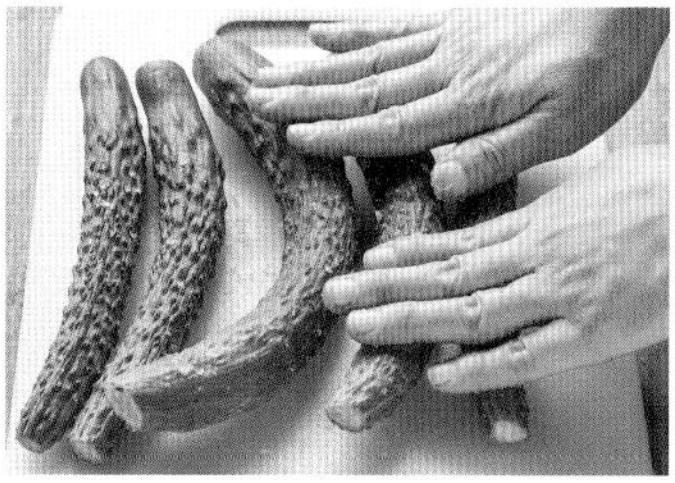

キュウリにかるく塩をふり、まな板の上でイボがなくなるくらいまで転がします（イボをとり、緑の色を鮮やかにするため）。

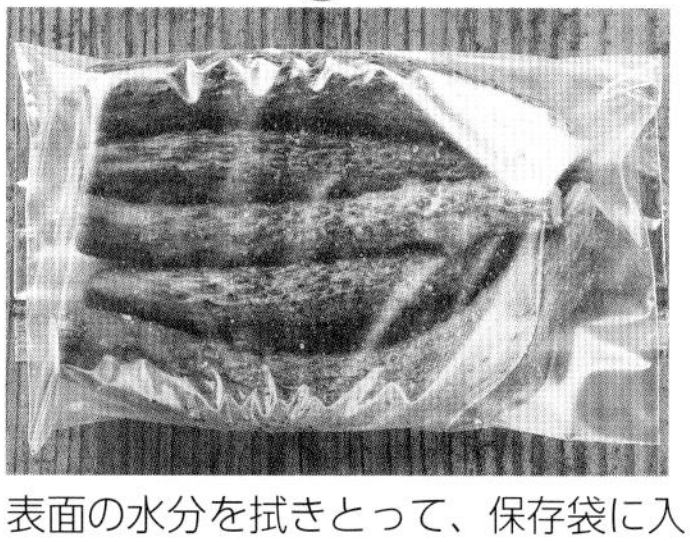

表面の水分を拭きとって、保存袋に入れて冷凍します。

乾燥保存 約1カ月

干しキュウリ

干すと水分が抜けて調理後も水っぽくならず、うまみも濃縮されます。厚さ1mmの輪切り、または縦半分に切り、種をとり出してざるに並べます。天日に干し、完全に水分がなくなるまで2〜3日程度乾燥させます。保存袋に入れ、冷蔵庫に保存を。

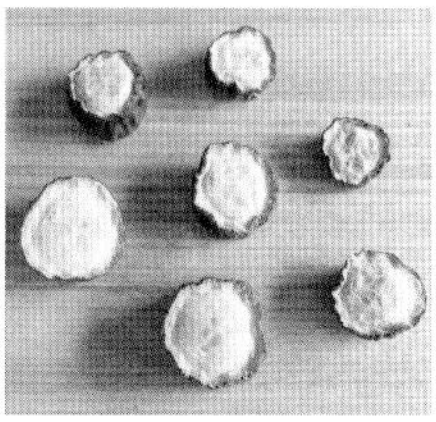

【輪切り】

【縦切り】

干しキュウリを使って

材料

●干しキュウリ…1本分

●エビ…5尾 ●春雨（乾燥）…30g ●サラダ油…大さじ1 ●ニンニクみじん切り…小さじ1 A［砂糖…大さじ2、ナムプラー…大さじ2、レモン汁…大さじ2、コショウ…少々］●赤トウガラシみじん切り…適量

作り方

1 干しキュウリは水に浸けて戻し、水分をしぼる。
2 春雨はぬるま湯に浸けて戻し、水分を切っておく。
3 フライパンに油を熱し、強火でエビとニンニクを炒め、火が通ったらAを加える。
4 1と2を加えて混ぜ合わせ、赤トウガラシをちらす。

干しキュウリとエビのナムプラーサラダ

漬け保存

約3日～1カ月

漬け保存❶ 約1カ月

キュウリのシャキシャキ漬け

甘辛いおなじみの味。ひと手間かけることでシャキシャキとした食感になります。時間があるときに多めに作っておきたい一品。冷蔵保存なら約2週間、冷凍保存なら約半年もちます。

調味料は好みで調整して

分量 ●キュウリ…1.5kg

●塩…30g(キュウリの2%)

A［しょう油、みりん…各200㎖、砂糖…60g、ショウガ千切り…1かけ分、赤トウガラシ…2本(半分に切る)］

作り方

1 キュウリに塩を手ですり込み、沸騰した湯の中に20秒ほど入れ、とり出して冷ます。輪切りにする。

2 鍋にAを合わせて沸騰させ、1を加えて冷ます。

3 2をざるでこし、再び調味液を沸騰させ、キュウリと合わせ、そのまま冷ますことを1～2回くり返す。

漬け保存❷ 約3日

ラー油の即席漬け

塩味やしょう油味の漬け物とともに人気なのがラー油を使った漬け物です。手がるにオイキムチ風の味わいが楽しめます。

分量 ●キュウリ…2本

●塩…小さじ1 ●ショウガ…1かけ

A［しょう油…大さじ1、酢…大さじ4、砂糖…大さじ4、ゴマ油…小さじ1、ラー油…小さじ1］

作り方

1 キュウリは縦に4等分し、5㎝長さに切る。塩をふり、30分置く。

2 千切りにしたショウガとAを小鍋に入れ、沸騰したら水気を切った1と混ぜ合わせ、冷ます。

漬け保存❸ 約3～4日

キュウリの塩漬け

夏のおやつにもってこいなのが冷やしキュウリ。昆布を入れておくことでうまみが増します。

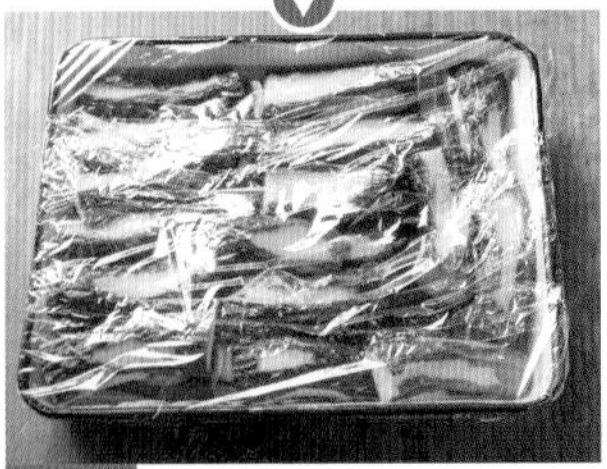

分量 ●キュウリ…5本

●塩…少々 ●昆布…5×10㎝

作り方

1 キュウリはところどころピーラーで皮をむき、縦半分、横も半分に切る。バットに昆布を敷く。

2 キュウリをバットに並べ、キュウリの半分が浸かるくらいの塩水(水500㎖に対して塩10g)を注ぎ、ラップをして冷蔵庫でひと晩ねかせる。

煮物や炒め物にも適しています。キュウリそのものの味は淡泊なので、濃いめの味つけにするとおいしく食べられます。

消費料理

ひき肉と冷凍キュウリの甘辛煮

材料

- 冷凍キュウリ……2本
- 豚ひき肉……200g
- ニンニク、ショウガ……各適量
- ミント……適量
- ゴマ油……大さじ1
- A
  - 砂糖……大さじ2
  - 酒……大さじ1
  - しょう油……大さじ2
  - 酢……大さじ2

作り方

1 冷凍キュウリは半解凍して3㎜幅の半月切りにし、ニンニク、ショウガはすりおろしておく。
2 フライパンにゴマ油とニンニク、ショウガを入れて熱し、香りが出たら豚ひき肉を加え、炒める。
3 キュウリ、Aを加え、汁気が少なくなるまで強火で炒めて、ミントをちらす。

食べられる? 食べられない?

大きくなりすぎたキュウリ

半分に切ってスプーンで種をとり出して使います。薄くスライスすれば浅漬けに。厚めに切って砂糖、みりん、酒を混ぜた酒粕につけて奈良漬け風にしてもおいしく食べられます。

作り方 キュウリの皮をピーラーでむき、種をとって、ボウルに入れる。塩（重みの1.5%）をふり、重しをして半日冷蔵庫に入れる。でき上がった浅漬けに、すりゴマとしょう油を少々かける。

ゴーヤ

数株でもひと夏で、十分な収穫量となります。親づるの先を摘んで、わき芽を増やすことでよりたくさんの実がなります。

保存方法の種類
冷蔵保存
乾燥保存

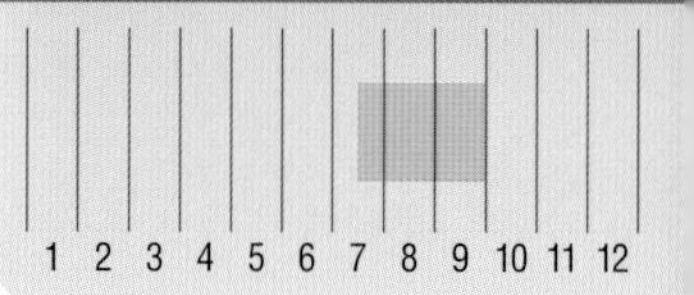

収穫方法

品種によって大きさが異なるので、確認をしておきましょう。黄色く熟れる前までに収穫を。

色が鮮やかなうちに収穫を

開花から20日程度で長さ20cmくらいになります。ゴーヤはやや若いうちから食べられるので、色が鮮やかなうちに早めに収穫しましょう。つぎつぎと実がなるので、とり遅れないようにすることが肝心です。

緑色の濃いものほど苦みが強いといわれていますが、実際は個体差があります。

種とり用は生育のよいものを

実をつけたままにしておくと、黄色く完熟します。種のまわりの赤い果肉を水洗いし、天日干しをして乾燥させます。種とり用には、結果的に収穫遅れとなったものよりは、最初から生育のよいものを、その目的で株につけたまま熟すのを待つほうがよいでしょう。

食べられる？ 食べられない？

熟した種

熟化が進むと、黄色からオレンジ色に変色し、やがて皮が破れ、中から赤いゼリー状の果肉におおわれた種が出てきます。果肉の量は多くありませんが、甘くておいしいものです。種を洗って乾かし、炒れば食べることもできます。この段階の外側の実は食用にはむきません。

保存方法

常温でそのまま置いておくと、味も栄養も落ちてしまいます。早めに冷蔵庫へ入れるか加工を。

冷蔵保存 約1週間

冷蔵保存1 約1週間 新聞紙に包んで

丸ごと保存する場合は、湿らせた新聞紙に包んでからポリ袋か保存袋に入れて、野菜室で保存します。冷蔵庫内で乾燥しすぎるのを防ぎます。

冷蔵保存2 約1週間 中のわたと種をとって

カットして保存する場合は、傷みやすいわたと種をとってからにしましょう。

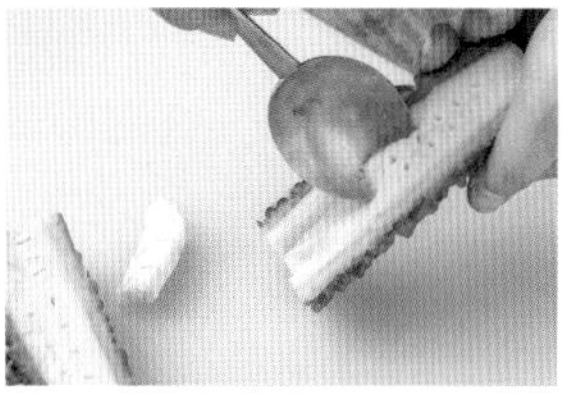

1 縦半分に切り、わたと種をスプーンでとり出します。

2 生のわたと種は苦みの成分が多く含まれている場所。すぐに利用予定で苦みを好む場合は、わたを少し残しても。

3 ひとつずつラップで包み、冷蔵庫へ。

乾燥保存 約6カ月

乾燥ゴーヤ

干すと味が濃くなります。ただ、しっかり乾燥させると苦みが強くなるので、苦みが苦手な場合は半日乾燥のセミドライ程度に。

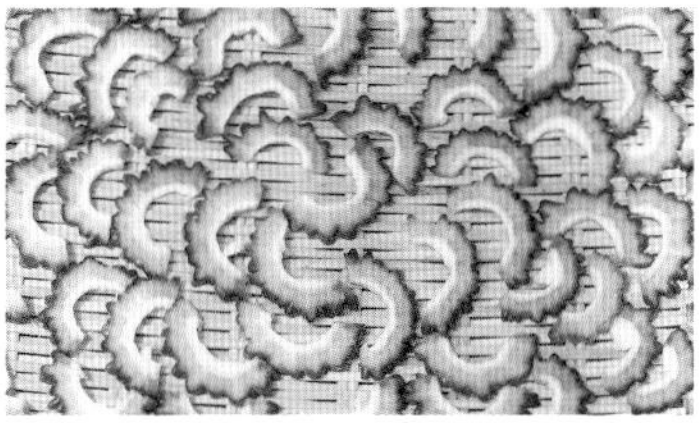

縦に切ってわたと種をとり除き、厚さ8㎜程度にスライスし、重ならないようにざるに並べます。

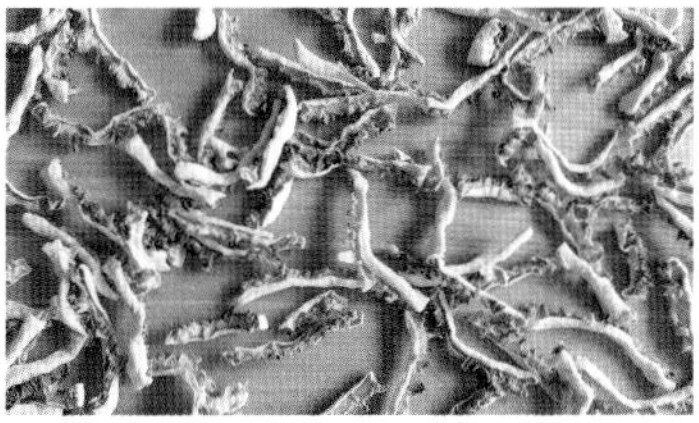

雨に当たらないようにして、3日間天日で干します。セミドライにとどめる場合は、半日程度にします。乾燥したら保存袋などに入れて常温保存します。

乾燥ゴーヤを使って

乾燥ゴーヤの酢の物

材料

- 乾燥ゴーヤ……20g
- タマネギ……………1個
- ハム…………………2枚
- 砂糖、酢……各大さじ2
- しょう油………大さじ½

作り方

1 ゴーヤは水で戻し、タマネギはスライス、ハムは1㎝幅に切る。
2 ボウルにすべての材料を入れ、よく混ぜ合わせ、1時間ほど置くと味がよくなじむ。

つぎつぎととれるゴーヤ。家族みんなで食べられるよう、苦みを感じにくいメニューも紹介します。

消費料理

ゴーヤの竜田揚げ

材料

- ゴーヤ……1本
- 片栗粉……適量
- 揚げ油……適量

A
- しょう油……大さじ1
- 酒……小さじ1
- ショウガすりおろし……小さじ1

作り方

1 ゴーヤは縦半分に切ってわたと種をとり、5㎜幅に切る。
2 Aと1を合わせ、30分置く。
3 片栗粉をつけて、180度の油で揚げる。

ゴーヤの丸ごと揚げ

丸ごと揚げてもおいしい！

材料

- ゴーヤ……1本
- 片栗粉……適量
- 揚げ油……適量

A
- しょう油……大さじ1
- 酒……小さじ1
- ショウガすりおろし…小さじ1

作り方

1 ゴーヤは1本そのままを厚さ1㎝の輪切りにしておく。
2 Aに1を30分漬け置く。
3 片栗粉をつけて、180度の油で揚げる。

ゴーヤの甘辛煮

材料

- ゴーヤ……3本

A
- 酒……25㎖
- みりん……25㎖
- 砂糖……80g
- しょう油……50㎖
- かつお節……5g

- 針ショウガ（飾り用）……好みで

作り方

1 ゴーヤは縦半分に切ってわたと種をとり、5㎜幅にスライスする。
2 1とAを鍋に入れ、中火で煮る。
3 煮立ったら弱火にして、水分がなくなるまで煮詰める。
4 器に盛り、針ショウガを飾る。

ゴーヤとツナのサラダ

材料

- **ゴーヤ**……………1本
- 赤タマネギ…………………1個
- ツナ缶………………………1缶
- しょう油……………大さじ½
- マヨネーズ…………大さじ3
- 黒コショウ…………………少々

作り方

1 ゴーヤは縦半分に切り、わたと種をとる。
2 5㎜幅に切って、塩（分量外）でもみ、湯でさっとゆでる。
3 赤タマネギも薄く切る。
4 1～3をマヨネーズとツナ缶、しょう油で和える。
5 最後に黒コショウで味をととのえる。

column

ひと味違ったゴーヤ茶

乾燥ゴーヤ（→P45）で疲れをいやしましょう。

材料

- **乾燥ゴーヤ**……10g
- 湯…………………500㎖

急須やポットに乾燥ゴーヤを入れ、沸騰した湯を加えて5分ほど置き、こしていただく。落ち込んだ気分を上昇させる働きもあるといわれ、仕事や勉強で疲れたときにぜひ。

MEMO

苦みが苦手な人には

苦みは「モモルデシン」という成分によるものです。胃腸の粘膜を保護し、食欲を増進させるほか、肝機能を高め、血糖値やコレステロールを下げる働きもあるといわれています。苦みは心身にパワーを与える成分ですが、子どもや苦手な人には苦みを抑える方法も。塩もみをして下ゆでしたり、肉や魚などうまみのある食品と一緒に調理をするとよいでしょう。

タマネギ

収穫までに時間がかかる野菜ですが、うまく干して保存すれば長い期間食べられます。

保存方法の種類

常温保存 冷蔵保存 冷凍保存

収穫カレンダー（月）

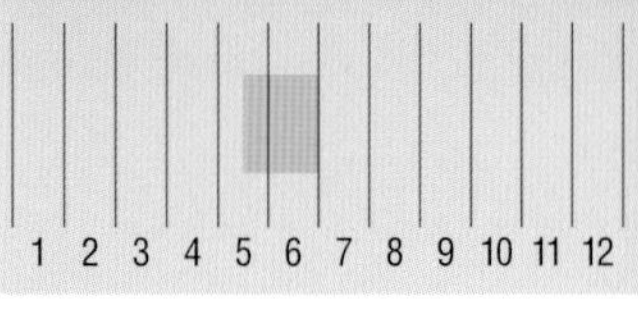

収穫方法

葉茎が倒れてきたら収穫期。天気のよいときに収穫し、そのまま畑で乾燥させます。

葉茎が全体の半数以上倒れたら収穫期

畑のタマネギの葉茎が半数以上、自然に倒れてきたら収穫期のサイン。収穫後はそのまま畑に並べて丸一日干す必要があります。あまりにも日差しが強い場合には半日干して、表面についた土がさらっと手で落ちるくらい乾けばＯＫ。収穫期を迎えてから雨が続くと、タマネギが水分を吸い上げて、貯蔵中に腐りやすくなるので、早めに収穫を。

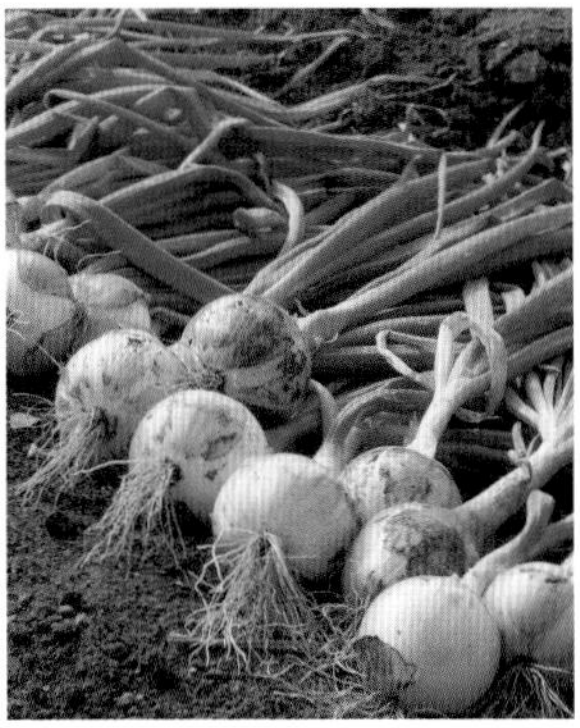

畑から引き抜いて、そのままそこで日に当てるようにします。

収穫・保存Q&A

Q すぐに使わないタマネギはどうしたらよい？

葉茎を5cm以上残して切り、ひもで束ねて軒先などにつるして乾燥させておきます。ネットに入れてつるしてもＯＫ。つるす場所がないときは、葉茎を切って、コンテナやかごに入れて風通しのよいところに置いておきます。保存状態がよければ5カ月くらいはおいしく食べられます。

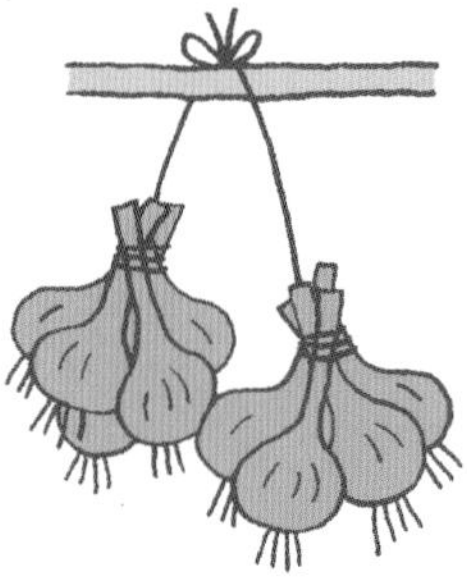

農家のコツ

腐ったタマネギは翌春、葉を食べよう

腐ってしまったタマネギは秋に畑に埋めておきましょう。そのまま葉茎が伸びて、春先に葉タマネギとして食べられます。ナガネギやタマネギとくらべて、辛みが少なくまろやかな味です。

保存方法

タマネギは蒸れて傷みやすいので、風通しのよいところで保存を。冷蔵、冷凍保存は調理に便利な状態にしておくとよいでしょう。

常温保存 約5カ月

紙袋に入れて涼しいところで

葉茎を切って土をはらい、丸ごと保存する場合は、かごに入れて風通しのよい冷暗所へ。紙袋に入れる場合は、入れ口を折らずにあけておきましょう。

冷蔵保存 約2週間

塩でよくもんで冷蔵

塩をまぶした「塩タマネギ」。塩代わりに、炒め物やスープに入れるなど、手がるで利用価値の高い保存食です。タマネギをみじん切りにし、分量の２％の塩を混ぜ合わせ、冷蔵庫に保存しましょう。

たくさん作り置きしておこう

活用法
サラダや和え物の具材にも幅広く利用できます。

冷凍保存 約1カ月

冷凍保存① 約1カ月

スライスして

薄くスライスして保存袋に入れ冷凍。解凍せずにそのまま調理に使えます。冷凍することで繊維が壊れ、火の通りも早くなります。

冷凍スライスを使って

材料

- 冷凍スライス………100g
- A
  - オリーブオイル………大さじ3
  - 酢………大さじ2
  - 塩………小さじ¼
  - しょう油………小さじ½
- 葉もの類…ルッコラなど好みのもの
- スモークサーモンやハム……適量
- 黒コショウ…………少々(好みで)

作り方

1 冷凍スライスをAと混ぜ合わせて15分ほど置く。
2 ほかの材料と合わせる。

冷凍タマネギのマリネサラダ

冷蔵保存❷
約1カ月

みじん切りにして

みじん切りにして冷凍することで、早く火が通るほか、甘みも増します。

MEMO

飴色になるまで炒めて冷凍しておけば、煮込み料理などにそのまま使えます。

冷凍みじん切りを使って

材 料

- 冷凍みじん切り………20g
- 卵………1個
- マヨネーズ………大さじ3
- 牛乳………大さじ1
- パセリまたはニンジンの葉……適量
- コショウ………少々

作り方

1 卵はゆでて、粗いみじん切りにする。

2 ボウルに1、解凍したタマネギ、マヨネーズ、牛乳、パセリのみじん切り、コショウを入れ、混ぜ合わせる。

冷凍タマネギのタルタルソース

冷蔵保存❸
約1カ月

マリネにして

マリネにしてからで、冷凍しておくことみ込みます。しっかり味がし凍して、このままで食べても、自然解ムなどを混ぜてサラダにしてもおいしい一品になります。

分量

- 赤タマネギ…3個
- 塩…小さじ1
- オリーブオイル…大さじ1

作り方

赤タマネギは皮をむいてスライスし、塩、オリーブオイルを混ぜる。

冷凍マリネを使って

材 料

- 冷凍マリネ…50g
- 酢………50mℓ
- サラダ油………50mℓ
- 砂糖………大さじ2

いろいろなサラダに合います

作り方

すべての材料をミキサーにかける。

冷凍タマネギのドレッシング

タマネギのコクとマリネの酸味で、サラダがおいしく食べられます。

とれたてでしか味わえないみずみずしさ、甘さを感じられる料理を紹介。加熱すると、さらに甘みが増します。

消費料理

オニオンリング

材料

- タマネギ……………2個
- 小麦粉……………………200g
- ビールまたは炭酸水……100mℓ
- 塩……………………小さじ1/4
- 揚げ油……………………適量

作り方

1 タマネギは皮をむき、リングになるように7〜8mm幅に切る。
2 ボウルに小麦粉とビール、塩を加え、菜箸で混ぜ合わせる。
3 1を2にくぐらせ、180度に熱した油できつね色に揚げる。

小タマネギの丸ごと蒸し煮

材料

- タマネギ(小)……………5個

めんつゆ
- しょう油、みりん……各100mℓ
- 酒……………………………50mℓ
- 昆布……………………3×5cm
- かつお節……………………10g

- かつお節（仕上げ用）…………5g

作り方

1 小タマネギは皮をむき、十字に切れ目を入れる。
2 鍋にめんつゆの材料を合わせ、沸騰したら弱火にして5分ほど熱し、冷ましてこす。
3 1を鍋に並べ、2のめんつゆを2倍に薄めてひたひたに注ぎ、中火で30分ほど煮る。
4 器に盛ってかつお節をかける。

シソ

薬味やジュースなど、利用方法の多い野菜です。手がるに栽培できますが、虫がつきやすいので注意しましょう。

保存方法の種類

冷蔵保存　冷凍保存　乾燥保存　漬け保存

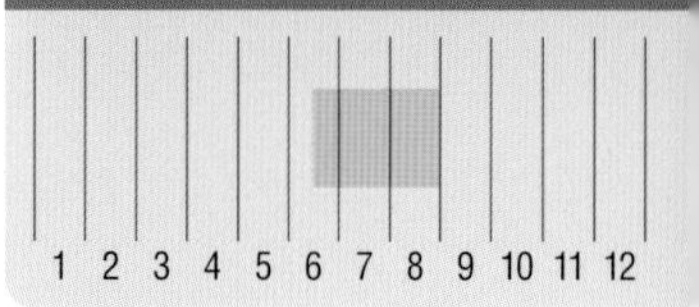

収穫方法

本格的な収穫は、本葉が10枚以上になったら。下から上に向けて収穫していきます。

こまめに摘みとる

青ジソは本葉が10枚以上になったら、葉の収穫が可能。ハサミで切って収穫します。下の葉から順に上へ向けて収穫していきます。葉が大きくなりすぎると葉がかたくなるので、早めに摘みとりましょう。早めに摘みとることで、つぎつぎに葉が出てきて、長く収穫を楽しめます。

赤ジソは枝ごと収穫する

赤ジソは枝ごと収穫します。赤ジソは、青ジソとくらべて葉を食べる用途が少なく、梅干しやシソジュースなど枝ごと切って収穫し、加工する用途が多いため、そのほうが作業効率がよいからです。収穫して時間がたつとえぐみが出てくるので、早めに保存または加工の処理をしておくことが大切です。

トウが立ったら穂ジソを

トウが立って、花が穂の3分の1くらい咲いたら「穂ジソ」として、刺身のつまや天ぷらにして使えます。花が少ないあいだはまだ実が少なく、花が完全に終わってしまうと、実が種となってかたくなってしまいます。タイミングを逃さず収穫しましょう。

種のとり方

こぼれ種から生えたものは移植する

シソは発芽しやすく、こぼれ種からも大きくなってきます。シソだけでは虫がつきやすいので、ほかの作物のそばに移植するとよいでしょう。トマトやキュウリのそばに植えると、「コンパニオンプランツ」として、互いに虫を遠ざけ、おいしく育ちます。

生のままではあまり保存が効かないので、乾燥させたり、漬け保存にしたりなどの加工を早めに。

保存方法

冷蔵保存 約1週間

水にさして

摘みとったらすぐにボウルに水を張り、根元の茎をさしておきます。冷蔵庫に入れるときは、容器ごとラップをかけましょう。このあと、加工する場合も一度、水にさして元気をとり戻しておきます。

MEMO

少量の場合は、葉を洗って水気を拭きとったら、1枚ずつラップにくるみ、保存袋に入れて冷蔵庫へ。これを冷凍すれば、1～2カ月くらい保存可能。

乾燥保存 約6カ月

青ジソ

ざるなどに広げ、2~3日ほど天日干しします。ミルサーなどで粉にして料理に加えたり、塩と混ぜてふりかけにするなどして活用できます。

赤ジソ

青ジソと同様にざるなどに広げ、2~3日ほど天日干しします。手で粗めに粉にして和え物に使ったり、お茶に混ぜて飲んだりできます。

column

穂ジソの塩漬け

ご飯にのせたり、ハクサイやカブなどの浅漬けに入れたりします。実はしょう油漬けにしてもよいでしょう。

1 穂ジソはまだ実がやわらかな時期に収穫する。

2 穂をしごき、ざっと洗ってざるに上げ、水気をよく切って乾かす。

3 2と塩(重さの2%)を合わせ、びんに詰めて冷蔵庫に保存する。

4 温かいご飯にのせてもおいしい。

漬け保存

約1年

漬け保存❶ 約1年

梅酢漬け

赤ジソを梅酢に漬けて梅酢漬けの汁を作っておけば、いろいろな野菜でしば漬け風の漬け物ができます。赤ジソをよく洗い、水気を切って、分量の半量の塩を入れてよくもみます。出てきたアクをしぼり、残りの塩を入れて、再度よくもみます。しっかりしぼったら、梅酢を入れて漬けます。

分量

- 赤ジソ…400g
- 塩…シソの10%
- 梅酢…120㎖
(市販のものでも可)

梅酢漬けの汁を使って

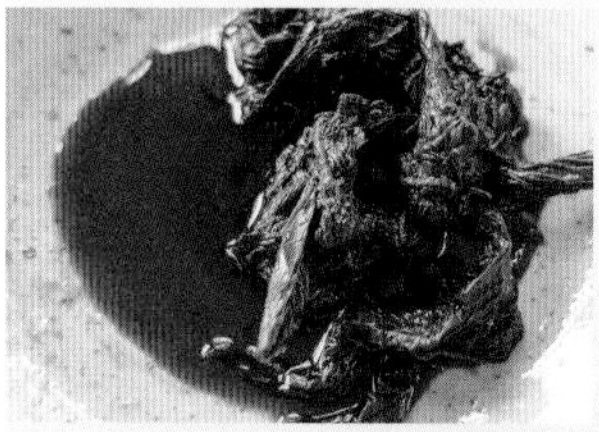

作り方

梅酢漬けの梅酢とカブやダイコン、ナス、ショウガなど、残り野菜を和えると、きれいなピンク色の酢の物に。

梅酢漬けを使って

赤ジソの梅酢漬けを乾燥させて粉にすれば、「ゆかり」に。ご飯に混ぜたり、和え物に使ったりできます。

作り方

1 梅酢漬けの赤ジソをざるに並べ、天日で1〜2日干す。
2 カリカリになったら、すり鉢やミルサーなどで細かくする。

column

赤ジソジュース

酢の効果で鮮やかな色に。

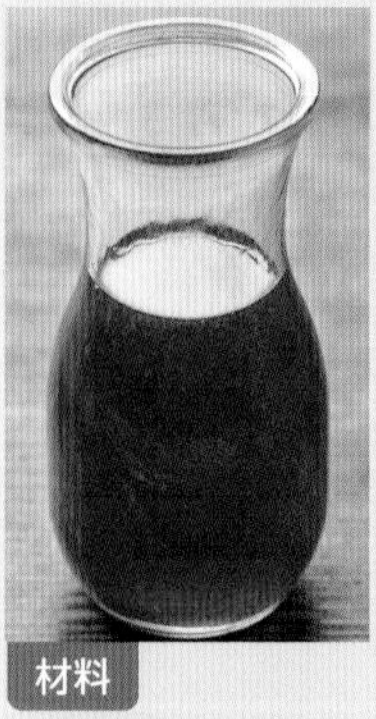

材料

- 赤ジソ…300g
- 水…1ℓ
- 砂糖…500g
- 酢…50㎖

作り方

1 赤ジソの葉を流水で２度洗い、水気を切る。
2 ほうろうの鍋に水を沸騰させ、**1** を加える。
3 葉の紫色が落ち、鍋の湯が黒ずんだら赤ジソをこす。
4 鍋に戻して砂糖を加えてひと煮立ちし、酢を加えて冷ます。
5 炭酸水や水などで割る。

※長期保存の場合は**2**を半量になるまで煮詰める。

漬け保存❷
約1年

しょう油漬け

青ジソがたくさん収穫できたときには、しおれてくる前にしょう油漬けを。1週間たてば食べられますが、1カ月くらいたつと味がしみ込んでおいしくなります。しょう油はしぼって使います。

作り方

1 青ジソの葉は、洗って水気を切る。

2 器に1枚ずつ入れ、間にしょう油を注ぎながら重ねていく。冷蔵庫で保存する(保存袋に入れて保存してもよい)。

しょう油漬けを使って

シソ巻きおむすび

材 料

- 青ジソのしょう油漬け……10枚
- 米……………………………2合

作り方

1 米は洗ってとぎ、30分浸水して炊く。

2 小さめのおむすびをにぎり、水分をしぼった青ジソのしょう油漬けを巻きつけ、にぎる。

column

腸にやさしいシソ茶

食べるだけでなく、お茶にしてもシソに含まれるビタミン、ミネラルなどがたっぷりとれます。

作り方

50mℓの湯を沸かし、洗った青ジソの葉10枚を入れて5分ほど置く。

ニンジン

根以上に栄養価の高い葉を食べられるのは、家庭菜園ならでは。間引き菜も葉までおいしく食べましょう。

保存方法の種類

冷蔵保存　冷凍保存　漬け保存　加工保存

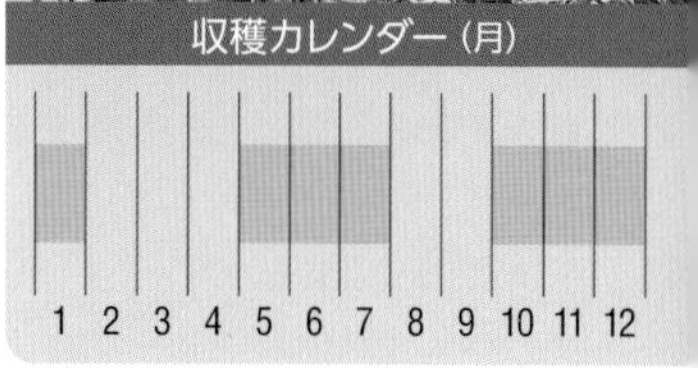

収穫方法

株元を少し掘って、大きくなっているか確認しながら収穫します。葉茎の丈や茂りぐあいもヒントに。

葉が茂ってきたら収穫どき

丈が30㎝ほどになり、葉が茂ってきたら、抜いてみて、どのくらい大きくなっているかを見ながら収穫します。秋まきのものは、しばらく畑に植えたままでも問題はありませんが、春まきのものは、トウが立ったりスが入ったりするので、葉が黄色になる前に収穫しましょう。

間引いたものもおいしく食べられる

本葉が2～3枚になるまでは密生していたほうが育ちやすいため、そのまま育てますが、それ以降はこまめに間引きをします。ニンジンの葉は若いうちからカリウム、カルシウム、ビタミンCなど栄養が豊富で、間引いたものも葉と一緒に食べるとよいでしょう。

収穫・保存Q＆A

Q ニンジンは、常温保存もできる？

季節によります。冬場は常温でも大丈夫ですが、夏場の暑い時期は冷蔵庫保存をおすすめします。また、冷蔵庫のほうが長もちします。常温保存可能な時期でも、葉を切り落として新聞紙などに包んで冷暗所に保存しましょう。

農家のコツ

皮ごと保存＆調理する

ニンジンは皮に近い部分ほど栄養価が高く、味が濃くおいしいものです。収穫したニンジンはよく洗って、皮のまま保存、調理を。余すことなく味わいましょう。

保存方法

根（ニンジン本体）と葉は分けて、それぞれを保存しておきましょう。生のままのニンジンを保存するときは水分が残らないように。

冷蔵保存 約1〜2週間

まず葉と根を切り分ける

葉がついたままだと、根の栄養が葉の生長にとられてしまいます。そのため、収穫後はすぐに葉と根を分けて保存しましょう。また、水分や湿気が苦手ですから、保存するときは、水分をよく拭きとっておくと長もちします。

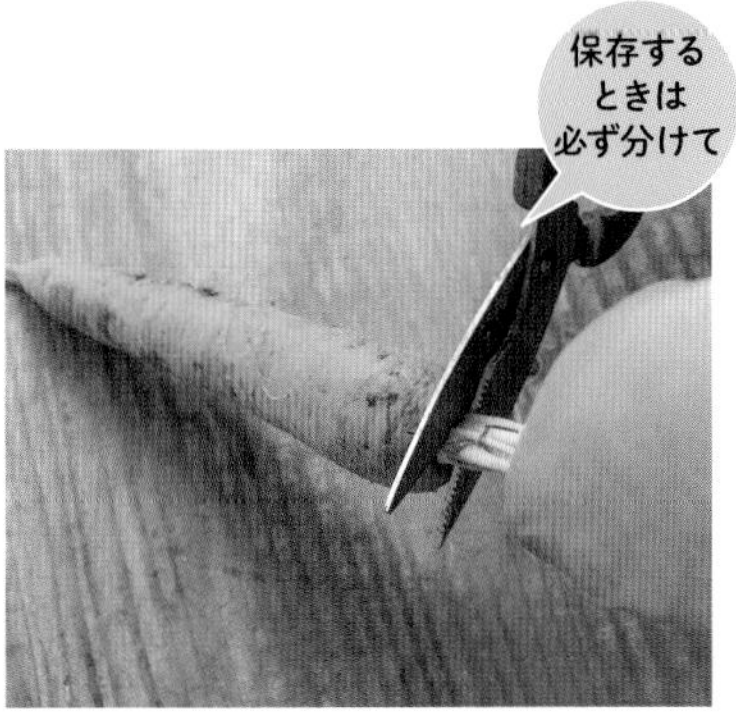

1 まず、葉と根を切り分け、洗います。

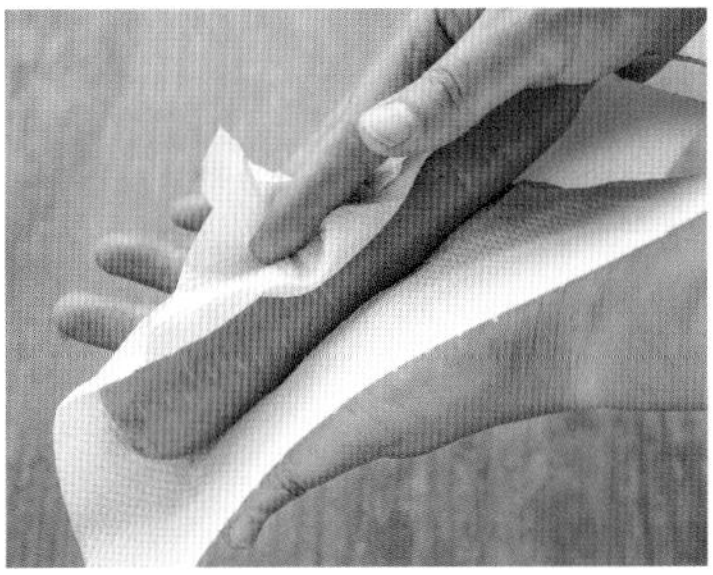

2 1本ずつていねいに水分を拭きとり、乾かします。

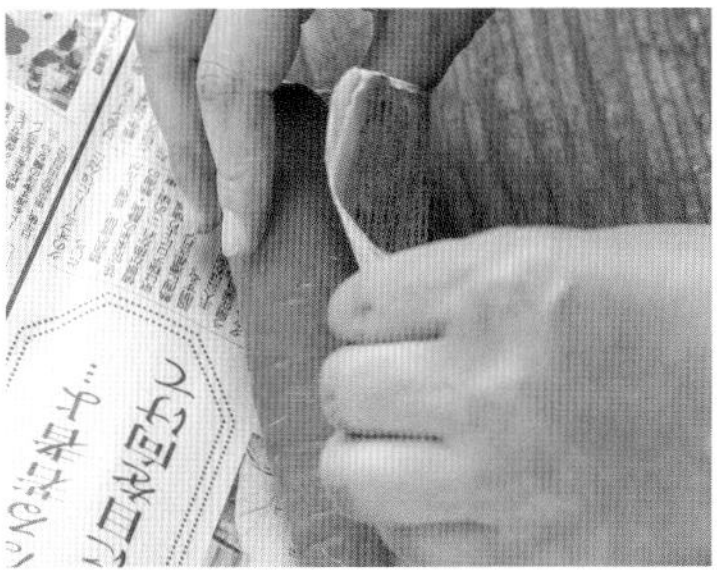

3 1本ずつ新聞紙で包みます。

4 新聞紙ごと保存袋に入れ、立てた状態になるよう、野菜室で保存します。

冷凍保存 約1カ月〜6カ月

冷凍保存❶ 約1カ月

さっとゆでて冷凍

さっとゆでてから保存袋に冷凍しておくと、そのまま煮物や揚げ物などにも使えます。自然解凍してサラダの具にも。時間のないとき、お弁当の彩りなどに大活躍です。

輪切りにしてさっとゆで、冷めたら水分をキッチンペーパーなどで押さえて拭きます。

保存袋に入れて冷凍します。

冷凍保存②
約6カ月

葉の冷凍

冷凍すると葉がパラパラになります。そのままハンバーグやミートボール、オムライス、グラタンなどに入れると、栄養価も彩りもアップします。間引いたニンジンの葉もこうして保存していろいろな料理に利用しましょう。

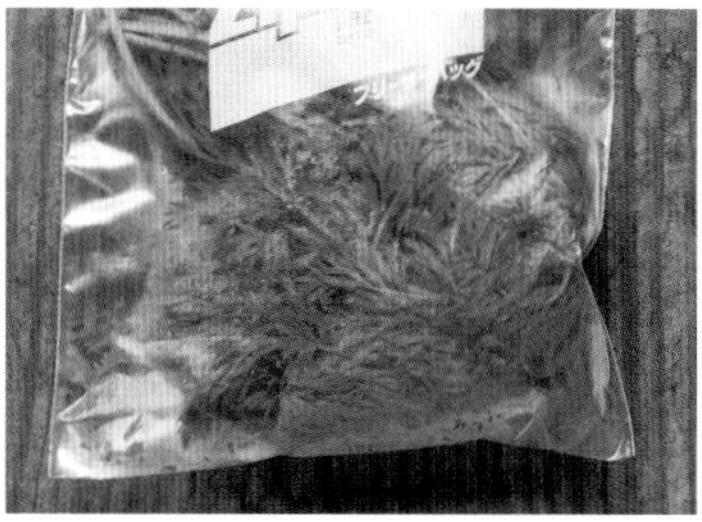

ニンジンの葉をよく洗って乾かし、保存袋に入れて冷凍します。

冷凍葉を使って

ニンジン葉のふりかけ

材料

- 冷凍ニンジン葉…100g
- ゴマ油…大さじ1
- A［みりん…大さじ2
  しょう油…大さじ2
- 白ゴマ…大さじ3

作り方

1 冷凍ニンジン葉は、細かく切る。
2 フライパンにゴマ油を熱して1を入れ、水分がなくなるまでよく炒める。
3 Aを入れて強火で炒りつける。白ゴマと混ぜ合わせてでき上がり。

MEMO

生の葉を電子レンジにかけるだけで乾燥ができ、手でパラパラと粉にできます。クッキングシートを敷いた皿にニンジンの葉を広げ、電子レンジで約3分加熱するだけ！

漬け保存

約1カ月

ニンジンピクルス

間引きニンジンを使うとかわいいピクルスに。お弁当など彩りが欲しいときにぴったりです。

分量

- 間引きニンジン…10本

ピクルス液
- 酢…200㎖
- 水…150㎖
- 砂糖…50g
- 塩…4g
- ローリエ…1枚
- マスタードシード…適量

作り方

ピクルス液を鍋に入れ、沸騰したらニンジンを入れたびんに注ぐ。

加工保存

約1カ月

ニンジンジャム

分量

- ニンジン…5本
- 砂糖…ニンジンの重さの50%
- シナモン…少々
- レモン汁…少々

作り方

1 ニンジンは5㎜幅に切り、ひたひたの水（分量外）でやわらかくなるまで中火で煮る。
2 鍋に1と砂糖と水（分量外・新しく替えたもの）を加え、30分中火で煮る。
3 ミキサーにかけてペーストにし、レモン汁とシナモンを加え、ふたたび鍋に入れて沸騰させる。
4 煮沸したびんに入れ、もう一度びんごと鍋に入れて煮沸し、保存する。

栄養たっぷりのニンジンジャム。スパイスをたっぷりきかせると大人向けの味になります。

炒め物や煮物の材料だけにしておくなんてもったいない！　ニンジンが主役になれる大量消費料理をご紹介します。

消費料理

ニンジンと鶏肉のロースト

材料

- **間引きニンジン**…10本
- 鶏もも肉……1枚
- オリーブオイル……大さじ2
- 好みのハーブなど……適量
- 塩……小さじ½

作り方

1 間引きしたニンジンはよく洗って半分に切り、鶏もも肉はひと口大に切る。
2 オーブン皿に1を並べ、オリーブオイルとハーブ、塩をかけ、180度のオーブンで20分焼く。

ニンジンの酢豚

材料

- **ニンジン**……1本
- 豚バラかたまり肉……300g
- 酒……大さじ1
- しょう油……小さじ1
- 片栗粉……大さじ1

甘酢あん

- 砂糖、酢……各大さじ2
- トマトケチャップ……大さじ2
- しょう油……小さじ1
- 水……50mℓ

- 水溶き片栗粉……大さじ1
- 揚げ油……適量

作り方

1 ニンジンは輪切りにする。
2 豚肉はひと口大に切り、酒、しょう油をもみ込み、片栗粉をまぶす。
3 揚げ油を熱し、ニンジン、豚肉を揚げ、油を切る。
4 フライパンに甘酢あんの材料を入れて火にかけ、沸騰したら3を加える。
5 水溶き片栗粉を少しずつ加えてかたさを調節する。

ニンジンのカルボナーラ

材料

- **ニンジン**……1本
- ベーコン……2枚
- 卵……1個
- 生クリームまたは牛乳……150mℓ
- パルメザンチーズ……20g
- オリーブオイル……大さじ2
- パスタ……200g
- 塩……小さじ½
- 黒コショウ……少々
- ニンジンの葉……少々

作り方

1 ニンジンはすりおろし、ベーコンは短冊切りにする。パスタは塩少々(分量外)を加えた湯でゆでておく。
2 フライパンにオリーブオイルを熱してベーコンを炒め、すりおろしたニンジンを加え弱火で10分ほど煮る。
3 ボウルに卵を溶きほぐし、塩、生クリーム、パルメザンチーズを合わせ、2に加える。
4 パスタと3を混ぜ合わせる。飾りにニンジンの葉をちらし、好みで黒コショウをかける。

キヌサヤ

水分が蒸発しやすく、冷しすぎると身が縮んでしまうので長く保存する場合は調理してから冷凍しましょう。

保存方法の種類　冷蔵保存　冷凍保存

収穫カレンダー（月）

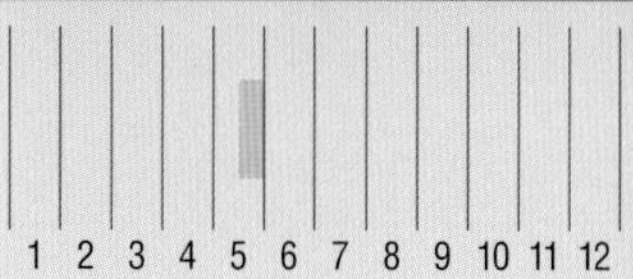

収穫方法

サヤの長さと中に入っている豆の大きさが適期の見分けポイントです。遅くなるとかたくなります。

市販品よりやや小さめのときに収穫する

サヤが5～6㎝くらいになり、中の豆がややふくらんできたら（目安は米粒大より少し大きめになったら）、そろそろ収穫時期です。収穫が遅れるとかたくなります。

キヌサヤはつぎつぎとできてくるので、早めに収穫していきましょう。家庭菜園では、店で見かける大きさよりもやや小さめかなと感じるくらいの大きさになったら収穫するのが、おいしい時期を逃さないコツです。

保存方法

すぐに傷むので収穫後はただちに冷蔵庫へ。冷凍しておくと、彩り用に重宝します。

早めに冷蔵、冷凍を

鮮度が落ちやすく、乾燥にも弱いので、収穫したら早めに保存袋に入れて冷蔵を。

しばらく使わないものはそのままか、さっとゆでて（→P75）から冷凍を。放置しておくと、かたく筋ばってきます。

消費料理

彩りと考えられがちですが、炒め物にも最適。かさが減り、一度にたくさん食べられます。

キヌサヤのチャンプルー

材料

- キヌサヤ…100g
- 豚バラ肉…100g　●木綿豆腐…200g
- ゴマ油、サラダ油…各大さじ1
- ニンニク…1かけ　●塩…小さじ¾　●卵…2個
- しょう油…小さじ1　●黒コショウ…少々

作り方

1 豆腐は水切りしておく。
2 キヌサヤは筋をとり、豚肉は3㎝幅に切り、豆腐はひと口大に切る。
3 フライパンにゴマ油とサラダ油を熱し、みじん切りにしたニンニクを入れ、豚肉を炒める。
4 豚肉に火が通ったら、キヌサヤ、豆腐を加え、塩を入れて炒める。
5 卵を溶きほぐして4に加え、半分火が通ったら、しょう油をまわし入れる。器に盛りつけ、黒コショウをかける。

キヌサヤの塩麹炒め

材料

- **キヌサヤ**……………200g
- サラダ油……………………大さじ1
- 塩麹…………………………大さじ½
- みりん………………………大さじ1

作り方

1 キヌサヤは筋をとる。
2 フライパンに油を熱して1を炒め、全体に油がまわったら、塩麹、みりんを加えて水分がなくなるまで炒める。

キヌサヤ入り卵焼き

材料

- **キヌサヤ**………………50g
- 卵……………………………………3個
- しょう油……………………小さじ¼
- 砂糖…………………………小さじ¼
- サラダ油……………………大さじ1

作り方

1 キヌサヤは筋をとって熱湯でさっとゆで、千切りにする。
2 ボウルに卵を割り入れてほぐし、しょう油、砂糖を加えてよく混ぜる。
3 2に1を加え、油を熱した卵焼き器に数回に分けて流し入れながら巻いて焼く。

スナップエンドウ

サヤごと食べられ、食べごたえと彩りを両立する人気の野菜です。スナックエンドウとも呼ばれます。

保存方法の種類　冷蔵保存　冷凍保存

収穫カレンダー（月）

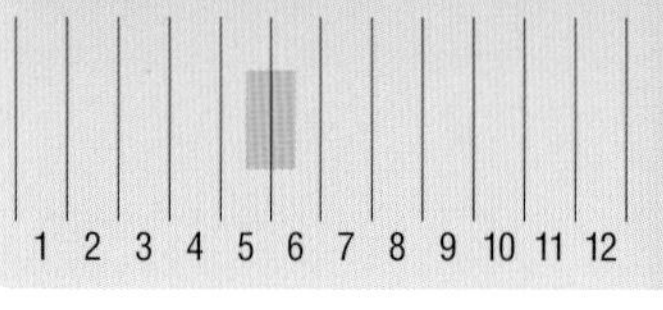

収穫方法

つぎつぎに大きくなってくるため、迷っているととりどきを逃しがち。早めに収穫を。

サヤがふくらんだら収穫期

開花から1カ月くらいたつと、サヤがふっくらしてくる。キヌサヤとグリンピースの間くらいが収穫期です。サヤごと食べるものなので、好みのかたさのときに収穫できればよいのですが、慣れないあいだは、種の袋に記載されている日数を目安にすると安心です。

収穫が遅れたら

とり遅れてかたくなってしまっても、中の豆は食べることができます。

保存方法

収穫後時間がたつと、筋っぽくなってきます。食べ切れない分は、早めに冷凍しておきましょう。

保存袋に入れて

鮮度がよいうちに食べるのが基本です。収穫したものは保存袋に入れて冷蔵庫へ。冷凍する場合は、筋をとってかためにゆで（→P75）、保存袋に入れましょう。

消費料理

ゆでても炒めても美味。マヨネーズ味がよく合いますが、和風味やにんにく風味とも好相性です。

スナップエンドウと卵のサラダ

材料

- スナップエンドウ…200g
- 卵…1個　●マヨネーズ…大さじ3　●しょう油…大さじ½　●粒マスタード…小さじ½　●塩…適量

作り方

1 スナップエンドウは塩を入れた熱湯でさっとゆでる。
2 卵はゆでて8等分に切る。
3 ボウルに1、2とマヨネーズ、しょう油、粒マスタードを加え混ぜる。

スナップエンドウの塩昆布和え

材 料

- **スナップエンドウ……100g**
- 塩昆布……20g

作り方

1 スナップエンドウは筋をとって熱湯でさっとゆで、ざるに上げて冷ます。

2 1を半分に切ってボウルに入れ、塩昆布を加えて和える。そのまま30分ほど置いて味をなじませる。

スナップエンドウのガーリックレモンソテー

材 料

- **スナップエンドウ……200g**
- ゴマ油……大さじ1
- 塩……小さじ¼
- ニンニクみじん切り……大さじ1
- レモン汁……大さじ1

作り方

1 スナップエンドウは筋をとって熱湯でさっとゆで、ざるに上げて水気を切る。

2 フライパンにゴマ油を熱してスナップエンドウを入れ、塩をふって炒める。軽く焼き色がついたらニンニク、レモン汁を加えて混ぜ合わせる。

3 器に盛り、あればレモンを添える。

グリンピース

サヤから出して中の豆を食べます。サヤから出すと豆は急にかたくなるので、新鮮なうちに使いましょう。

保存方法の種類　冷凍保存

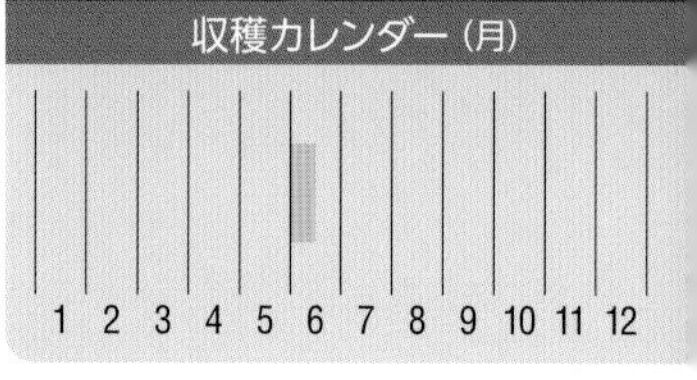

収穫方法

サヤをとる野菜のなかでは、収穫適期が目で見てわかりやすいです。サヤが大きくなってきたらよく観察を。

しわがより始めたら収穫

サヤから出して食べるグリンピースは、サヤが大きくふくらみ、表面が白っぽくなってしわがより始めたころが収穫適期です。豆類のなかではいちばん適期がわかりやすいでしょう。

収穫が遅れるとサヤが破裂して中の豆が出てきてしまうこともあります。サヤを食べないとはいえ、豆が甘くやわらかい時期を逃さずに食べたいものです。

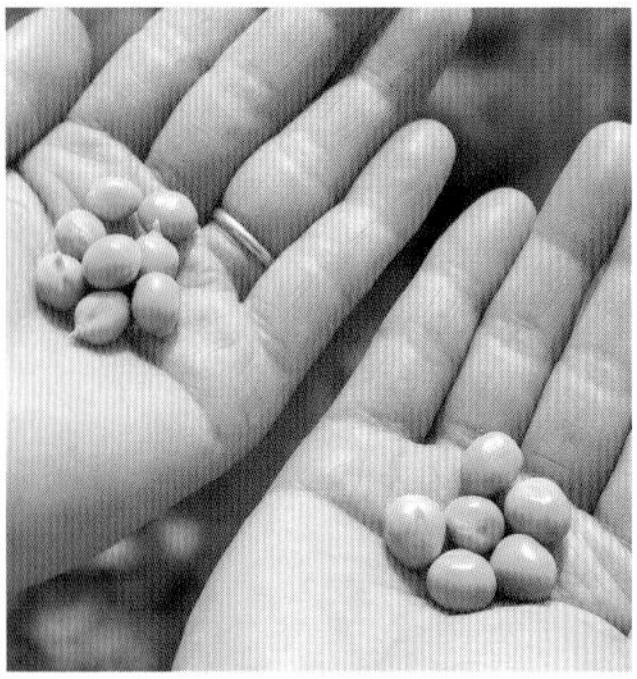

写真右／右がまだ未熟な状態。左が収穫適期のサヤ。写真左／サヤの中の豆。右が左のサヤの中の豆。

保存方法

急速に鮮度が落ちるため、早めにかたゆでを。その日に使うなら、ゆでたあと、水につけておいても。

サヤから出して冷凍

サヤから出したら、保存袋に入れて冷凍しておきましょう。生のまま冷凍も可能です。そのまま調理に使えます。ゆでてから冷凍するときは、かためにゆでておく（→P75）ことがコツです。

農家のコツ

サヤの筋のとり方

先端をつまみ、枝についていたほうへ向けて、カーブの少ない側（内側）の筋をとります。端まで行ったら、へたを切ってそのまま先端へ戻りながらカーブの大きい側の筋をとります。

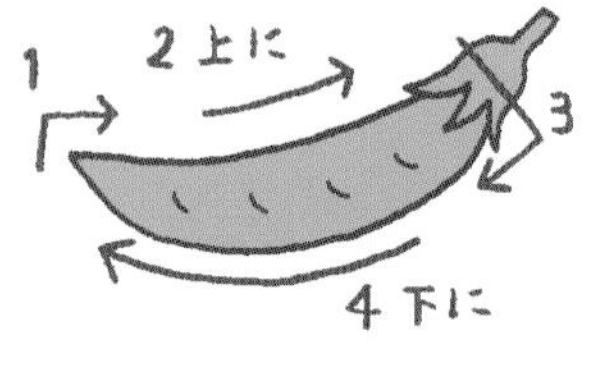

とれたてのグリンピースでも、冷凍しておいたグリンピースでも作れます。

消費料理

グリンピースとカッテージチーズのひと口揚げ

材料

- **グリンピース……70g**
- ワンタンの皮……1袋
- カッテージチーズ……50g
- 塩……小さじ½
- 揚げ油……適量

作り方

1 グリンピースはやわらかめにゆで、ボウルに入れてマッシャーなどでつぶす。
2 1 にカッテージチーズ、塩を加え混ぜる。
3 ワンタンの皮に2を小さじ1のせて、三角に包む(とじ目には水をつけ、しっかりとめる)。
4 180度に熱した油できつね色に揚げる。

グリンピースご飯

材料

- **グリンピース……100g**
- 米……3合
- 水……650㎖
- 酒……大さじ1
- 塩……小さじ1
- 昆布……2×5㎝

作り方

1 米をとぎ、30分浸水する。
2 鍋に米、水、酒、塩、昆布を入れて、炊く。グリンピースは塩(分量外)を加えてさっとゆで、炊き上がる直前に加えて混ぜる。

※米の炊き加減は好みで。

サヤインゲン

つるのある品種に加え、つるなし種も出まわっています。つるなし種のほうが、収穫後のもちがややよいでしょう。

保存方法の種類
冷蔵保存
冷凍保存
漬け保存

収穫カレンダー（月）

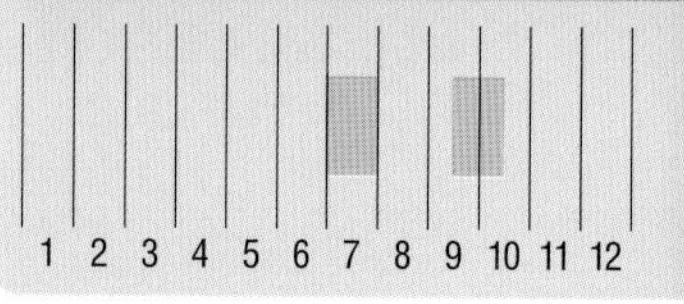

収穫方法

サヤの中の豆の形が浮き出てくる前に収穫をしましょう。ハサミで切って収穫します。

サヤがふっくらしてきたら収穫

開花から1週間で、サヤの長さが10㎝くらいになったころがとりどきです。サヤの中の豆の形が浮き出てくるようだと、適期を過ぎてかたくなっているかもしれません。つるあり種は、つるなし種にくらべてサヤが大きめで、大きく育っても鮮度が落ちにくいため、収穫期間は長めです。

保存方法

風味がそこなわれないうちに、早めにかためにゆでて、冷蔵または冷凍をしておきましょう。

早めに冷蔵、冷凍を

収穫したら早めに保存袋に入れて冷蔵するか、新鮮なうちに、かためにゆでて（→P75）冷凍するのがおすすめ。ピクルス液（→P13）に漬けておけば、肉料理のつけ合わせなどに重宝します。

消費料理

味がからみにくいインゲン。粘度をもたせたり、油を使った調理法にすると、たくさん食べられます。

サヤインゲンのニース風サラダ

材料

- サヤインゲン…400g
- 玄米ご飯…1杯分
- 赤タマネギ…¼個

A［ニンニクすりおろし…1かけ分、塩…小さじ½、酢…大さじ1、アンチョビ…3枚、しょう油…大さじ1、ブラックオリーブ（種なし）…5個、オリーブオイル…大さじ4］

作り方

1 サヤインゲンはさっとゆで、3㎝長さに切る。
2 赤タマネギはみじん切りにする。
3 ミキサーにAを入れ、よく混ぜ合わせる。
4 ボウルに1、玄米ご飯、2、3を入れ、混ぜ合わせる。

サヤインゲンの揚げびたし

材料

- サヤインゲン……200g

浸しつゆ

- 酒……50ml
- みりん……50ml
- しょう油……25ml
- かつお節……10g

- 揚げ油……適量
- かつお節（仕上げ用）……適量

作り方

1 小鍋に酒、みりんを入れて中火で煮切り、しょうゆ油、かつお節を加えて火を止める。そのまま5分置いてこす。
2 サヤインゲンはヘタを切り、フライパンに熱した油で素揚げにする。
3 皿に盛って1をかけ、味がなじむまで浸す。食べるときにかつお節をかける。

サヤインゲンの肉巻きフライ

材料

- サヤインゲン……12本
- 豚バラ肉……3枚（80g）

衣

- 小麦粉……大さじ2
- 溶き卵……1個分
- パン粉……大さじ4

- 揚げ油……適量

作り方

1 サヤインゲンはへたを切り、熱湯でゆでて冷ます。
2 豚バラ肉を広げ、1を4本ずつのせて巻きつける。
3 2に小麦粉、溶き卵、パン粉の順に衣をつけ、180度に熱した油できつね色に揚げる。トンカツソースなど好みのソースをつけて食べる。

エダマメ

ダイズを未熟な状態で収穫するとエダマメに。枝から切り離すと急速に鮮度が落ちます。

保存方法の種類
冷蔵保存
冷凍保存
加工保存

収穫カレンダー（月）

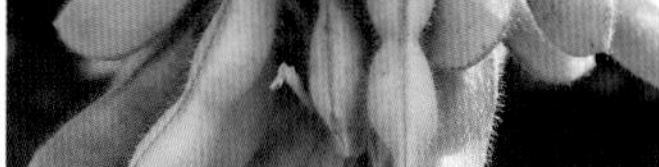

収穫方法

サヤだけをとるのではなく、枝ごと土から引き抜いて収穫。中の豆がやわらかいうちに収穫を。

サヤの表面の産毛が茶色になったら

サヤがふっくらして、中に入った豆が大きくなっているようなら収穫です。サヤの表面の産毛が茶色になったときが適期。適期は5日ほどしかありません。収穫したらすぐに食べる、または加工できるタイミングでとりましょう。

マメ科の植物は空気中から窒素成分をとり入れることができるので追肥の必要はありません。肥料過多だと害虫が集まる原因に。

保存方法

サヤごと冷蔵、冷凍保存するほか、ペースト状にして冷凍しておけばスープなどの料理にも使えます。

冷凍保存

約1カ月

ペーストにして

サヤごとゆでて（→P75）保存袋に入れるほか、ゆでた豆をとり出してペースト状にしておくと、しるこやスープ、ディップ、茶碗蒸し、コロッケなどに使えます。ゆでた豆をそのまま冷凍したものは、サラダなどに便利です。

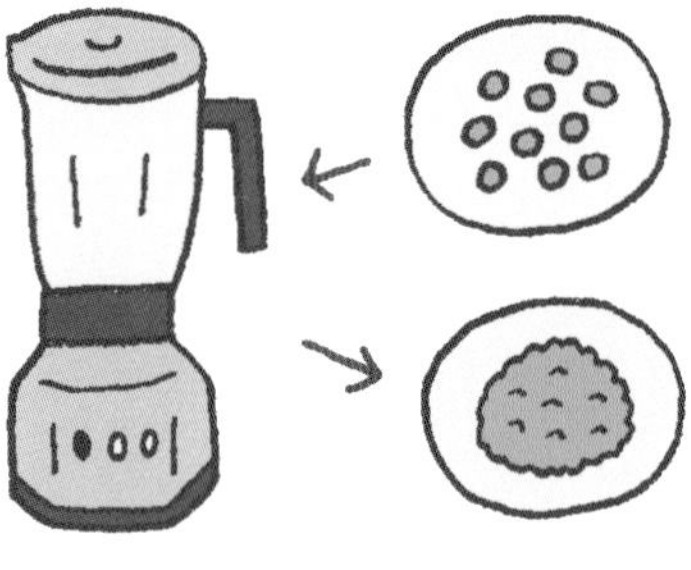

豆がやわらかくなるまでゆでてからミキサーにかけます。なめらかなペースト状になったらラップなどにくるみ、保存袋に入れて冷凍。

冷凍ペーストを使って

白玉団子とずんだあん

材料

- 冷凍ペースト…500g
- A［砂糖…150g、塩…小さじ½、水…50mℓ］
- 白玉団子［白玉粉…80g、水…60〜80mℓ］

作り方

1 解凍した冷凍ペーストを小鍋に入れてAを加え、弱火にかけてよく混ぜる。
2 ボウルに白玉粉を入れ、水を少しずつ加えながら耳たぶくらいのかたさに混ぜ、1.5〜2cmの大きさに丸める。
3 熱湯に2を入れて中火でゆでる。団子が浮いてきたら、そのまま1〜2分ゆでて氷水にとる。水気を切って1と和え、器に盛る。

消費料理

ゆでたてのエダマメは、そのまま食べても、ご飯に混ぜても美味。サヤごとピリッと炒めれば、ひと味違った口当たりも楽しめます。

エダマメとおかかチーズのおむすび

材料

- エダマメ(豆)………25g
- 炊きたてのご飯(白米)……150g
- かつお節…………………………2g
- シュレッドチーズ……………45g

作り方

1 枝豆はサヤごとゆでて豆をとり出す。

2 炊きたてのご飯に1、かつお節、シュレッドチーズを加えて混ぜ、好みのサイズのおむすびをにぎる。

スパイシーエダマメ

材料

- エダマメ(サヤ)……200g
- ゴマ油………………………大さじ1
- しょう油……………………大さじ1
- 豆板醤………………………小さじ1
- ニンニクみじん切り……小さじ1

作り方

1 エダマメはサヤごと5分ほど強火でゆで(サヤごとゆでて冷凍しておいたものでもよい)、両端をキッチンバサミでカットする。

2 フライパンにゴマ油を熱してサヤごと1を入れ、しょう油、豆板醤、ニンニクを加えて軽く焼き色がつくまで炒める。

ダイズ

エダマメの時期を過ぎ、乾燥するまで畑に置いておいたものがダイズ。傷んだものや虫食いしているものは肥料に。

保存方法の種類

常温保存

冷凍保存

加工保存

収穫カレンダー（月）

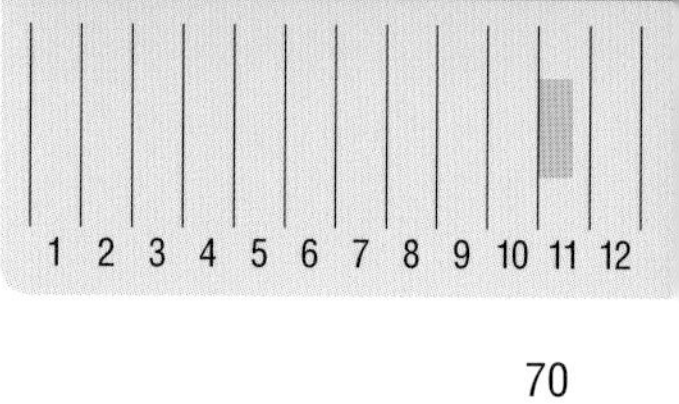

収穫方法

収穫後はそのまま畑で立てかけてさらに乾燥させます。晴天が続くときに行いましょう。

エダマメを畑で乾燥させる

エダマメとして収穫せず、そのまま畑に置いておき、葉茎やサヤがカラカラに乾燥したら、株ごと引き抜いて収穫します。収穫後は中の豆を完全に乾かすためしばらくのあいだ、畑に立てかけておきましょう。

悪い物、ゴミを除く

よく乾燥したら、サヤから豆を出します。すべて出し終えたら、虫食いがあるもの、ゴミなどをとり除いておきましょう。

保存方法

サヤから出したダイズはすっかり乾燥しているので、使うときはひと晩水に浸けておきましょう。

びんに入れれば、1年もつ

乾燥した豆は、煮沸したびんに入れ、湿気が入らないように保存すれば、1年はもちます。1年を過ぎると皮がかたくなってくるので、翌年の収穫までには使い切るようにしましょう。ゆでて使い切れなかったものは、保存袋に入れて冷凍を。

ダイズのゆで方

ダイズを洗い、厚手の鍋にダイズとダイズの3倍量の水を入れ、そのままひと晩（約8時間）置きます。鍋を火にかけ、中~弱火でふたをせずにゆでます。ときどきアクをとり除き、湯が減ってダイズが見えていれば差し水をします。指先でつぶせるかたさになればゆで上がりです。

MEMO

浸けておいた水には栄養分が溶けているのでそのまま使いますが、アクやしぶみが気になる場合は新しい水に替えてゆでましょう。

手がるに食べられる料理もあります。自家製みそ(→P72)にもぜひ挑戦してみましょう。格別の味わいです。

消費料理

ダイズペースト

材料

- **ダイズ……150g**
- オリーブオイル……大さじ1
- 塩……小さじ¾
- ダイズのゆで汁……大さじ2
- オリーブオイル、ダイズ、黒コショウ(各飾り用)……各少々

作り方

1 ダイズは半日水に浸し、やわらかくなるまでゆで、冷ます。

2 ミキサーに1のダイズとオリーブオイル、塩、ゆで汁を入れ、ペーストにする。

3 2を器に入れ、飾り用オリーブオイル、ダイズ、黒コショウをかける。

ダイズナゲット

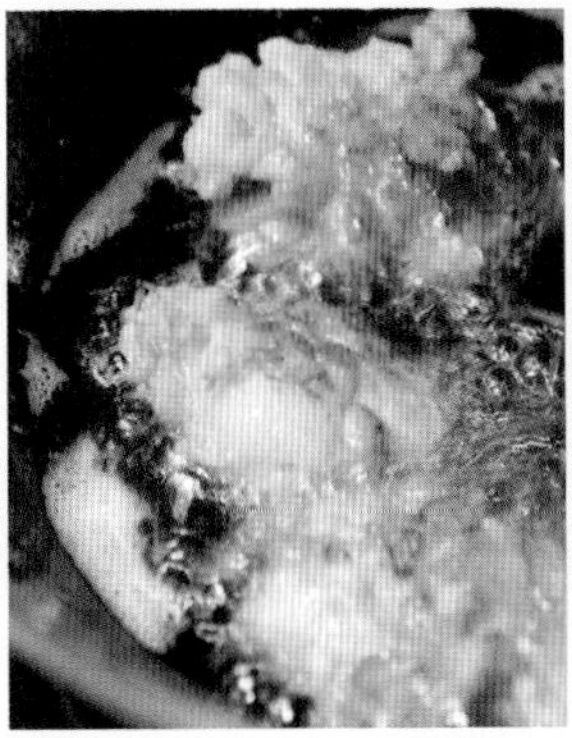

材料

- **ダイズ……200g**
- 小麦粉……大さじ3
- A
  - 塩……小さじ1
  - しょう油……小さじ½
  - ニンニクすりおろし……小さじ¼
  - ショウガすりおろし……小さじ¼
  - 卵……½個
- 揚げ油……適量

作り方

1 ダイズは半日、水に浸して戻し、やわらかくゆでておく。

2 すり鉢に1のダイズを入れ、粒が残るくらいにすりこぎでつぶす。

3 小麦粉に2とAを加え、よく混ぜる。

4 バットに小麦粉(分量外)をふり、3をスプーンでひと口大の大きさにまとめて、小麦粉をつける。

5 180度に熱した油できつね色に揚げる。

みその作り方

ダイズを収穫したら挑戦したいのが自家製みそ。塩分を控えすぎるとカビが生えてしまうので注意しましょう。

【でき上がり量が2kgの場合】

- ダイズ……………500g
- 米麹………………500g
- 塩…………………………200g

※でき上がり量が4kgの場合は、各倍量を用意します。
※ダイズは前日から12時間水に浸けておきます。

1
ダイズを半日くらいかけてゆっくり蒸します。蒸すことが難しい場合はゆでても。

2
ダイズが指先でつぶせるくらいのかたさになったら火を止め、大きめの容器に移します。

3
マッシャーなどを使って、ダイズをつぶします。

4
このくらいまでよくつぶします。

5
あらかじめ混ぜておいた米麹と塩を加えます。

6
よく混ぜます。

7
ダイズの蒸し汁(ゆで汁)を少しずつ加えながら、耳たぶぐらいのかたさになるまでよく混ぜます。

8
こぶし大に丸めます。

9
ほうろうや木の樽などの保存容器の底に向けて、**8**を投げ入れます。こうすることで余分な空気が抜けます。

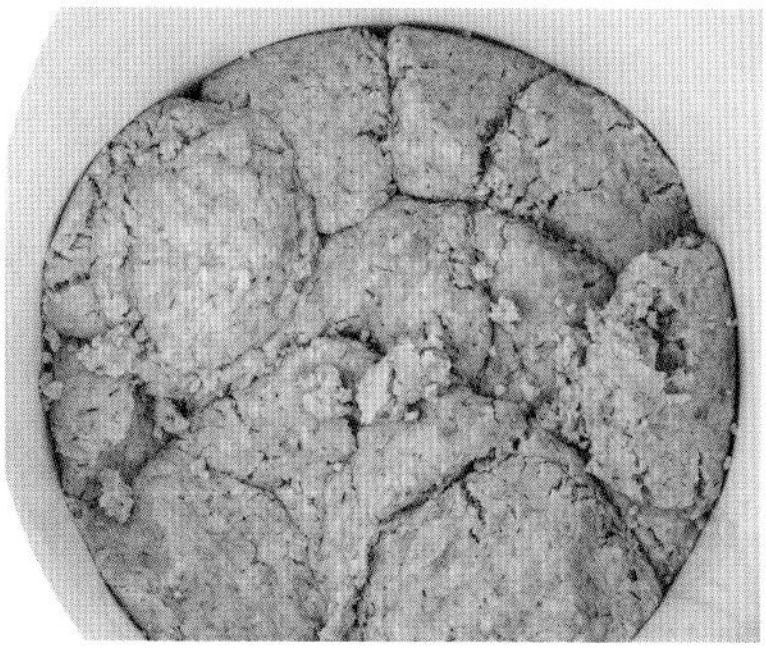

10
すべて容器に入れたところです。

11
手のひらを使って、押し込むようにならします。

12
みそが空気に触れないように、ラップをかけます。

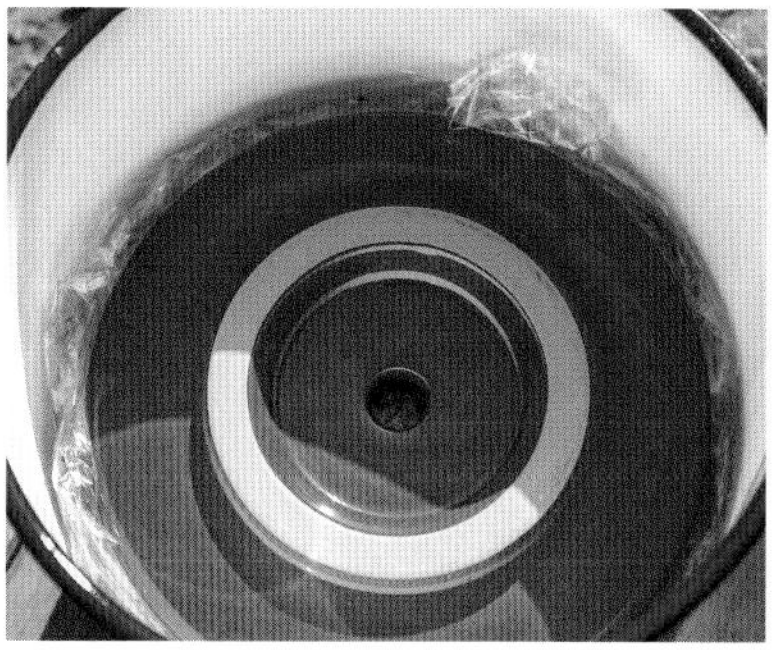

13
2～3kgの重しをのせます。専用の重しがなければ果実酒の入ったびんなどでも可。

14
さらにビニール袋をかぶせ、冷暗所に置いておきます。3～4カ月後に上下を返し(天地返し*)、6カ月後くらいから食べられます。

*天地返し
カビが生えていたらとり除き、別の容器に上から順に移し替える。すべて移し終えたら、**11**～**13**をくり返す。

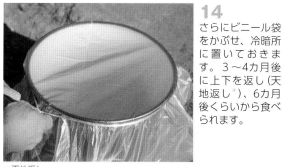

ソラマメ

旬の期間が短いことで知られる野菜です。タイミングよく収穫し、鮮度が落ちないうちにゆでておきましょう。

保存方法の種類　冷凍保存

収穫カレンダー（月）

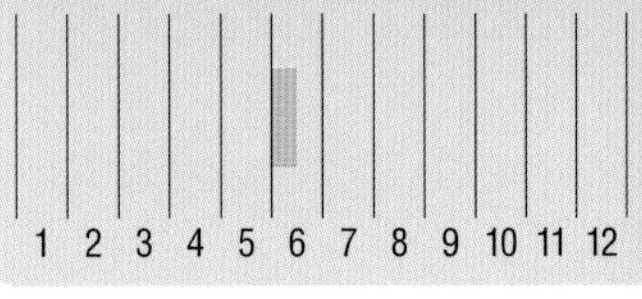

収穫・保存方法

上向きに大きくなってきたサヤが下向きになったらとりごろです。

サヤが下がったら収穫

上を向いていたサヤが大きくなって下に向けて下がってきたら収穫時期です。両側の筋が黒くなっていたらとりどき。このころにはサヤに光沢も出ています。サヤのつけ根からハサミで切って収穫します。

余ったものはゆでて冷凍を

3日で鮮度も味も落ちるので、収穫したらすぐに食べたいものです。残ったものはすぐにかためにゆでて（→P75）保存袋に入れ、冷凍を。

消費料理

新鮮なものは塩ゆでが最高です。冷凍しておいたものは濃い味つけがよく合います。

ソラマメのスパイス炒め

材料

- ソラマメ（サヤ）……10本
- オリーブオイル…………大さじ2
- クミンシード……………小さじ¼
- 塩……………………………小さじ¼

作り方

1 ソラマメはサヤから出して、1～2分ゆでる。

2 フライパンにオリーブオイルとクミンシードを入れ、香りが出たら1と塩を加えて炒める。

ソラマメのベニエ

材料

- ソラマメ（サヤ）……10本
- ビール……………………100mℓ
- 小麦粉……………………200g
- 塩…………………………小さじ¼
- 揚げ油……………………適量

作り方

1 ソラマメはサヤからとり出す。

2 ボウルに小麦粉と塩を加え、ビールを少しずつ加え、菜箸で円を描くように混ぜる。

3 2に1を加え、混ぜる。

4 揚げ油を180度に熱し、3をきつね色に揚げる。

column なるほど！ 豆類のゆで方とゆで時間

豆類にはサヤつきのまま食べるもの、サヤから出して食べるものがあります。それぞれおいしいゆで方とゆで時間が異なります。ゆで上がったあと、水にとると水っぽくなるので、色どめのためならゆですぎないようにして、ざるに上げ、かるく塩をふるのがおすすめです。ソラマメは豆のくぼみに切り込みを入れてゆでると、表面にしわがよりません。

サヤから出して調理するもの

グリンピース、ソラマメなど

サヤから出す

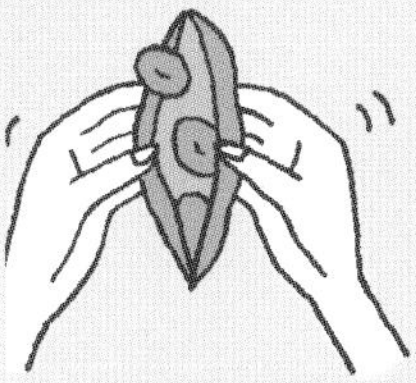

サヤから豆を出す。

弱火で3～5分ゆでる

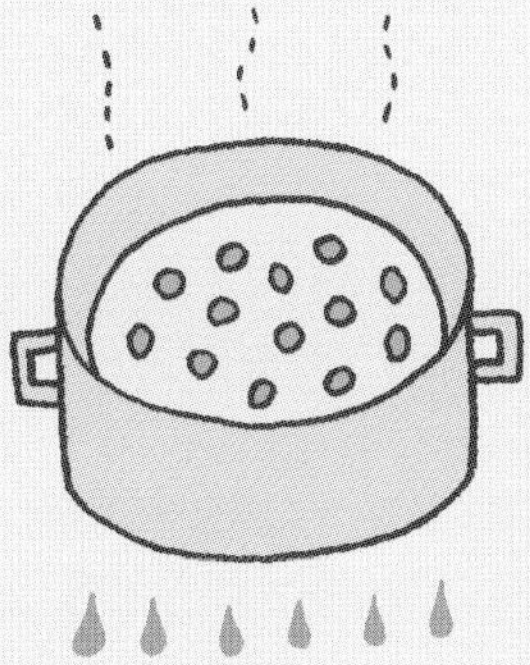

鍋に豆を入れて、ひたひたの水と塩少々を入れ、沸騰したら弱火で3～5分ゆでる。

そのまま冷ます

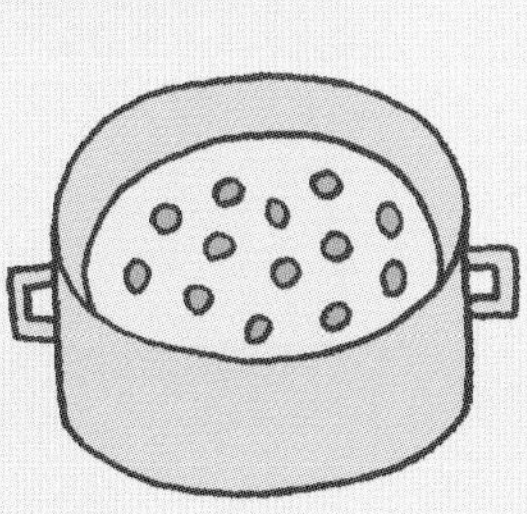

火を止めたらそのまま約1時間置いておき、粗熱をとる。こうすると表面にしわができない。しわが気にならないときは、ざるに上げる。

サヤのまま調理するもの

エダマメ、キヌサヤ、スナップエンドウ、サヤインゲンなど

強火で3～4分ゆでる

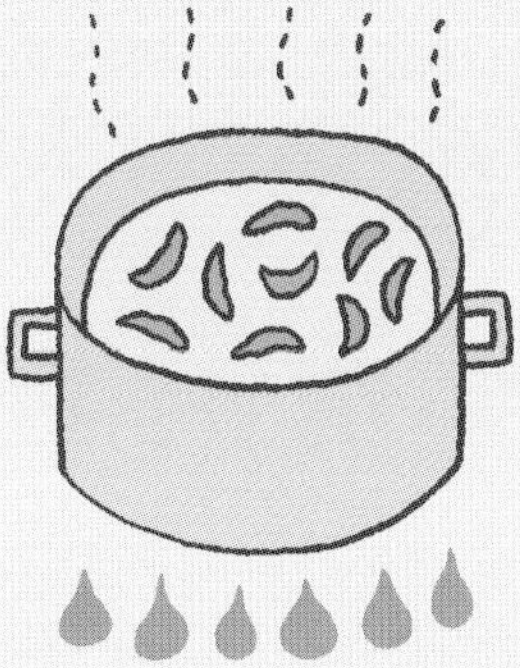

鍋に豆を入れ、ひたひたの水と塩少々を入れ、沸騰したら強火で3～4分ゆでる。

このあと、加熱調理に使うときは、ゆで時間を強火で30秒程度にとどめておく。

ざるにとって冷ます

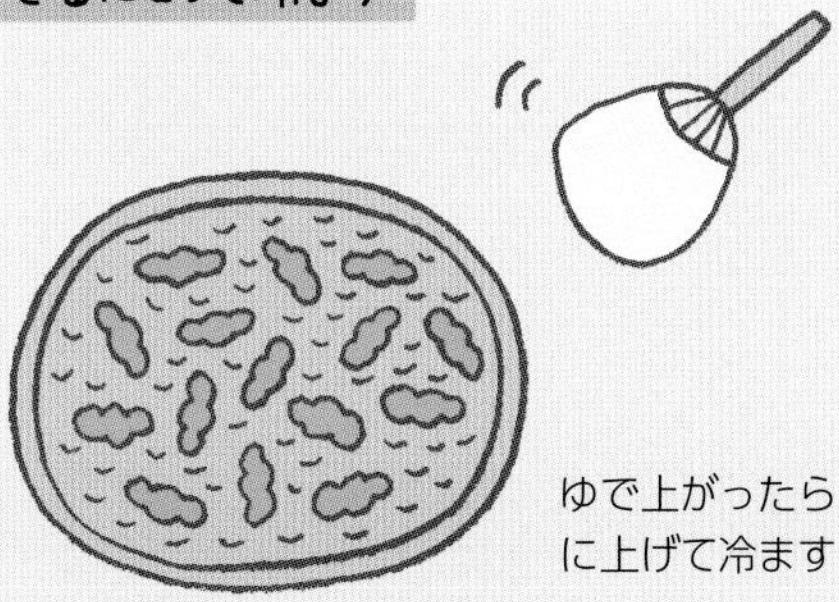

ゆで上がったら、ざるに上げて冷ます。

※ゆで時間や火力は目安です。大きさや調理方法によって調整してください。

レタス

保存方法の種類　冷蔵保存

おなじみのタマレタスのほか、形や色がさまざまなレタスがあります。少しずついろいろ育てられるのも家庭菜園ならでは。

収穫カレンダー（月）

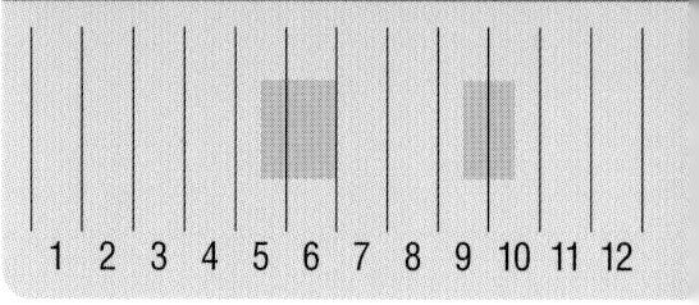

収穫方法

結球しないタイプのレタスは、家庭菜園でも育てやすく収穫しやすいのでおすすめです。

結球するもの、しないものがある

レタスの仲間には葉が完全に結球しているもの、完全には結球しない半結球もの、まったく結球しないものがあります（↓P78～79）。結球するものは上部が締まって適度な弾力があれば、非結球のものは草丈20～30㎝になったら収穫できます。レタスの葉にトゲがあるのは新鮮な証し。洗ったり熱を加えたりしているあいだになくなります。葉にプツプツが見られるのは、虫の卵か食害の跡かもしれません。よく洗うかとり除きましょう。

どのタイプのものも、包丁で株元から切りとって収穫します。結球しないものなら、下の葉から必要なだけ切りとるのもOKです。

保存方法

鮮度がいいうちに食べるのがいちばんですが、使い切れないものは水気を拭いて冷蔵庫へ。

白い液体が葉に触れないように

レタスならではのみずみずしい食感を味わうなら、収穫後、なるべく早く使い切りたいもの。使い切れなかったものは、熱めの湯で洗ってから（↓P12）冷蔵保存するとよいでしょう。レタス類の株元を切ると白い液体がにじみ出てきます。これはラクッコピコリンという物質で、触れた部分は赤くなって傷んできます。液体はすぐに拭きとり、葉に触れないようにしましょう。鮮度が落ちたものは加熱調理を。

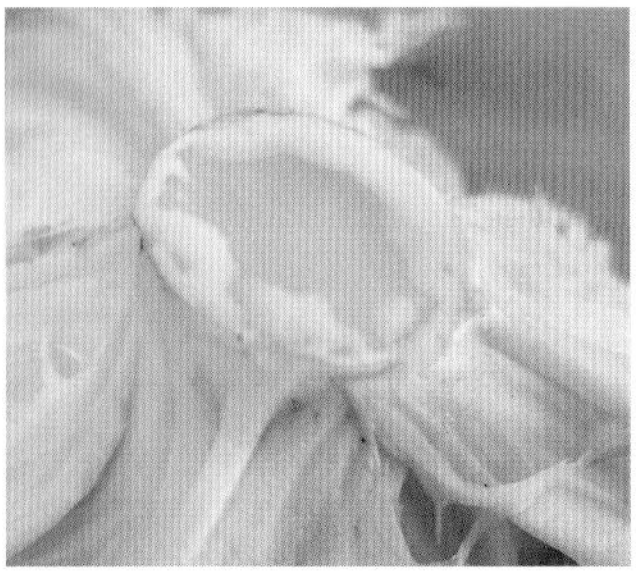

写真左／白い液体がにじんできた状態。
写真右／熱い湯で洗ってペーパーに包み、保存袋に入れたもの。冷蔵庫で保存を。

生のままで量が多くても、加熱すると一気にかさが減り、
たくさん食べられます。

丸ごとレタスの炒め物

材料

- **レタス**……1個
- オリーブオイル……大さじ2
- 赤トウガラシ……1本
- 塩……小さじ½
- みりん……大さじ1
- しょう油……大さじ1
- 卵……1個

作り方

1 レタスは洗って手でちぎり、赤トウガラシはみじん切りにする。

2 フライパンにオリーブオイルとトウガラシを熱し、香りが出たら1のレタスを加え、強火で炒める。

3 塩、みりん、しょう油を加え、溶き卵をまわし入れ、ひと煮立ちさせる。

レタスと揚げワンタンの豆鼓《とうち》サラダ

材料

- **レタス**……½個
- ダイコン……¼本
- ワンタンの皮……15枚
- 豚ひき肉……200g
- サラダ油……大さじ1
- ニンニクみじん切り……小さじ1
- ショウガみじん切り……小さじ1
- A
  - みりん……大さじ2
  - しょう油、砂糖、みそ……各大さじ1
  - 豆鼓……小さじ1

作り方

1 レタスとダイコンは洗って水気を切り、千切りにして皿に盛る。

2 ワンタンの皮は5㎜幅に切り、揚げ油（分量外）できつね色に揚げる。

3 フライパンに油を熱し、ニンニクとショウガを炒め、香りが出たら豚ひき肉を加え、こんがり焼けたら、合わせたAを加える。

4 3を熱いうちに1にかけ、2のワンタンものせ、食べる直前に全体を混ぜる。

タマレタス

市販の大きさが目安

レタス類は店頭で見かける大きさになったら収穫期です。タマレタスは上からつかんでみて、かたく締まっていれば収穫ＯＫ。株元に包丁を入れて切ります。保存袋で冷蔵を。

保存袋に入れて、野菜室で保存します。

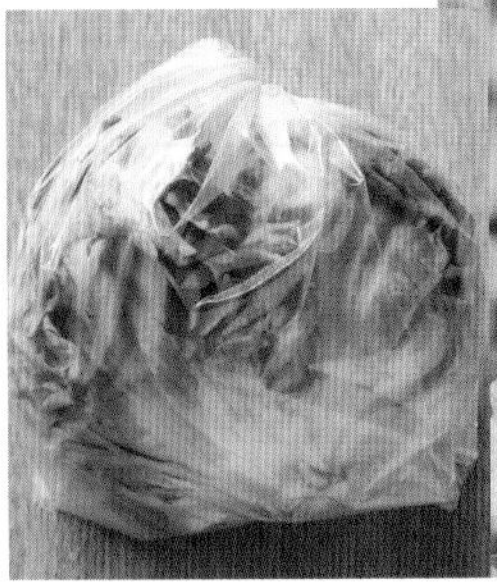

サニーレタス

外側の葉から収穫しても

葉の大きさが25cmくらいになれば収穫できます。株元から切って収穫しても、外側の葉から食べる分だけ少しずつ切りとっていってもいいでしょう。

サニーレタスはリーフレタス（下写真）の仲間です。

サラダナ

葉がやわらかいので注意

タマレタスにくらべて短期間で収穫できる初心者向きの野菜。結球がゆるやかな品種です。株ごと切りとって収穫しても、外側の葉から順に切りとって収穫してもよいでしょう。

葉がやわらかく傷みやすいので、保存中はていねいに扱いましょう。

サンチュ

外葉から順に収穫しても

葉が15cmくらいになれば収穫できます。株ごと収穫しても、外側の葉から必要な分だけ切りとってもよいでしょう。葉を切りとると1週間ほどで新たな葉が伸びてきます。新鮮に食べられるのは収穫当日だけなので、食べる分だけ収穫を。焼き肉を包むだけでなく、炒めたり、ゆでたりしてもおいしく食べられます。

トレビス

根元からしっかりとる

結球して触ったときにかたく締まっていたら収穫時期です。特長の苦みをしっかり味わうには、株元からとるとよいでしょう。収穫期が暑い時期にさしかかっている場合は、トウ立ちしやすいので早めに収穫を終えるようにします。収穫後は水分が蒸発しにくいように保存袋に入れて、2～3日で食べ切るようにしましょう。

ベビーレタス

数回は収穫できる

ベビーレタスとはリーフレタスの小さい葉の状態です。おもにサラダに使い、4～5cmくらいになれば収穫できます。毎日食べる分だけ外側の葉から切りとって使いましょう。摘みとったあとからまた葉が生えてくるので、数回は収穫ができます。

回数を重ねてくると、だんだん葉がかたく、苦みを帯びてきます。

ラッキョウ

葉が青いうちの若い球根は、エシャレットとして食べられます。ラッキョウは、葉が枯れてきたら収穫します。

保存方法の種類　常温保存　漬け保存

収穫カレンダー（月）

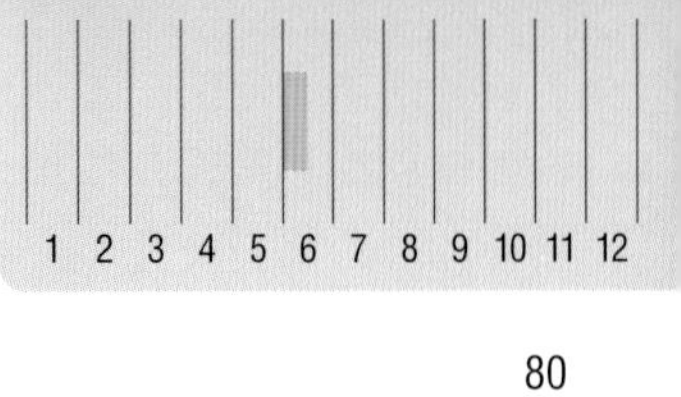

収穫方法

葉が枯れてきたら、よく晴れた日に株ごと引き抜いて、球根を掘り上げます。

葉が枯れてきたら収穫

葉が枯れ始めてきたら収穫時期。株ごと掘り上げます。収穫したら土を落とさず、風通しのよい場所に置いておきましょう。日本では、早どりのラッキョウを「エシャレット」と呼ぶこともあります。

種のとり方

種用は日に当てて乾かす

収穫したものの一部は、翌年の種球にとっておきましょう。種用のものは日に当てて乾かし、ネットに入れて軒下につるしておきます。

保存方法

収穫後は早めに加工が原則。それまでは茎を切って根を残し、風通しのよいところへ置いておきましょう。

常温保存　約3日

コンテナに入れて

すぐに加工できない場合は、茎を切り落とし、コンテナに入れ風通しのよいところに。茎は10cmくらい残して切り落とし、根を切ると芽が出るのでつけたままにしておきます。

漬け保存　約6カ月

甘酢漬け

すぐに芽が伸びて鮮度が落ちてくるので、収穫後は早めに加工しておきましょう。甘酢漬けにしておくと、長期保存ができ、料理にも使えるので便利です。

MEMO

ラッキョウは食物繊維が豊富で、血液をサラサラにする働きのある硫化アリル（辛みの成分）も多く含まれています。体を温めたり、免疫力を高めたりする働きも。

ラッキョウの下ごしらえ

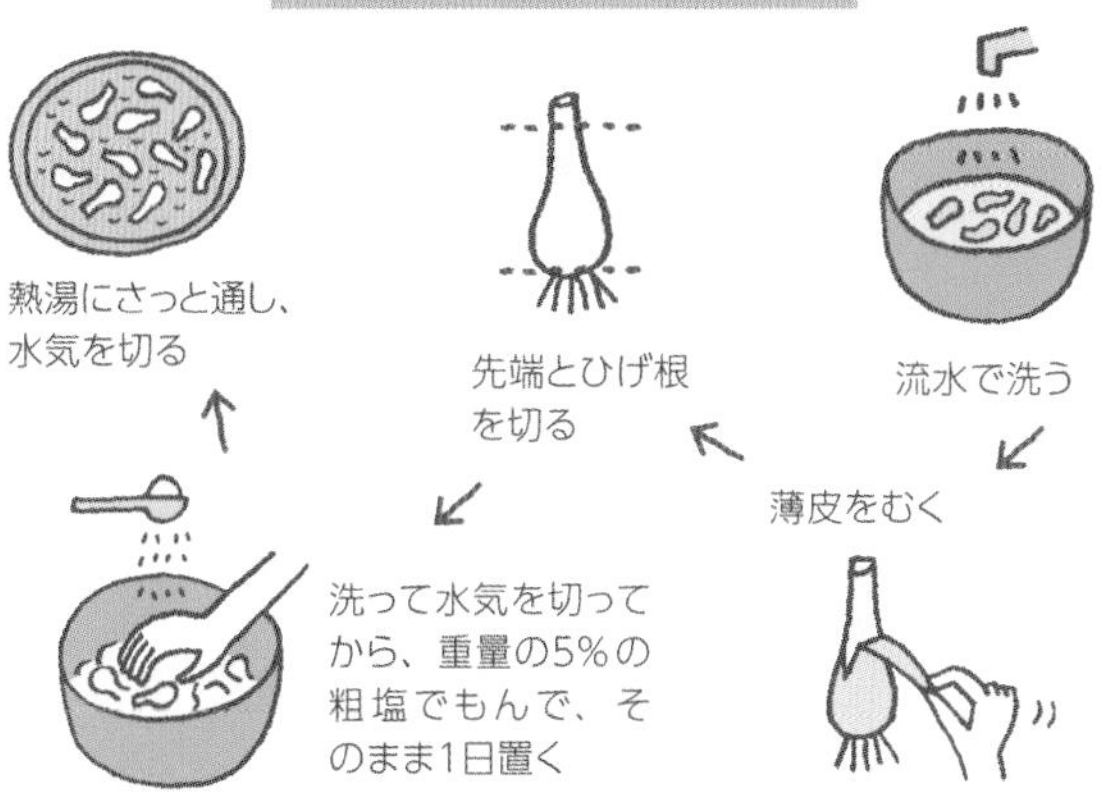
流水で洗う
薄皮をむく
先端とひげ根を切る
洗って水気を切ってから、重量の5%の粗塩でもんで、そのまま1日置く
熱湯にさっと通し、水気を切る

分量

- ラッキョウ…1kg

甘酢
- 酢、水、砂糖…各300mℓ
- 塩…大さじ3
- 赤トウガラシ…1本

作り方

1 ラッキョウは下ごしらえしておく。
2 保存容器を煮沸し、1を入れる。
3 甘酢の材料を火にかけて煮立たせ、熱いうちに2に注ぎ入れる。
4 表面にラップをして、そのまま冷ます。

消費料理

やや鮮度が落ちたものでもおいしく食べられます。

ラッキョウの煮物

材料

- ラッキョウ……200g
- 鶏もも肉……300g
- 塩……小さじ½
- サラダ油……適量
- A
  - 酒……大さじ2
  - 砂糖……大さじ1
  - しょう油……大さじ1
  - 酢……小さじ1
  - かつお節……5g
- 白ゴマ……適量

作り方

1 鍋に油を熱し、ひと口大に切った鶏肉に塩をして中火で炒める。
2 ラッキョウとAを加え、沸騰したら弱火にし、20分煮る。
3 器に盛り、白ゴマをちらす。

甘酢漬けを使って

ポテトサラダ

材料

- 甘酢漬け…150g
- ジャガイモ……500g
- キュウリ…………½本
- ニンジン…………½本
- マヨネーズ….大さじ3
- しょう油……大さじ1

作り方

1 ジャガイモはゆでるか、塩少々と水を少し加えた鍋で蒸し煮にする。
2 ラッキョウは横半分に切り、キュウリとニンジンはいちょう切りにする。
3 1が熱いうちに2とマヨネーズ、しょう油を合わせる。

トウガラシ

トウガラシを収穫すると、そのまま使うだけでなく、形を変えた香辛料をいろいろと作ることができます。

保存方法の種類
冷蔵保存
冷凍保存
乾燥保存
漬け保存
加工保存

収穫カレンダー（月）

収穫方法

熟す前は青トウガラシ、熟してからは赤トウガラシとして収穫。赤トウガラシは完全に乾かします。

青トウガラシと赤トウガラシ

「青トウガラシ」と呼ばれる緑色のトウガラシは熟す前の実、それが熟して赤くなったものが「赤トウガラシ」です。必要な状態の実を切って収穫します。すべて赤くなるまで待っていると株が弱ってくるため、順次収穫していきましょう。

トウガラシの葉

トウガラシの葉は実ほど辛くはありませんが、ピリッとした辛みを生かした調理（↓P84）に使えます。

MEMO

辛みの成分であるカプサイシンは、血行をよくして体を温めたり、代謝をよくしたりする働きがあります。また、消化を促進したり、脂肪を燃焼したりする効果も。このほか、カロテンやビタミンCも豊富に含まれています。辛みを増すことで油や塩分の摂取を抑えます。

種のとり方

種用のトウガラシは枝に残しておく

翌年用の種をとるためには、大きくてツヤのある実を残しておき、株についたまま赤く表面にしわができるまで待ちます。摘みとってよく乾燥させたら保存びんなどに入れ、種をまくときに中の種だけをとり出します。

青トウガラシは収穫後、葉と実に分け、早めに冷蔵または冷凍を。赤トウガラシは完全に乾燥させてから加工しましょう。

保存方法

冷蔵保存

約2～3日

葉と実を分ける

青トウガラシは収穫後、できるだけ早めに葉と実を分けておきます。2～3日程度の保存なら、保存袋に入れて冷蔵庫へ。

冷凍保存

約1年

実は保存袋に入れて冷凍

青い実は保存袋に入れて冷凍できます。一度にたくさん使うことはないので、小さめの保存袋に小分けにしてもよいでしょう。

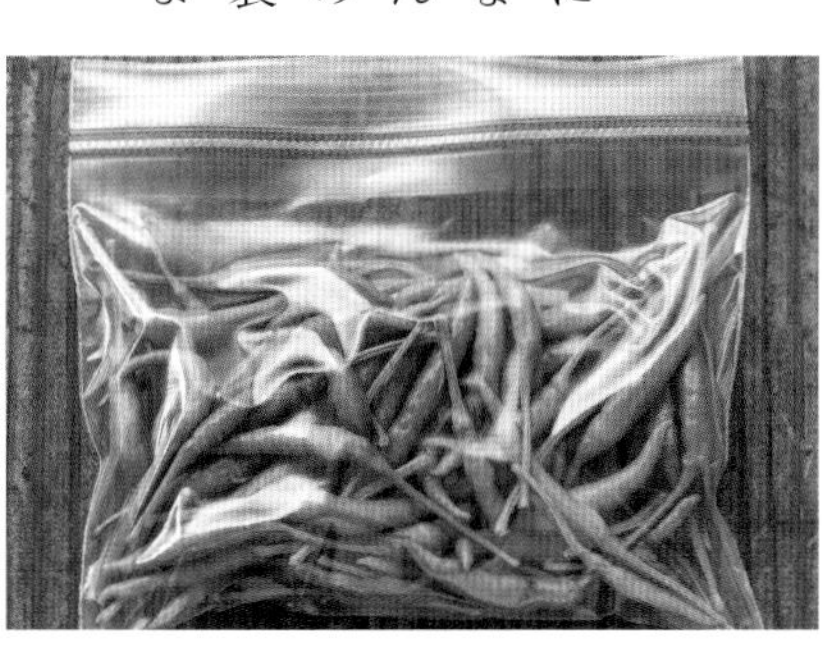

乾燥保存

約1年

赤トウガラシは乾燥させる

赤トウガラシはよく乾燥させせます。乾燥させるには、株を数本ずつ根元で束ね、逆さにして軒先につるすほか、茎から実をとってざるに並べ、完全に乾くまで天日干しをします。

完全に乾いていないうちに袋やびんなどで保存すると、カビが生えてしまうので注意しましょう。

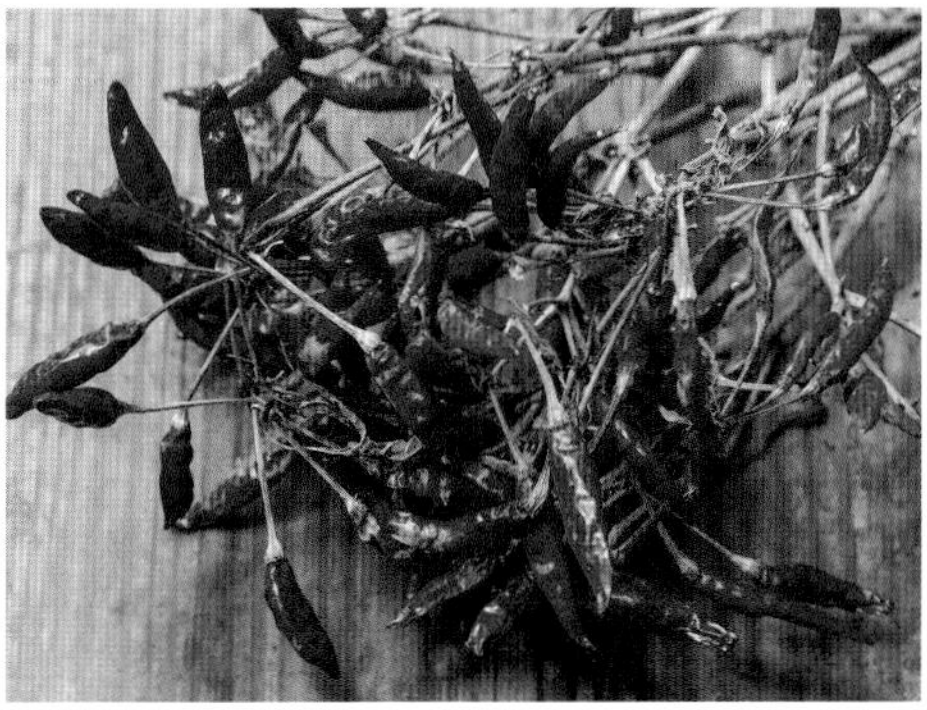

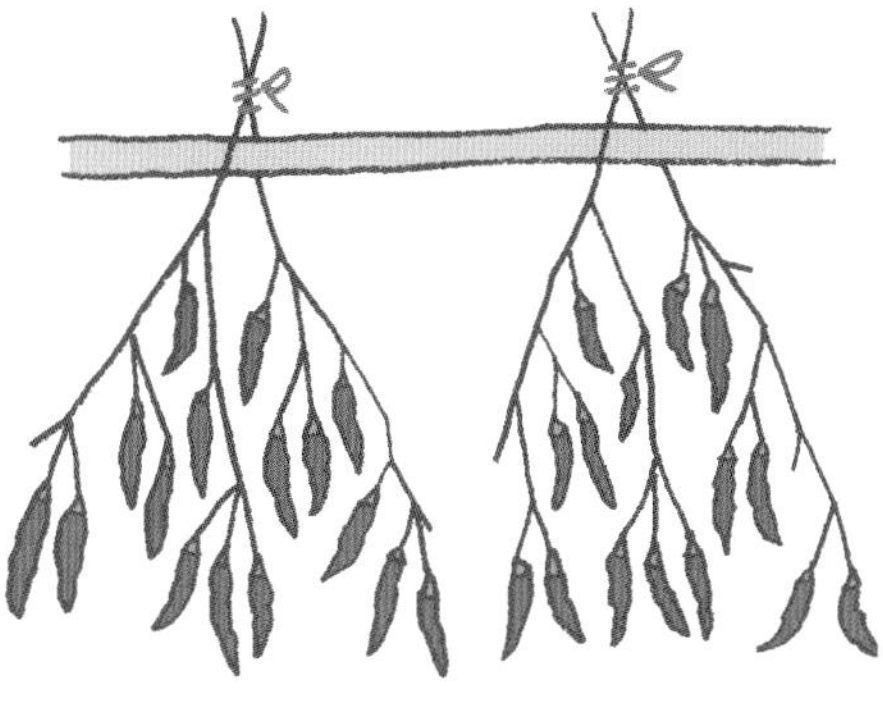

活用法
よく乾燥させた赤トウガラシは、一味トウガラシや七味トウガラシにして(→P84～85)、料理に活用できます。

無添加で安心して使用できる

漬け保存

約1年*

トウガラシオイル

*冷蔵庫で保存

赤トウガラシはオイル漬けに。オイルにもトウガラシの風味が移り、オイルも実も使えます

分量

- 赤トウガラシ…5本
- ニンニク…1かけ
- オリーブオイル…200mℓ

作り方

煮沸したびんにすべての材料を入れ、1カ月ほど冷暗所に置く。

加工保存

約1年*

加工保存❶ 約1年

葉トウガラシみそ

*冷蔵庫で保存

分けた葉は煮詰めて葉トウガラシみそにしてみましょう。最後に刻んだ青トウガラシを加えるので、さわやかな味わいです。

分量

- トウガラシの葉…100g
- 青トウガラシ…5本
- しょう油…大さじ2
- 砂糖…大さじ3
- みりん…大さじ1
- みそ…50g

作り方

1 トウガラシの葉は細かく切り、しょう油、砂糖、みりんを鍋に入れ、中火にかけ、水分がなくなるまで煮詰める。
2 みそと刻んだ青トウガラシを加え、混ぜる。

加工保存❷ 約1年

タバスコ

材料をミキサーにかけるだけでタバスコに。青トウガラシでも赤トウガラシでも作れます。冷蔵庫に保存すれば長もち。

分量

- 青トウガラシ…100g
- 塩…3g
- 酢…50mℓ

作り方

1 青トウガラシは手袋をして*包丁で縦に切れ目を入れ、へたと種をとり除く。
2 すべての材料をミキサーにかけ、煮沸したびんに入れ、1カ月ほど冷蔵庫に置く。

*トウガラシの辛み成分で手が腫れるため。

加工保存❸ 約1年

一味トウガラシ

乾燥赤トウガラシを使った一味。トウガラシの辛さが際立ちます。

分量

- 乾燥赤トウガラシ…適量

作り方

1 乾燥させた赤トウガラシは手袋をして*ハサミか包丁で切れ目を入れ、種をとり除く。
2 ミルサーなどで細かくする。

加工保存❹
約1年

七味トウガラシ

茨城・八郷の特産福来(ふくれ)ミカンの皮を使いました。温州ミカンやユズの皮を乾燥させたものでも作れます。

分量

- 赤トウガラシ…50本
- 福来ミカンの皮…5個分
- 黒ゴマ…大さじ1
- 青のり…大さじ1
- 麻の実またはケシの実…大さじ1
- 粉山椒…大さじ1

作り方

1 赤トウガラシ、福来ミカンの皮は天日でよく乾かす。
2 赤トウガラシは手袋をして*ハサミか包丁で縦に切れ目を入れて種をとり除き、フードプロセッサーで細かくする。
3 福来ミカンの皮はフードプロセッサーにかけ、細かくする。
4 すべての材料を合わせる。

※分量は好みで調整してください。

一味&七味トウガラシを使ったレシピ

スイートチリソース

材料

- 一味&七味トウガラシ（粉）…小さじ1
- 赤トウガラシ…2本
- ニンニク…1かけ
- 砂糖…100g
- 酢…100㎖
- 水…100㎖
- ナムプラー…小さじ1
- しょう油…小さじ1

作り方

1 小鍋に砂糖、酢、水、スライスした赤トウガラシを加え、中火にかける。
2 沸騰したら冷まして、ニンニクのすりおろし、ナムプラー、しょう油、一味&七味トウガラシを合わせる。

加工保存❺
約1年

ユズコショウ

ユズが手に入ったら作りたい一品。青いユズでも黄色いユズでも作れます。

分量

- 青トウガラシ…60g
- 青ユズ…3個
- 塩…小さじ1

作り方

1 青ユズは皮をすりおろし、果汁をしぼっておく。
2 青トウガラシは洗って水気を切り、手袋をして*包丁で縦に切れ目を入れ、種をとり除く。
3 フードプロセッサーに青トウガラシを入れ、細かくする。
4 3に青ユズのすりおろしと果汁小さじ1を加え、合わせる。
5 煮沸したびんに入れ、冷蔵庫で1週間ほど熟成させる。その後、冷凍可。

ユズコショウを使ったレシピ

材料

- ユズコショウ…小さじ1
- しょう油…小さじ1
- 酢…大さじ1
- 砂糖…小さじ1
- オリーブオイル…大さじ3
- 柑橘類のしぼり汁…大さじ1

作り方

ボウルにユズコショウと砂糖を入れ、しょう油、酢、柑橘類のしぼり汁、オイルの順に入れながら泡立て器でよく混ぜる。

ドレッシング

シシトウ

シシトウは品種改良によって生まれた、辛くないトウガラシ。青いときに収穫します。

保存方法の種類
冷蔵保存
冷凍保存
漬け保存

収穫カレンダー（月）

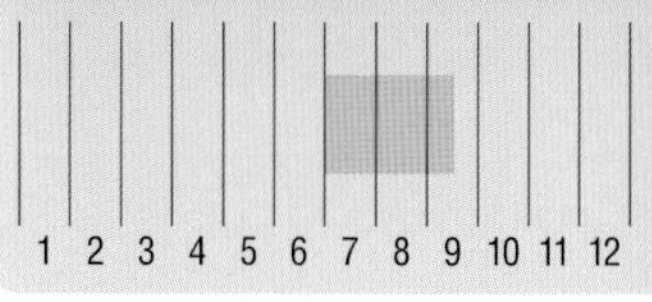

収穫方法

一番果は摘みとり、その後は、大きくなりすぎないうちに、早めに収穫します。

一番果は摘みとる

株がまだ若いうちから実がなり始めます。株に負担をかけないよう、一番果は摘みとっておきましょう。それ以降は実の大きさが5～6cmになったら収穫を。適期を逃すとかたくなり、曲がってきます。熟して赤くなると辛みが増し、また、株にも負担がかかるため、早めに順次、収穫していきましょう。

農家のコツ

トウガラシの近くには植えないこと

シシトウの近くにトウガラシを植えると、トウガラシの花粉を受粉して、辛い実ができてしまいます。種をとる場合も交雑を避けるため、トウガラシの近くに植えないように。

食べられる? 食べられない?

赤くなったシシトウ

赤くなったものは熟した証拠。食用可能です。急に辛くなるわけではありません。ただ、収穫適期を過ぎたものなのでかたく、種も大きくなり、風味が落ちて多少、食べにくく感じるかもしれません。

収穫・保存Q&A

Q なかに辛いものがあるのはなぜ? 見分ける方法はある?

なぜ辛いものができるのかははっきりわかっていませんが、生育過程でストレスがかかることが原因かもしれないという説もあります。避けたいのなら、水、肥料、日当たり、風通しの点で、できるだけストレスを与えないように気をつけてみましょう。見分ける方法も確かなものはありませんが、極端に形が変形しているときに辛いという説もあります。

鮮度が落ちないうちに使い切るのが大切です。食べ切れないときは冷蔵、冷凍保存をするほか、漬け汁に漬けて冷凍しておきましょう。

保存方法

冷蔵保存

約1カ月

実は保存袋に入れて冷蔵

洗って水気を拭きとって保存袋に入れて、野菜室へ。冷凍もできます。その場合はそのまま調理することが多いので、へたをとっておくと便利です。

漬け保存

冷蔵なら1週間
冷凍なら1カ月

焼きシシトウのおかかしょう油漬け

新鮮なうちに作っておくと便利です。種が気になる人は縦に切って種をとり除いて使いましょう。冷凍もでき、解凍してそのまま使えます。好みで炒め油をゴマ油にかえたり、豆板醤を加えてもおいしいです。

分量

- シシトウ…150g
- サラダ油…大さじ1
- しょう油…大さじ2
- かつお節…6g

作り方

1 フライパンに油を熱し、シシトウをしんなりするまで炒める。網焼きしてもよい。
2 しょう油とかつお節を合わせ、1を漬けて冷ます。

活用法
細かく刻んで冷や奴の薬味や混ぜご飯の具に。

MEMO

加熱する前に、楊枝で穴をあけ、破裂を防ぎましょう。

素揚げやおひたしもおいしいのですが、香ばしい焼き目や辛みなどのひと味を加えると、クセが和らいで、飽きずにたくさん食べられます。

消費料理

シシトウのエビはさみ焼き

材料

- **シシトウ**……………20本
- ゆでエビ……………………100g
- タマネギ……………………20g
- 片栗粉…………………小さじ1
- 塩………………………小さじ¼
- サラダ油………………大さじ1

作り方

1 シシトウは縦に1本、切れ目を入れる。
2 エビとタマネギはみじん切りにする。
3 ボウルに2、片栗粉、塩を入れて混ぜ合わせ、1の切れ目に詰める。
4 フライパンに油を熱して3を並べ入れ、両面をこんがりと焼く。

シシトウのピリ辛ナムル

材料

- **シシトウ**……20本
- 米粉……………大さじ1
- A
  - ゴマ油……………………大さじ1
  - しょう油…………………大さじ1
  - ニンニクすりおろし……小さじ1
  - 塩…………………………小さじ¼
  - 白ゴマ……………………大さじ1
  - 七味トウガラシ…………小さじ1
- サラダ油……………………大さじ½

作り方

1 シシトウは楊枝で穴をあけ、ボウルに入れて米粉をまぶす。
2 別のボウルにAの材料を入れて混ぜ合わせる。
3 フライパンに油を熱して1を弱火で炒める。
4 やわらかくなったら、2に入れて和える。

MEMO

シシトウは表面がつるつる。炒める前に粉をまぶしておくと、味がよくからみます。粉は米粉、小麦粉、片栗粉など、あるものでOK。全体に薄くまんべんなくまぶしましょう。

オクラ

開花後、勢いよく実が生長します。早めに収穫して、とりたてならではのやわらかな実を味わいましょう。

保存方法の種類
冷蔵保存
冷凍保存

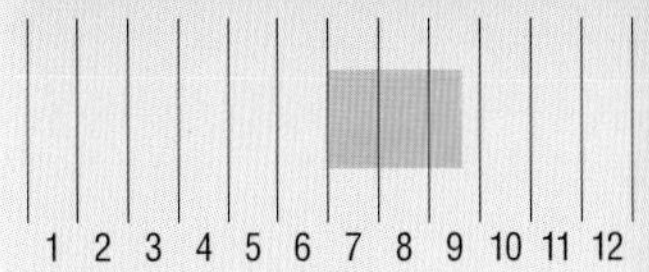

収穫方法

朝収穫しても、夕方には大きくなったものがあるほど、つぎつぎに大きくなるので、早めの収穫を。

急に大きくなるので収穫期を逃さない

1日限りの美しい花を咲かせたあと、1週間ほどで実が6～7cmになり、収穫できます。急に大きくなるので、とりどきを逃さないようにしましょう。

大きくなりすぎると実も種もかたくなって食べられなくなります。ただし、角のない丸オクラは大きくなってもかたくならないので、10cmくらいになるまでは食べられます。

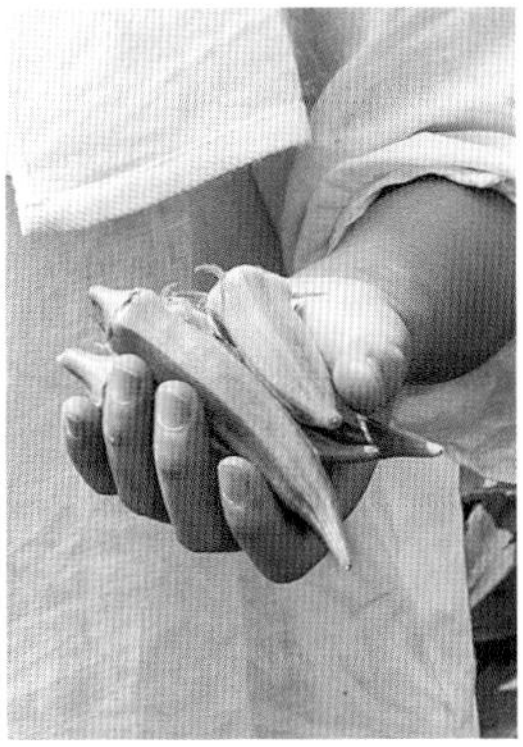
収穫の目安は、人さし指の長さくらいになったら。

実の下の葉はとり除く

実が大きくなり始めたら、風通しをよくし、株が弱らないように、実の下の葉を1枚残してすべてとり除きます。実を収穫したら、残しておいた葉もとり除きます。

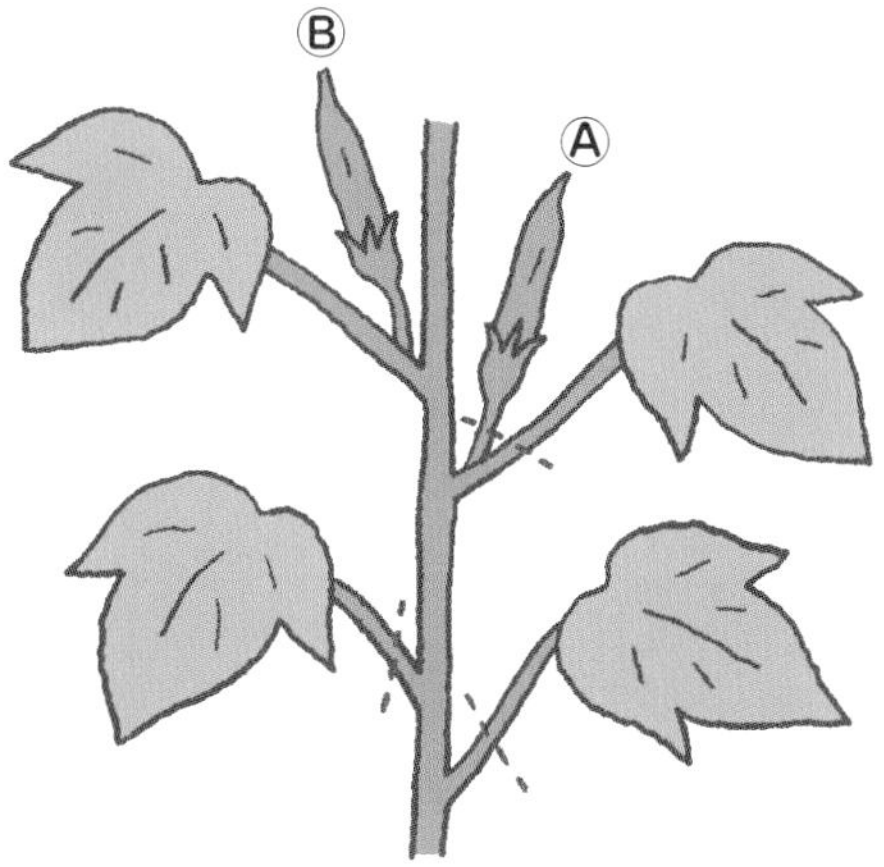

Ⓐを収穫するときにⒷとⒷのすぐ下の葉だけを残してすべてとり除きます。

食べられる? 食べられない?

オクラは生でも食べられる

オクラは生でも食べられます。塩をふってこすり合わせて産毛をとり、水洗いをしてからサラダや和え物などに。そのまま刻んで薬味にも重宝します。オクラの粘りの成分は水溶性食物繊維のペクチンと複合タンパク質であるムチン。血糖やコレステロールの上昇を抑えたり、消化促進、整腸作用など栄養も満点です。夏バテをのり切るため、粘りを生かしたメニューを。

保存方法

旬の時期にはつぎつぎにとれ、食べ切れなくなりがちなので、収穫後は早めに冷凍がおすすめ。解凍後、すぐに調理できるよう、産毛はとっておきましょう。

冷蔵保存 約4～5日

保存袋やポリ袋に入れて野菜室へ

産毛をとってから保存袋に入れると、使用時の手間が省けます。産毛をとった場合は、より早く使い切りましょう。低温を嫌う野菜ですから、冷やしすぎに注意を。

オクラに塩をふり、オクラ同士をこすり合わせ、産毛をとります。

冷凍保存 約1～6カ月

冷凍保存❶ 約1カ月 丸ごと冷凍

生のままか、かるくゆでて、水気を拭きとってから保存袋に入れます。炒め物など、丸ごと使う用に。冷凍のまま調理するとおいしく食べられます。

冷凍保存❷ 約6カ月 トロトロにして冷凍

生のままか、かるくゆで、細かく刻んで保存袋に。粘りによって、調味料やほかの具材によくからみます。

冷凍保存❸ 約1カ月 薄切りにして冷凍

薄切りにしておくことで、調理時の時間を節約できます。かたゆでにしてから薄切りにしてもよく、なるべく平らにして冷凍します。薬味に使うときは、自然解凍するのがおすすめです。

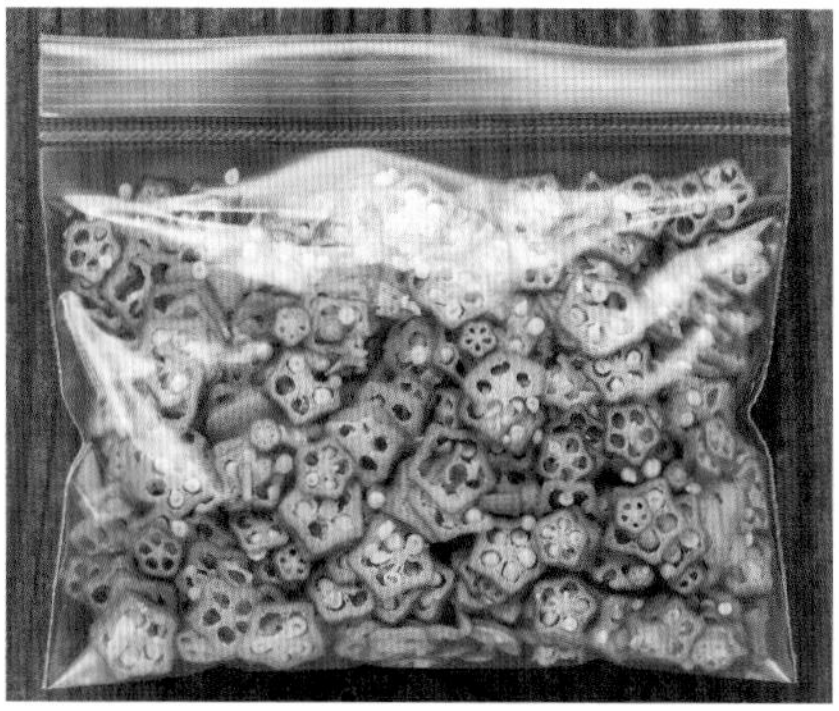

冷凍オクラを使って

オクラのトロトロすまし汁

材料

- 冷凍オクラ…6本分
- だし…500㎖ ●塩…小さじ½ ●しょう油…小さじ¼
- なめこ…1パック ●卵…1個

作り方

1 鍋にだしを温め、冷凍のままオクラとなめこを入れて火を通す。

2 塩としょう油を加えて強火にし、溶き卵を最後に加える。

おひたしは、丸ごと使って姿も楽しんで。スパイシーな具だくさんシチューにすると、食べごたえがあるのにかるい味わいで、食も進みます。

消費料理

オクラのおひたし

材料

- **オクラ**……………10本
- しょう油……………大さじ1
- かつお節……………………5g

作り方

1 オクラはガクをむきとり、熱湯でさっとゆでる。
2 火が通ったらとり出し、水気を切って熱いうちにしょう油、かつお節で和える。

ガンボスープ

材料

- **オクラ**…………………………20本
- ソーセージ…………………………1袋
- タマネギ…………………………½個
- オリーブオイル………………大さじ1
- ニンニクすりおろし…………小さじ½
- トマトホール缶……………………½缶
- 水…………………………………500mℓ
- A
  - パプリカパウダー…………大さじ2
  - クミンパウダー……………大さじ1
  - オレガノパウダー…………小さじ1
  - コリアンダーパウダー……小さじ1
  - 砂糖…………………………小さじ1

作り方

1 オクラ、ソーセージは1㎝幅に切り、タマネギは粗いみじん切りにする。
2 鍋にオリーブオイル、にんにくを入れて火にかけ、香りが立ったらソーセージ、タマネギを入れて炒める。
3 **2**にトマトホール缶、水、**A**を加えて20分ほど煮、オクラを加えてひと煮立ちさせる。

※「ガンボ」とはオクラのこと。オクラをたっぷり使ったスパイシーなガンボスープは、アメリカ南部の名物料理。

クウシンサイ

カルシウムやビタミン類、ミネラルなどはホウレンソウの数倍。栄養価が高く、葉ものが少ない夏期に貴重な野菜です。

保存方法の種類
冷蔵保存
冷凍保存

収穫カレンダー（月）

収穫方法

夏場の貴重な葉もの野菜です。つぎつぎに出るわき芽は、秋まで収穫することができます。

つぎつぎに出るわき芽を収穫

つぎつぎとわき芽が出てくるので、わき芽の先から20㎝くらいを収穫します。わき芽のつけ根に2～3枚、葉を残しておきます。空芯菜という名前のとおり、茎の内部が空洞になっているので、手でポキポキと折ることができます。

保存方法

水分を保持しながら冷蔵保存を。食べ切れないときは、かるくゆでて冷凍保存をしましょう。

葉茎の食感が落ちないうちに使い切る

葉のぬめり、茎のシャキシャキとした食感は収穫から時間がたつと失われていきます。収穫後はなるべく早く使い切りましょう。

水分を失わないように保存

葉もの野菜はすぐに食べるのが鉄則ですが、やむを得ず保存する場合は、湿らせた新聞紙やペーパータオルで包み、保存袋かポリ袋に入れて野菜室へ。かるくゆでて小分けにし、冷凍してもよいでしょう。

消費料理

クセがないので、和え物、炒め物など何にでも使えます。中華風やエスニック風の味つけもおすすめ。

クウシンサイのゴマ和え

材料

- クウシンサイ…150g
- 白ゴマ…大さじ4
- 砂糖…大さじ1
- しょう油…大さじ1

作り方

1 クウシンサイは5㎝長さに切り、茎の部分はさらに縦半分に切る。
2 たっぷりの湯を沸かし、1をさっとゆで、ゆで上がったらざるに上げる。
3 ゴマを炒ってすり鉢ですり、砂糖としょう油を合わせ、2を加えて和える。

クウシンサイの中華風ニンニク炒め

材料

- **クウシンサイ……150g**
- ニンニク……1かけ
- ゴマ油……大さじ1
- 豆板醤……小さじ1
- 酒……大さじ1
- 塩……小さじ¼

作り方

1 クウシンサイは5㎝長さに切り、ニンニクは薄切りにする。

2 フライパンにゴマ油を熱してニンニク、豆板醤を炒める。香りが立ったらクウシンサイを加え、酒、塩をふって強火で炒める。

クウシンサイの親子丼

材料

- **クウシンサイ……150g**
- 鶏もも肉……½枚
- タマネギ……½個
- 卵……4個
- A
  - だし……200㎖
  - しょう油……大さじ2
  - みりん……大さじ2
  - 砂糖……小さじ1
- ご飯……適量

作り方

1 クウシンサイは5㎝長さに切る。鶏もも肉はひと口大に切り、タマネギは薄切りにする。

2 浅い鍋かフライパンに1を入れ、Aを加えて中火で15分煮る。

3 卵を割りほぐして2にまわし入れ、半熟にかたまったら、器に盛ったご飯にのせる。

セロリ

サラダにしても浅漬けにしてもおいしい野菜。収穫の3～4週間前から茎の部分を紙でおおうと、茎の白いセロリになります。

保存方法の種類　冷蔵保存　冷凍保存

収穫カレンダー（月）

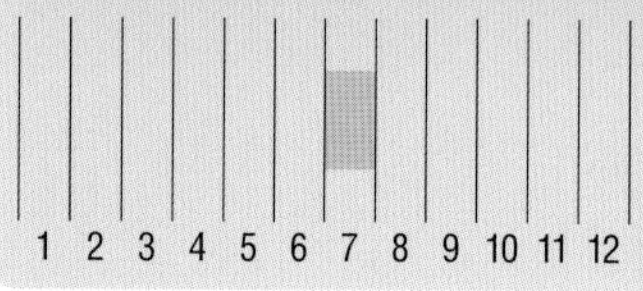

収穫・保存方法

収穫したら、鮮度が失われないうちに手を加えておくことが大切です。

涼しくなる前に収穫

茎が20cm以上に育ったら収穫時期。収穫は株ごと根元から切っても、外側の茎から少しずつ切ってもOK。気温が下がると花が咲いてかたくなるので、注意しましょう。

葉と茎を分けて保存

保存をするときは、葉と茎を分け、湿らせた新聞紙などに包んで保存袋に入れ、野菜室へ。薄切りにして冷凍も可能。食感は失われるので、炒め物や煮込み料理などに使うとよいでしょう。

消費料理

サラダやスープ、炒め物などのほか、浅漬けやみそ漬けなども。火を通すと大量に使えます。

セロリのソルベ

材 料

- セロリ…25g
- 砂糖…100g ●水…300mℓ

作り方

1 セロリは千切り、葉を入れる場合は細かく刻む。
2 鍋に砂糖と水を入れ、15分程度中火で煮詰めて火からおろし、セロリを加え10分置く。
3 粗めのざるでこし、バットに入れて冷まし、冷凍庫でかためる。
4 ときどきフォークで混ぜ、シャーベット状にする。

セロリの佃煮

材 料

- セロリ………200g
- A
  - 砂糖……………50g
  - しょう油……大さじ3
  - みりん…………50mℓ
  - 酒……………50mℓ
- サラダ油………大さじ1

作り方

1 セロリの葉は細かく刻み、茎の部分は5mm幅に切る。
2 フライパンに油を熱し、1を炒める。
3 全体に火が通ったら、Aを加え、水分がなくなるまで中火で煮詰める。

※冷蔵庫で1カ月保存できます。

セロリとささ身とリンゴのサラダ

材料

- **セロリ……90g**
- 鶏ささ身……2本
- リンゴ……¼個

ドレッシング
- リンゴ酢……大さじ2
- オリーブオイル……大さじ1
- 塩……小さじ1

- 黒コショウ……適量

作り方

1 セロリは筋をとって2～3㎜幅に切る。
2 リンゴは皮ごと薄いいちょう切りにする。
3 鶏ささ身はゆでて冷まし、1㎝幅に切る。
4 ボウルにドレッシングの材料を合わせておき、1～3を加えて混ぜ合わせる。
5 器に盛って黒コショウをふる。

セロリの葉のきんぴら

材料

- **セロリの葉……25g**
- ゴマ油……大さじ1

A
- 酒……大さじ1
- 砂糖……大さじ1
- しょう油……大さじ1

- 白ゴマ……適量

作り方

1 セロリの葉は5㎝長さに切る。
2 フライパンにゴマ油を熱して1を入れ、強火で炒める。しんなりしてきたらAを加え、水気がなくなるまで炒める。
3 器に盛って白ゴマをふる。

ツルムラサキ

熱帯地方が原産で、加熱するとぬめりが出るのが特徴。ミネラルが豊富で整腸作用も。どんどん伸びるわき芽を収穫。

保存方法の種類　冷蔵保存　冷凍保存

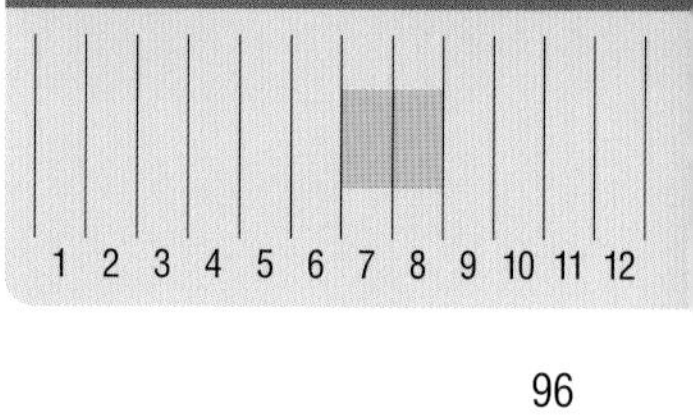

収穫・保存方法

まっすぐ上に伸びた茎を切ったあとに出てくるわき芽や葉を、時期を逃さず、収穫します。

分枝を促して収穫

草丈が30cmくらいになったら、先端の20～30cmを切り、分枝を促します。切った部分も食べられます。このあと、つぎつぎとわき芽が出てくるようになるので、先端20～30cmを切って収穫していきます。つぼみや花も食べられます。花を咲かせると株に負担がかかるため、つぼみのうちに摘みとるとよいでしょう。

食べられる？食べられない？

茎が紫色のもの緑色のもの

ツルムラサキには、名前のように茎が紫色のものと緑色のものがあります。ツルムラサキ特有の土臭さは緑色のもののほうが少ないでしょう。苦手な人は、ニンニク、ショウガ、ワサビ、ゴマ油など、香りの強いものと一緒に調理すると食べやすくなります。

つぼみや花

茎が紫色の品種はクセが強いので、細くてやわらかいつる先の15cmをつまんで収穫します。この品種は、秋になると小さなピンク色の花をつけ、花やつぼみも食べられます。葉と一緒におひたしにしたり、料理の彩りとして添えたりしても。

冷蔵保存 約1週間

根元を湿らせて

収穫したツルムラサキはなるべく早く使い切りたいものですが、やむを得ず保存する場合は、湿らせた新聞紙またはペーパータオルで根元をくるみ、保存袋に入れて野菜室で立てて保存します。

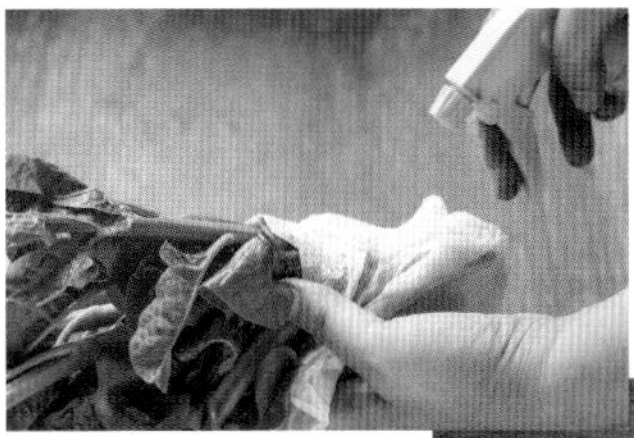

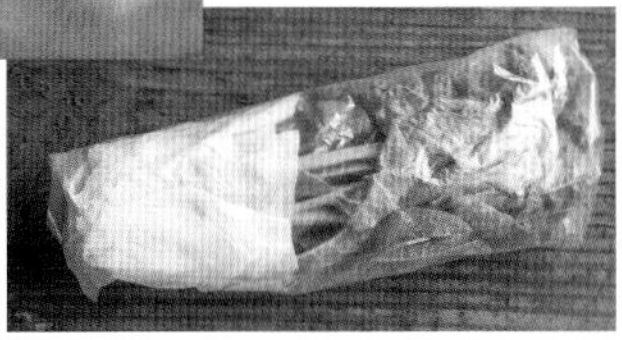

冷凍保存 約1カ月

かためにゆでて冷凍

冷凍保存をする前に、塩ひとつまみを湯に入れ、さっとゆでます。ゆですぎないのがコツです。

ツルムラサキは茎が太いので、ゆでるときには先に茎を入れ、時間をおいて葉を入れるとよいでしょう。ゆでて冷ましたら水気を切って、小分けにしてラップで包み、保存袋に入れて冷凍庫へ。

消費料理

つぎつぎに収穫できますから、収穫後は新鮮なうちに早めに食べたいもの。暑い時期なのでさっぱりとたくさん食べられる調理法がおすすめです。

ツルムラサキの黒酢炒め

材料

- ツルムラサキ……200g
- 豚こま切れ肉……150g
- ニンニクみじん切り……大さじ1
- サラダ油……大さじ1

A
- 酒……大さじ1
- しょう油……大さじ2
- 砂糖……大さじ1
- 黒酢……大さじ2

作り方

1 ツルムラサキは5㎝幅、豚肉は2㎝幅に切る。
2 フライパンに油を熱し、ニンニクを入れ、香りが出たら豚肉を加えて炒める。
3 ツルムラサキを加え、火が通ったら、Aを加えて炒める。

ツルムラサキの冷やしゃぶサラダ

材料

- ツルムラサキ……200g
- 豚肉(しゃぶしゃぶ用)……150g

A
- ゴマ油……大さじ2
- しょう油……大さじ2
- 砂糖……小さじ1
- 酢……大さじ2

作り方

1 ツルムラサキは5㎝長さに切る。
2 鍋に湯を沸かし、1と豚肉をさっとゆで、冷水にとる。
3 Aを合わせ、2と和える。

活用法

キュウリや赤タマネギ、トマトなどの野菜を好みの大きさに切り、ゆでた中華めんの上に冷やしゃぶサラダと一緒に盛りつければ、ひと味違った冷やし中華に。

モロヘイヤ

原産地エジプトの王が体調回復をしたといわれるほど、栄養価の高い野菜。夏期のほかの葉ものよりクセはありません。

保存方法の種類
冷蔵保存
冷凍保存
乾燥保存

収穫カレンダー（月）

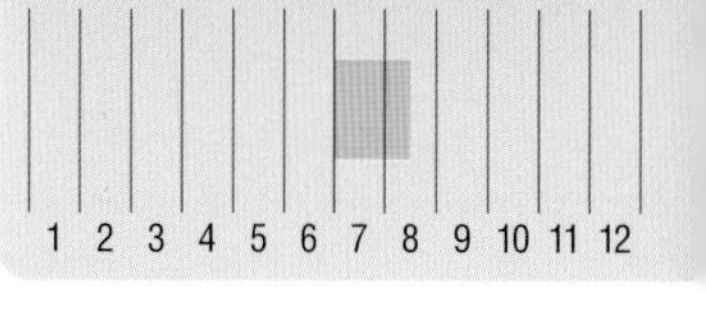

収穫・保存方法

宿根草なので、関東以西なら一度植えれば毎年収穫できます。実には毒があるので注意を。

分枝を促してわき芽を収穫

草丈が40～50cmになったら、先端を20cmくらい切って、分枝を促します。切った部分も食べられます。このあと、どんどんわき芽が出るようになり、その先端部分を手でポキポキと折って収穫します。収穫すればするほど収穫量が増える野菜です。長期間収穫できますが、トウが立ち、花をつける晩夏になるとかたくなり、味も落ちてきて、芽の出も悪くなってきます。そうすると収穫期は終盤です。

実には毒がある

モロヘイヤの実には毒があります。過去に家畜が食べて死亡した例があります。花が咲き、実がつき始めてきたら、間違って収穫しないように、葉だけを摘みとるようにしましょう。

葉だけを保存、加工

摘んですぐのものは、葉も茎もゆでれば食べられますが、時間がたつと茎の部分がかたくなってきます。摘んで時間がたったものは、葉と茎を分けて、葉だけを保存、加工するとよいでしょう。秋になると花をつけ、そのまわりにトゲが出てきますが、このころの葉はかたく、もう食べられません。

種のとり方

もんでとり出す

実が茶色になるまで熟したら完全に乾燥するまで干し、手でもんで中の種子をとり出します。湿気が入らないように保存しておけば、翌年の種として使えます。

冷蔵保存

約2～3日

保存袋に入れて

持ち帰ったら水を張ったボウルに入れ、シャキッとさせます。葉だけを保存袋に入れて冷蔵庫へ。

冷凍保存

約1カ月

ゆでて細かく刻み冷凍

沸騰した湯に塩少々を入れ、1～2分ゆでて水にとって冷まします。水気を切って、粘りが出てくるまで細かく刻み、保存袋へ。平らに入れて冷凍しておくと、使う分だけ割ってとり出すことができ、便利です。

乾燥保存

約6カ月

干して粉にする

天日干しをして粉にしておくと、パンやめんなどに練り込んだり、ふりかけなどとしても使えます。

乾燥モロヘイヤを使って

餃子の皮

1 小麦粉200g+乾燥モロヘイヤパウダー5gを用意。

2 湯100mℓを注ぎながら菜箸で混ぜる。

3 ひとまとめになったら、5分こねる。

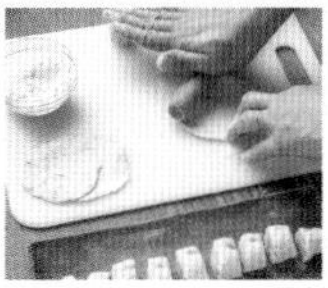

4 棒状にしたものを1cm幅に切って、めん棒で伸ばす。

消費料理

モロヘイヤの特徴である、粘りを生かした料理でおいしく食べましょう。火を通すことでたくさん消費できます。

モロヘイヤの薬味和え

材料

- モロヘイヤ……200g
- A
  - 納豆……1パック
  - ショウガみじん切り……大さじ1
  - 梅干し(ほぐしたもの)……1個分
  - 青ジソ千切り……2枚分
  - しょう油……適量
  - 好みでネギや海苔など

作り方

1 モロヘイヤはさっとゆでて細かく刻む。

2 器に盛り、Aを合わせてよく混ぜる。

モロヘイヤの包み揚げ

材料

- モロヘイヤ……200g
- 春巻きの皮……6枚
- しょう油……適量
- 揚げ油……適量

作り方

1 モロヘイヤを細かく刻んでしょう油を入れて混ぜる。

2 4等分した春巻きの皮で包み、180度に熱した油で揚げる。

トウモロコシ

収穫後、急速に糖度が落ちていくので、収穫したらすぐに調理を。芽かきしたものはヤングコーンとして食べられます。

保存方法の種類

冷蔵保存

冷凍保存

乾燥保存

収穫方法

開花から20～25日くらいで収穫できるようになります。穂が茶色になったら収穫適期です。

摘果したものはヤングコーンに

トウモロコシは1株に複数個の雌花をつけます。大きい実をつけさせるために、上から2つの実を残して、あとは摘果します。このときにとれるものがヤングコーン。風味はそのままでやわらかく、炒め物などに使えます。

虫、鳥被害の対策を

雄花から虫が入りやすいので、受粉後は虫がついていないかこまめに確認を。実が大きくなってきたら、ネットをかけて鳥から守ります。

収穫期の合図は雌花のひげ色

雌花のひげが茶色くなってきたら、収穫時期。皮を少しむいて先まで実が大きくなっていれば、適期です。実のつけ根で切って収穫します。

農家のコツ

「鍋を火にかけてから畑に行け」

収穫後は自ら発する熱で、急速に鮮度が落ちていきます。「鍋を火にかけてから畑に行け」といわれるほどで、すぐに調理するのが鉄則。

好みの方法で加熱を

ゆでる、蒸す、電子レンジ加熱と、いろいろな加熱法があります。皮をむいて加熱しましょう。

- ゆでる…水1ℓに塩大さじ2の割合で水から火にかけ、中火で約10分ゆでてざるに上げる。
- 蒸す…蒸し器で10分蒸す。
- 電子レンジ…ラップに包んで500wで5～6分加熱。

保存方法

すぐにゆでられないときでも翌日には使いましょう。
ゆでたものなら冷蔵庫で3〜5日保存可能です。

冷蔵保存 約3〜5日

ラップに包んで冷蔵

収穫したらすぐに外側の皮とひげをとり除いてゆで（右ページ）、熱いうちにラップで包み、冷めてから冷蔵庫へ入れます。

冷凍保存 約1カ月

こそげとって冷凍

生のまま実をこそげとって、保存袋に入れて冷凍します。実を手ではずすと手間がかかるうえ、芯のかたい部分までついてくるので、包丁ではずします。調理にはそのまま使います。

トウモロコシをしっかり持ち、包丁を縦に当てて、こそげとります。

バラバラになった状態のものを保存袋に入れて冷凍します。

乾燥保存 約1年

軒下などにつるして干す

ポップコーン用の品種のトウモロコシを収穫したら、皮をむき、風通しのよい場所でさおなどにつるして干します。ひと冬越して、カラカラになったらポップコーンに。

ポップコーン

乾燥トウモロコシを使って

1 フライパンにサラダ油大さじ1と塩小さじ½とよく乾燥させたトウモロコシを入れ、中火にかける。

2 フライパンにふたをして、揺する。すべてはじけたら、かるく塩をふる。

3 でき上がり。

MEMO

ポタージュやジャムを作るときは、ゆでてから実をはずしてミキサーへ。芯ごとゆでれば、芯からうまみが出てよりおいしくなります。先に実をはずした場合も、芯を加えてゆでるといいでしょう。

とれたてのおいしさは格別。まずは丸ごとゆでたり、焼いたりしてかぶりつきましょう。もちろん定番料理のサラダやかき揚げ、スープもおすすめ。

消費料理

焼きトウモロコシ

材料

- **トウモロコシ**……2本
- サラダ油……大さじ1
- A
  - しょう油……大さじ1
  - みりん……大さじ½
  - 砂糖……大さじ½

作り方

1 トウモロコシはゆでて3等分に切る。
2 フライパンに油を熱して1を並べ入れ、中火で焼く。
3 焼き色がついたら、混ぜ合わせたAを加えて転がしながら煮詰める。

MEMO

焼きトウモロコシは、焼けてからしょう油をつけると焦げません。網で焼く場合も、焼けてからしょう油を塗り、塗ったらあとは軽くあぶる程度に。

トウモロコシのかき揚げ

材料

- **トウモロコシ**……1本
- 小麦粉……大さじ2
- 水……大さじ2
- 揚げ油……適量
- 塩……少々

作り方

1 トウモロコシはゆでて、包丁で実をこそげとる。
2 ボウルに1、小麦粉を入れてよく混ぜ、水を加えてさっと混ぜる。
3 揚げ油を160度に熱し、2をスプーンで大きめのひと口大にまとめて落とし入れ、きつね色に揚げる。
4 器に盛り、塩を添える。

ズッキーニ

形はキュウリに似ていますが、カボチャの仲間。市販のものより大きくなったものでもおいしく食べられます。

保存方法の種類

冷蔵保存　冷凍保存　漬け保存

収穫カレンダー（月）

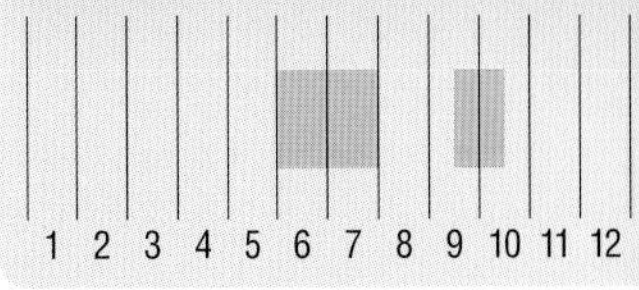

収穫方法

実は大きくなっても味はあまり劣化しませんが、株が弱るので適期に収穫するのがベターです。

実が20㎝になったら収穫

開花後1週間ほどで実が20㎝くらいになります。このころが収穫適期。適期にタイミングよく収穫するのがいちばんですが、少し遅くなって実がやや大きくなっても、ほかの野菜のように急速に味が落ちることはありません。

実のつけ根を包丁かハサミで切って収穫します。

花ズッキーニも味わって

店頭に並ぶことは少ないのですが、家庭菜園をやっているのなら、開花直前の「花ズッキーニ」を味わってみましょう。めしべ、おしべをやさしくとり、そっと水洗いをして水分を拭きとり、花の中にチーズやひき肉などを詰めて揚げたり、ソテーしたりします。

MEMO

ズッキーニの食べ方と栄養

スペインのカポーナータやイタリアのラタトゥイユなど、煮込み料理もおいしく食べられますが、油との相性も抜群。ズッキーニに多く含まれるカロテンの吸収率も高まります。その点からもオイル漬け（→P104）にして保存する方法はおすすめです。

保存方法

カットすると傷みやすいので、なるべく丸ごと保存を。冷凍保存をするなら、食感が失われないよう、オイル漬けをしてからがよいでしょう。

冷蔵保存

約2週間

保存袋に入れて

冷蔵保存❶ 約2週間

洗って水気を拭きとったら、保存袋に入れて冷蔵庫へ。保存袋に入れたら、乾燥を防ぐため、しっかり口を閉じておきましょう。

ラップに包んで

冷蔵保存❷ 約2週間

1本ずつラップで包めば、より乾燥を防ぐことができます。できるだけぴったりと包みます。数本まとめて保存袋に入れ、冷蔵庫へ。

冷やしすぎると、特有のしっとりした食感が失われるので、野菜室に入れましょう。

漬け保存

約6カ月

オイル漬けにして冷凍

しっとりしたズッキーニの独特の食感は冷凍すると失われやすいのですが、オイル漬けにしてから冷凍すると、油分が乾燥から守ってくれるため、風味の劣化が抑えられます。

1 ズッキーニは5㎜厚さに切って塩少々をふり、熱したグリル板で焼く。

2 バットに並べ、オリーブオイルをひたひたに入れ、冷ます。

3 冷めたら保存袋にオイルごと入れ、冷凍保存する。

ズッキーニのオイル漬けを使って

ズッキーニとモッツァレラチーズのサンドイッチ

材料

- ズッキーニのオイル漬け…3枚
- モッツァレラチーズ…3切れ ●アンチョビ…3枚 ●バゲット…½本
- ニンニク…1かけ ●オリーブオイル…少々 ●黒コショウ…少々

作り方

1 バゲットは3等分して切れ目を入れ、トーストする。

2 1の切り口にニンニクをこすりつけてオリーブオイルを塗り、ズッキーニのオイル漬け、チーズ、アンチョビをのせ(あればオレガノなどのハーブや黒オリーブものせる)、黒コショウをふってはさむ。

日本で栽培が始まってからまだ日が浅いため、あまり知られていませんが、意外に調理法がたくさんあります。

消費料理

ズッキーニのジョン

材料

- ズッキーニ……1本
- 卵……1個
- サラダ油……大さじ1
- 塩……少々
- たれ［しょう油…大さじ1、ニンニクすりおろし…小さじ½、豆板醤…小さじ½、好みで酢…小さじ1の割合で混ぜ合わせる］

作り方

1 ズッキーニは1㎝幅に切り、塩をふる。
2 卵を溶きほぐして1をくぐらせ、油を熱したフライパンに並べて両面をこんがりと焼く。
3 器に盛り、たれをつけて食べる。

ズッキーニのすりおろしペンネ

材料

- ズッキーニ……1本
- ペンネ……150g
- ベーコン……1枚
- ニンニク……1かけ
- オリーブオイル……大さじ2
- 塩……小さじ1
- コショウ……少々
- パルメザンチーズ……大さじ2

作り方

1 ズッキーニはすりおろす。
2 ベーコン、ニンニクは細かく刻む。
3 ペンネは塩(分量外)を加えた熱湯でゆでる。
4 フライパンにオリーブオイルを熱して2を炒め、香りが立ったら1を加えて塩、コショウをふり、3のゆで汁をお玉1杯分加えて強火で煮詰める。
5 4に3を入れて和え、器に盛ってパルメザンチーズをかける。

ズッキーニの塩麹和え

材料

- ズッキーニ……½本
- 塩麹……小さじ1
- オリーブオイル……適量

作り方

1 ズッキーニは3㎜幅に切り、塩麹、オリーブオイルを加えて和える。

ニンニク

糖分をエネルギーに変えたり、筋肉の疲れをとったりする働きから「スタミナ野菜」とされています。

保存方法の種類

常温保存 冷蔵保存 漬け保存

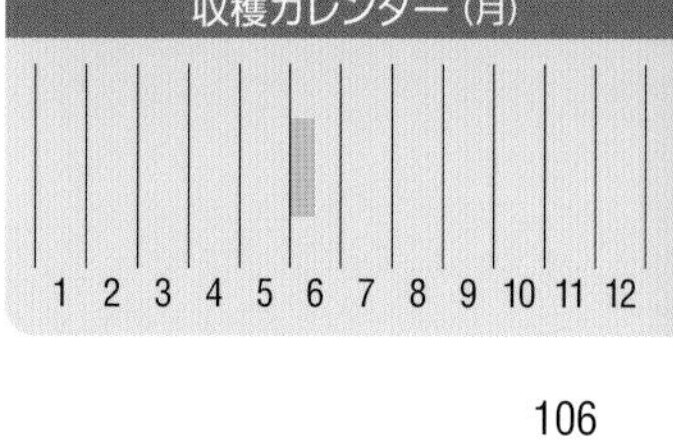

収穫・保存方法

葉が枯れてきたら株ごと引き抜き、乾燥させます。使わない分は束ねて雨が当たらない軒先に。

花は咲かせない

花が咲いてしまうと、ニンニクとして食用する部分に栄養分がいかなくなります。つぼみがついたら茎ごと切り落とし、茎は「ニンニクの芽」として使います。

葉が枯れてきたら収穫

葉茎が半分以上枯れてきたら収穫の目安です。晴天が続くときに株ごと抜いて、そのまま畑にねかせて3日間、乾かします。

つるして保存も

茎を30cmくらい残して切り、すぐに使わない分は軒先につるすなどして保存しましょう。この状態で6カ月くらいもちます。

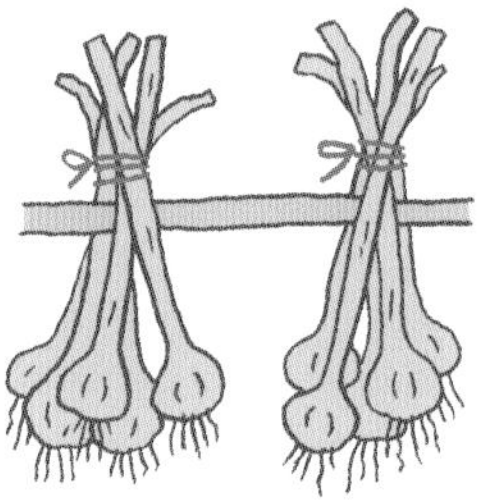

収穫・保存Q＆A

Q ニンニクの芽はどの部分？

種のとり方

乾燥させたものの外皮をむいて1片ずつ分けたものは種ニンニクにできます。

常温保存
約6カ月

コンテナで保存

湿気に当たると香りが失われます。乾燥した冷暗所で保存を。薄皮をむいたものは密閉容器に入れて冷蔵庫へ。茎と皮がついた状態のものは軒先につるすか、風通しのよいコンテナに入れて保存します。

長期保存するときは、根を長めに切っておきます。

漬け保存
約1年

しょう油漬け

煮沸したびんに皮をむいた新ニンニクを入れ、しょう油を入れます。しょう油の代わりにゴマ油やオリーブオイルに漬けても。

分量

- 新ニンニク…10個
- しょう油…150㎖

作り方

新ニンニクは皮をむき、煮沸したびんに入れ、しょう油を注ぐ。

※１カ月から食べごろ。漬けていたしょう油も調理に使えます。

消費料理

新鮮なニンニクは香りもバツグン。とれたてのうちにぜひ味わっておきたいメニューを紹介します。調理したらすぐに食べるとおいしいです。

新ニンニク丸ごと焼き

作り方

掘りたてのニンニクをホイルにのせ、オリーブオイルかゴマ油をふりかけて包み、オーブントースターで火が通るまで蒸し焼きにする。

※食べた残りのニンニクをソースのベースにすることもできます。

バーニャカウダ

材料

- ニンニク……1個
- オリーブオイル……150㎖
- アンチョビ……6枚
- 卵黄……1個
- しょう油……大さじ1

作り方

1 ニンニクはアルミホイルで包み、オーブンかオーブントースターで20分焼く。

2 やわらかくなったニンニクをとり出し、フライパンにニンニクとオリーブオイル、アンチョビを入れ、弱火でアンチョビを溶かすように火を入れる。

3 人肌に冷めたら卵黄、しょう油を加え、よく混ぜる。

ウリ

淡泊な味で、漬け物や酢の物にして食べられてきた野菜。塩分を体外へ排出したり、利尿作用があります。

保存方法の種類　常温保存　冷蔵保存

収穫カレンダー（月）

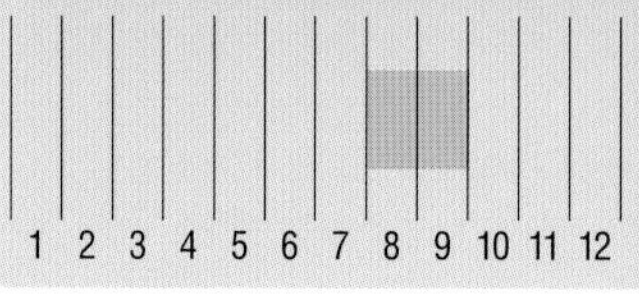

収穫・保存方法

若いうちに収穫し、早めに冷蔵保存をするか、漬け物などにしましょう。

実は若いうちに収穫

実が20cmくらいになったら収穫します。あまり大きくなるとかたくなってくるので早めに収穫を。冷暗所では3～4日もちますが、それを超えるなら、ポリ袋に入れて保存袋またはポリ袋に入れて冷蔵庫へ入れましょう。

消費料理

やわらかくみずみずしいので、サラダにも向いています。みそ汁にも合います。

ウリの穂ジソ漬け

材料

- ウリ……………………………適量
- 塩………………ウリの重さの2%
- 穂ジソの塩漬け（→P53）……適量

作り方

1 ウリは種をとり除いて皮を縞目にむき、5㎜幅に切る。
2 ボウルに材料を合わせ、重しをして半日冷蔵庫に入れる。

MEMO

調理するときは、流水で皮の表面の産毛を洗い流します。縦半分に割って、スプーンで種をとり除いてから使いましょう。炒め物、漬け物、酢の物、みそ汁など幅広く使えますが、ウリそのものが淡泊な味なので、濃い味つけにするとよいでしょう。キュウリなどと同じように、薄くスライスして塩もみをしてから使うと、味がしみ込みやすくなります。

ウリの梅干しマリネ

材料

- ウリ(またはハヤトウリ)……½個
- 梅干し……1個
- 塩……小さじ½
- リンゴ酢……小さじ½
- はちみつ……小さじ½

作り方

1 ウリは種をとり除いて皮をむき、5㎜幅のいちょう切りにする。
2 1に塩をまぶして10分置く。
3 梅干しは種をとり除いて細かく刻み、ボウルに入れる。
4 3にリンゴ酢、はちみつを入れて混ぜ合わせ、2を加えてさっと混ぜ合わせる。

column シャキシャキ感が楽しい！「ハヤトウリ」

小ぶりながらもたくさんの実をつけ、長く収穫できるハヤトウリ。ウリとよく似たみずみずしく淡白な味わいですが、ハヤトウリはウリよりもシャキシャキ。マリネや炒め物にしても、シャキシャキした歯ざわりがしっかりと残ります。

●ハヤトウリのゴマ油炒め

材料

- ハヤトウリ(またはウリ)……½個
- ゴマ油……大さじ1
- みりん……小さじ½
- しょう油……小さじ½
- 白ゴマ……適量

作り方

1 ハヤトウリは種をとり除き、1㎝幅の細切りにする。
2 フライパンにゴマ油を熱し、1を入れて炒める。
3 火が通ったらみりん、しょう油を加えて炒め、器に盛って白ゴマをふる。

トウガン

長期間保存がきく野菜。トウガンそのものは淡泊な味ですが、一緒に調理する食材のうまみを吸収してくれる食材に。

保存方法の種類

常温保存　冷蔵保存　冷凍保存

収穫カレンダー（月）

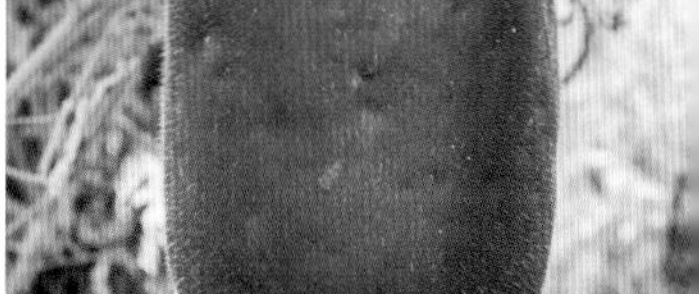

収穫・保存方法

収穫後、風通しのよい冷暗所に置いておけば、半年くらいは食べられます。

長期間の保存が可能

家庭菜園用のミニトウガンなら、実が20㎝くらいになったら収穫適期です。表面の産毛がチクチクするので手袋をして収穫を。夏に収穫しても冬まで食べられることから、「冬瓜」と名づけられました。

風通しのよい冷暗所に置いておけば翌年の3月くらいまで食べられます。霜がおり始めたら、室内に入れましょう。切ったもの、使いかけのものは、ラップをして冷蔵庫へ。皮をむいて中のわたをとり除き、調理しやすい大きさに切って冷凍することもできます。

消費料理

生で食べればシャキシャキの食感が、煮ればとろとろのやわらかな食感が楽しめます。

トウガンとリンゴのくず煮

材料

- トウガン…250g
- リンゴ…½個 ●水…500㎖ ●砂糖…150g
- ユズのしぼり汁…½個分 ●ユズの皮千切り…½個分
- 水溶きくず粉［くず粉…小さじ1、水…大さじ2］

作り方

1 トウガン、リンゴは皮をむき、種の部分をとってひと口大に切る。
2 鍋に1とユズの皮、砂糖、水を加え、ふたをして弱火で30分〜1時間煮る。
3 全体に透き通ったらユズのしぼり汁を加え、水溶きくず粉を溶き入れてとろみをつける。

トウガンとしらすの酢の物

材料

- トウガン…250g
- しらす…50g ●砂糖…大さじ1 ●カボス…2個
- 塩…小さじ1 ●しょう油…小さじ½

作り方

1 トウガンは皮をむき、種の部分をとり、いちょう切りにする。
2 塩をふり30分置いて水気を切る。カボスをしぼり、砂糖、しょう油、しらすを合わせる。
3 カボスの皮を切って飾る。

トウガンと豚ひき肉のオイスターソース炒め

材料

- トウガン……………… ¼個
- 豚ひき肉……………………100g
- ゴマ油……………………大さじ1
- ニンニクすりおろし……小さじ1
- ショウガすりおろし……小さじ1
- A
  - オイスターソース…………15g
  - みりん…………………大さじ1
  - 水…………………………50mℓ

作り方

1 トウガンは皮をむいて種の部分をとり、3～4㎝角に切って熱湯でゆでる。

2 フライパンにサラダ油を熱してニンニク、ショウガを炒め、香りが出たら豚ひき肉を加えて炒め合わせる。

3 ひき肉に火が通ったら1とAを加え、蓋をして10分煮る。

トウガンのかす汁

材料

- トウガン……………… ¼個
- ニンジン……………………¼本
- ナガネギ……………………1本
- 塩鮭………………………2切れ
- だし………………………400mℓ
- 塩……………………小さじ½
- しょう油……………小さじ1
- 酒かす……………………100g
- みそ……………………小さじ1

作り方

1 トウガンは皮をむいて種の部分をとり、2㎝幅のいちょう切りにする。

2 ニンジンもいちょう切りにし、ナガネギは2㎝幅に切る。塩鮭はひと口大に切る。

3 鍋にだし、塩、1、2を入れて中火にかけ、30分煮る。

4 野菜に火が通ったら、しょう油を加えて酒かす、みそを溶き入れる。

春の楽しみ！ 菜花のおいしい食べ方

column

キャベツ、コマツナ、ミズナ、カブ、ハクサイ、チンゲンサイなど、アブラナ科の野菜が花を咲かせたものが「菜花」です。トウが立ってしまうと「収穫も終わりかな」とがっかりしがちですが、せっかくですから、野菜の花たちも味わってみましょう。
野菜によって、菜花の味も少しずつ違っています。菜花用に春まで畑に残しておくという菜花愛好家もいます。

●収穫方法

収穫は、花茎の上部の手でポキリと折れる部分を摘みとります。春の日差しを浴びながらの収穫は、家庭菜園の醍醐味です。

MEMO

シフォンケーキを黄色のコマツナの花、紫色のダイコンの花、ミントの葉でデコレーションしました。まるで雪原に咲いた早春の花のよう。

●菜花が食べられる野菜

- カブ
- ダイコン
- コマツナ
- ミズナ
- キャベツ
- ハクサイ
- タアサイ
- チンゲンサイ　など

菜花のジョン

材 料

- **菜花……200g**
- エビ……200g
- 小麦粉……大さじ2〜3
- 溶き卵……2〜3個分
- 塩、コショウ……各少々
- サラダ油……少々
- ポン酢……少々

作り方

1 エビは背わたをとり、塩、コショウをふっておく。
2 菜花は3㎝くらいに切り、卵は溶きほぐしておく。
3 エビと菜花をひと口大にまとめ、全体に小麦粉をまぶして溶き卵にくぐらせ、油をひいたフライパンで両面を焼く。
4 お好みでポン酢をつけて食べる。

菜花とアサリの酒蒸し

材 料

- **菜花……300g**
- アサリ……300g
- 酒……150㎖

作り方

1 アサリは砂出ししておく。
2 菜花は3〜4㎝に切る。
3 鍋にアサリを入れ、酒をふってからふたをして強めの火にかける。
4 アサリの口が開いたら菜花を入れ、火を止めて再度ふたをして2〜3分置く。

※塩気はアサリからかなり出るので、味見をして必要なら塩を加える。

山菜の保存と活用法

春。暖かさを増した太陽の下では
つぎつぎと山菜が芽を出します。
山菜の独特の苦みやしぶみは、
若い芽が鳥や虫たちに食べられないためといいます。
それが人間にとっては、冬のあいだにため込んだ
老廃物をデトックスする効果が！
春の恵みを味わって、体も心も目覚めさせましょう。

※山菜は見分けづらいものもありますので採取の際は十分注意しましょう。

フキノトウ

ヨモギ

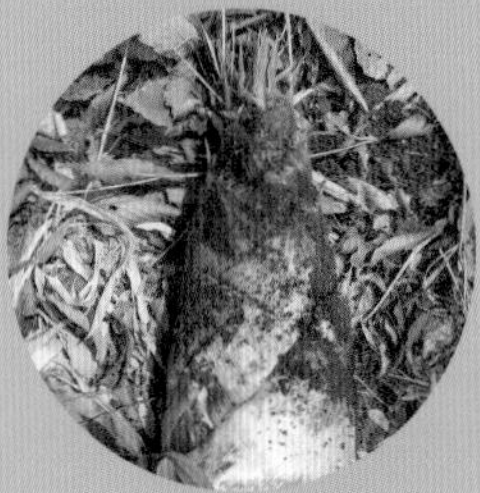
タケノコ

フキ

ワラビ

ゼンマイ

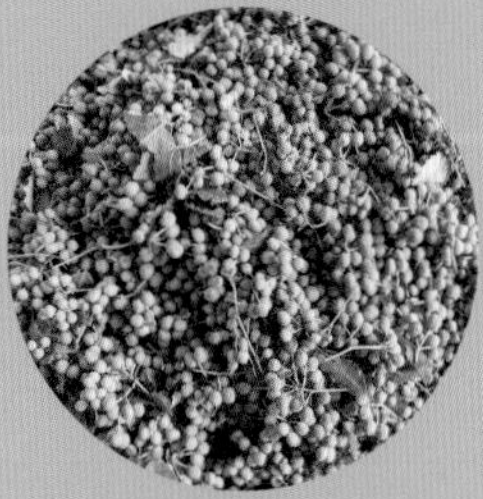
サンショウ

ウド

シオデ

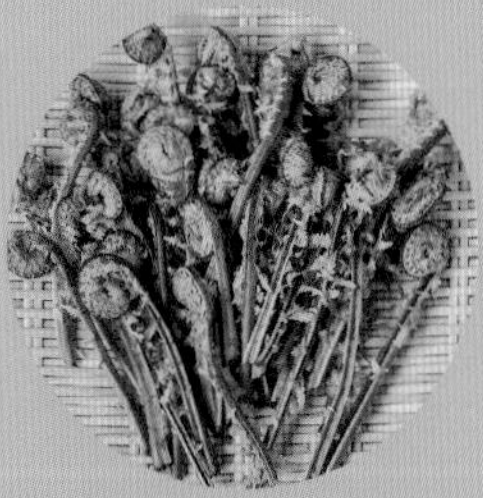
コゴミ

セリ

ノビル

タラノメ

早春のさわやかな香り

ヨモギ

特徴

全国各地に自生するヨモギ。草もちの材料としてもおなじみです。

食用には3～4月ごろの若い芽を摘んで使います。キクに似た葉ですが、ほかの雑草と見分けがつきにくいもの。茎と葉の裏が白いこと、葉に鼻を近づけてみるとほかの雑草にはないさわやかな香りがすることがポイントです。

ゆで方

若いとれたての葉ならふつうにゆでて使いますが、少し大きくなった葉を使うときやアクが気になる場合は、重曹を入れてゆでましょう。

大きくなっても、先の方はやわらかく、食べられます。

おいしい食べ方

ヨモギもち

材料

- **ヨモギ……60g～70g**
- もち米……2合
- 水……180～190㎖
- 塩……少々
- 片栗粉……少々
- あん（市販）……適量

作り方

1 ヨモギを水洗いし、汚れを落とす。
2 もち米はといでざるに上げ、30分程度置く。
3 ヨモギを沸騰した湯に入れてさっとゆで、冷水にとり、しぼって水気を切る。
4 3をすり鉢で細かくすりつぶす。
5 もち米と水をホームベーカリーに入れてもちコースでこね、途中でヨモギと塩を投入する。
6 仕上がったら、片栗粉をまぶしてひと口大に成形し、あんをのせたり、中に包み込むなどして食べる。

MEMO

ヨモギもちの作り方はいろいろあります。ホームベーカリーでも簡単にできます。

※ホームベーカリーは、メーカーによって仕様が違うので注意。

枯れ葉のあいだから鮮やかな黄緑の顔

フキノトウ

●特徴

フキノトウはフキのつぼみのこと。早春になると自生地ではつぎつぎに顔をのぞかせます。独特の香りと苦みは春を感じさせてくれます。フキノトウが大きくなると花を咲かせますが、花が咲く前のつぼみを根元から切ってとります。若芽はやわらかく香りも強いので、新鮮なうちに調理しましょう。

●ゆで方

食べるためにはアク抜きが必要です。沸騰させた湯に塩ひとつまみとフキノトウを入れてゆでたあと、冷水にさらします。ゆで時間と冷水にさらす時間が長いほどアクが抜けます。天ぷらや佃煮、和え物などに。

おいしい食べ方

フキみそ

材料

- フキノトウ(大小)……10個
- A
  - みそ……大さじ4
  - 砂糖……大さじ2
  - 酒……大さじ3
  - みりん……大さじ2

作り方

1 フキノトウは洗って土を落とし、水にさらす。

2 1を丸ごと3分くらいゆで、細かく刻む。

3 鍋にAを混ぜ合わせておく。

4 3の中に2を入れ、3～4分混ぜながら火を通す。

※冷蔵庫で保存すれば1カ月くらいもちます。

食べられる? 食べられない?

トウが立ったフキノトウ

　花が咲いたあと、茎が伸びても、まだ食べられます。やわらかく、ちゃんとフキの味もします。おひたしや炒め物などにして、春の香りを楽しみましょう。

葉茎部分のおいしい食べ方

1 根元から摘む。

2 花の部分をとり除く。

3 さっと塩ゆでをして、水気を切る。

4 だし、しょう油、みりんなど、好みの味つけでおひたしにする。

アク抜きをしてから調理を

フキ

●特徴

フキは、フキノトウが成長して花の時期が過ぎると、地下茎から葉柄が伸びて大きく葉を広げます。食用にするのは、この葉柄の部分。フキノトウ以上にアクが強いので、しっかり下処理をしましょう。

●ゆで方

収穫したらまず、葉と葉柄を切り分けます。沸騰した湯で、茎は8分程度ゆで、10分程度水にさらしておきます。その後、根元から上に向かって筋をとります。

煮物、炒め物、佃煮などで楽しめます。すぐに使わないものを、長期保存をして季節を問わずに味わうためには、塩漬けがおすすめです。キャラブキは、とりたてのものでも塩漬けしたものでもおいしくできます。

おいしい食べ方

キャラブキ（塩漬けしたフキで）

材料

- フキ（塩漬け）……1kg
- A
  - しょう油………250～300㎖
  - 砂糖…………………30～50g
  - 酒……………………………60㎖
  - みりん……………………60㎖

作り方

1 塩漬けしたフキを流水で、しっかり塩抜きする。
2 熱湯で15分ほどゆでる。
3 すぐにざるに上げ、水にさらし、水を替えながら1時間以上アク抜きする。
4 根の方を1㎝ほど切り落とし、4～5㎝長さに切る。
5 鍋にAとフキを入れ、煮立ったら弱火にして煮詰める。

農家のコツ

たくさんとれたら塩漬けにしましょう

たくさんとれたら、塩漬けにして保存するのがおすすめ。冷凍保存もでき、常備菜としてとても重宝します。

1 葉と葉柄を切り分けます。フキは洗わずに漬け込みます。

2 10本くらいずつワラ(輪ゴムでもOK)でしばります。

3 漬け込むものをすべて束ねておきます。

4 容器に保存用ポリ袋をセットし、束ねたフキを入れます。

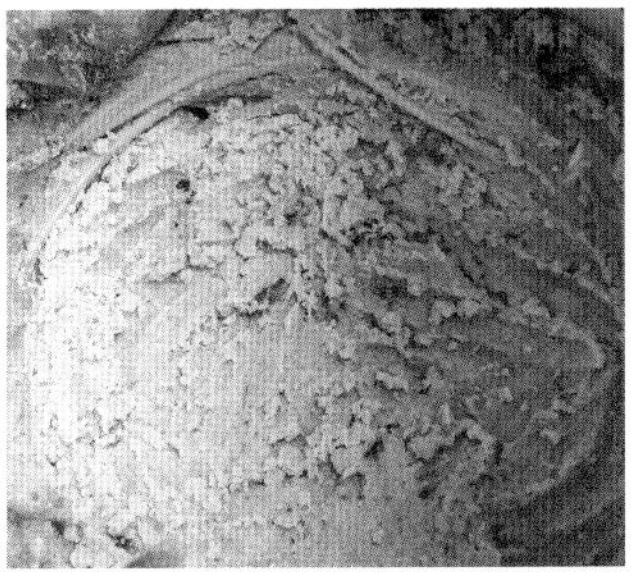

5 塩をフキの上にのせます。

※写真は前年の塩を使用していますが、新しい塩でOKです。

6 再びフキの束を入れます。

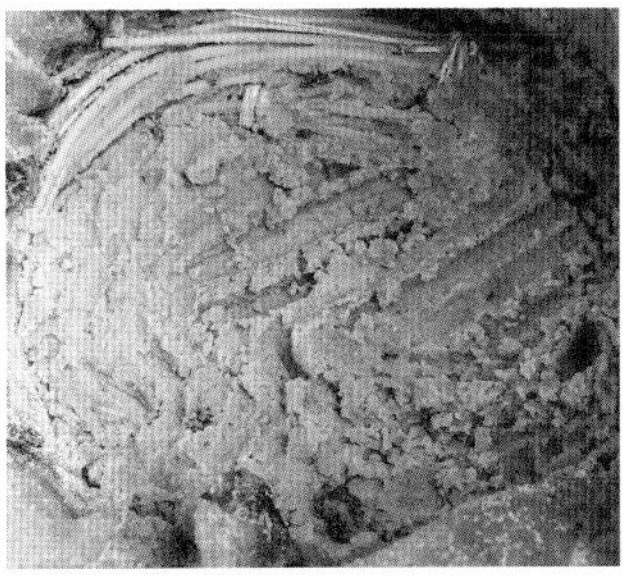

7 塩をのせます。このようにフキと塩を交互にのせていきます。

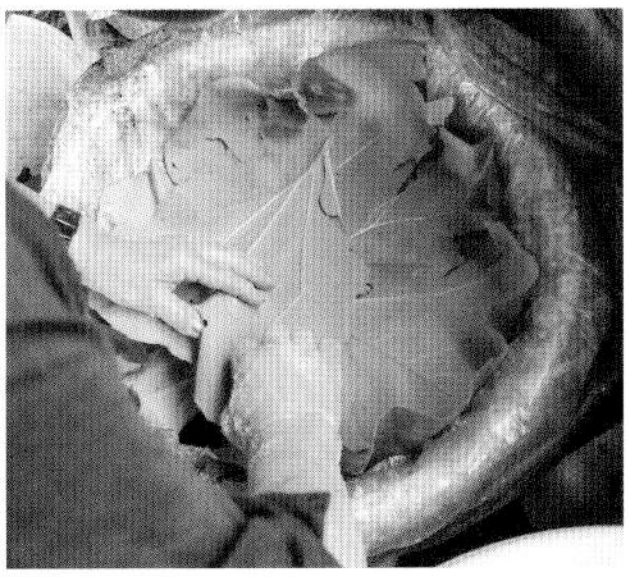

8 最後にフキの葉をのせます。

9 ビニールで表面をしっかりおおい、冷暗所に置きます。1カ月後くらいから食べられます。

※写真は前年に漬けたものの上につけ足しています。

下ゆでをして冷蔵または冷凍を

タケノコ

●特徴

春のお楽しみ、タケノコは「筍」と書くように、旬に味わいたいものです。穂先が地面から出るか出ないかのうちに収穫し、鮮度が落ちないうちに手早く下処理をしましょう。

●ゆで方

とりたてのものなら、皮がついたまま焼いてもおいしく食べられます。すぐに食べない場合、生のままでは保存できないので、下ゆでをして、煮汁のまま密閉容器に入れて、冷蔵庫の野菜室へ。それでも2～3日のうちには食べ切りましょう。

ゆでたものをすぐに食べないときは、食べやすい大きさに切って保存袋に入れ、冷凍保存します。

農家のコツ

タケノコの掘り方

1 地面ギリギリのところに見えている穂先を探します。

2 スコップでタケノコの周囲の土をとり除いていきます。

3 タケノコを傷つけないよう、周囲は広めに土をとり除きます。

4 タケノコの3分の2以上が見えるようになるまで掘り進めます。

5 スコップでタケノコの周囲に切り込みを入れ、最後はテコの力を使って掘り上げます。

6 掘り出したタケノコ。

タケノコのゆで方

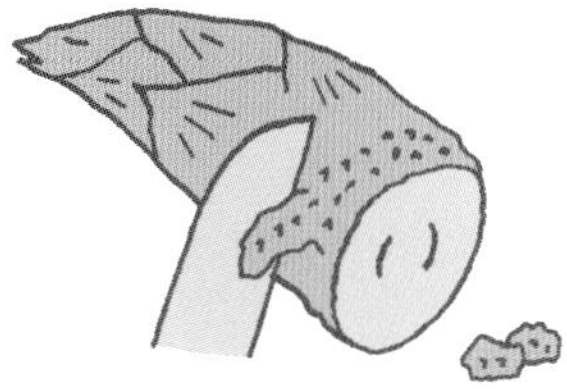

1 皮つきのまま、タワシでよく洗い、根元のかたい部分やいぼの部分を包丁でそぎ落とします。

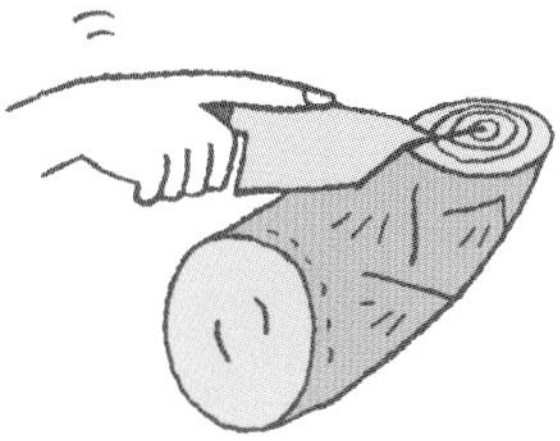

2 穂先を斜めに切り落とし、縦中央に切り込みを入れます。

3 鍋にタケノコがかぶる程度の水と米ぬかを入れて、沸騰後は弱火で煮ます。

4 根元に竹串が刺さるくらいになったらそのまま冷まし、水洗いします。

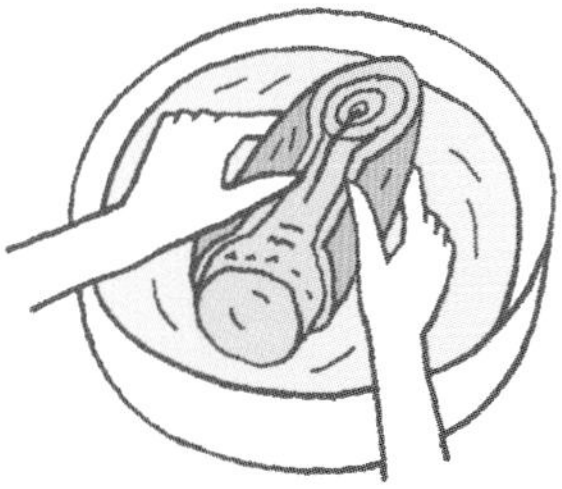

5 皮をむき、食べやすい大きさに切って保存容器に入れ、水を張って冷蔵保存を。

タケノコのびん詰め保存

1 ゆでたタケノコを、完全に冷めるまで水にさらします。

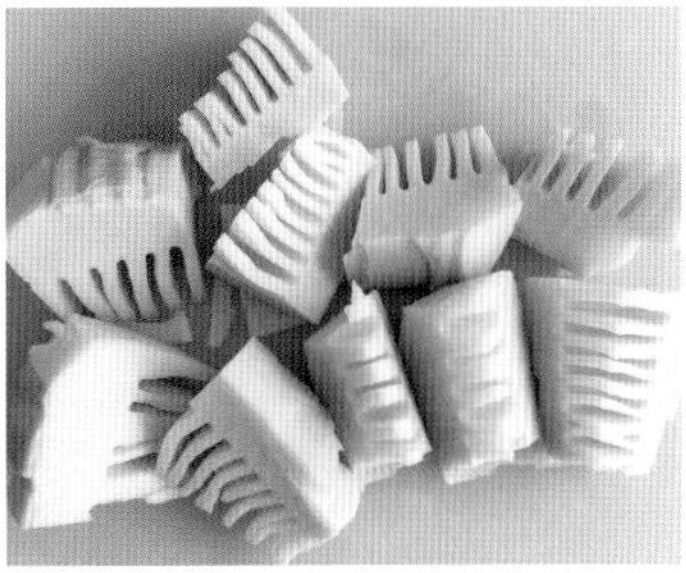

2 用途に合わせてちょうどよいサイズに切ります。

3 びんに切ったタケノコを入れ、水をタケノコがかくれるくらいまで入れてふたをかるくしめます。

4 鍋に半分水を入れ、そこに3のびんを立てて入れて20～30分程度沸騰させます。

5 いったんびんをとり出し、ふたをかたくしめ直して、今度はびんが隠れるくらいの水を入れ、ふたたび20～30分程度沸騰させます。鍋の底にふきんを入れておくと、振動を和らげることができます。

6 びんをとり出し、そのまま冷まします。ときどき逆さにして、タケノコがまんべんなく浸かるようにします。1年くらい保存可能。

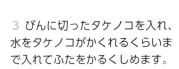

タケノコのおいしい食べ方

自家製味つけメンマ

材料

- タケノコ……………200g
- ゴマ油……………………大さじ1
- 酒、しょう油…………各大さじ1
- オイスターソース………大さじ½
- 水、もしくはチキンスープ…100㎖
- ラー油…………………………適量

作り方

1 タケノコは縦5㎝、横1㎝、厚さ5㎜に切る。
2 フライパンにゴマ油を熱して1を炒め、酒、しょう油、オイスターソースを加える。
3 2に水、もしくはチキンスープを加えて中火で煮詰める。
4 最後にラー油をまわしかけ、和える。

タケノコご飯の素

材料

- タケノコ………………130g
- シイタケ…………………………3個
- ニンジン…………………………½本
- こんにゃく………………………½枚
- 油揚げ……………………………½枚
- サラダ油…………………………少々
- A
  - 酒、みりん、しょう油…各40㎖
  - だしの素（粉末）………小さじ1
  - 水…………………………200㎖

作り方

1 タケノコ、シイタケ、ニンジン、こんにゃく、油揚げは細かく刻む。
2 フライパンにサラダ油を熱し、1を炒める。
3 2にAを入れて、水分が少なくなるまで煮含める。

※上記の材料はご飯3合分です。炊き上がったご飯に混ぜ込みます。多めに作って保存袋に入れ、冷凍しておけば手間なく、混ぜご飯ができます。

実は6月ごろに収穫

サンショウ

特徴

ミカン科落葉低木のサンショウ（山椒）の葉は料理の飾りや木の芽和えとして、未熟な緑色の実は佃煮として知られています。実は香りがいちばん強い6月ごろに収穫します。熟した実が乾燥して割れたものを使うのが粉山椒。1本に大量に実がなるため、収穫後、すぐにアク抜きをして冷凍保存しておきましょう。

ゆで方

沸騰した湯に塩ひとつまみとサンショウの実を入れ、さっとゆでて水にとり、水を替えながら2時間くらいさらします。

小分けにして冷凍保存。

おいしい食べ方

佃煮

材料

- サンショウの実……300g
- A
  - しょう油……200mℓ
  - 酒……200mℓ
  - みりん……100mℓ

作り方

1 サンショウは細い枝もできるだけとり除く。
2 熱湯に1を入れ、指で実がつぶれるくらいまでゆでる。
3 2を水にさらし、何度か水を替えながら半日くらい置く。
4 3をざるに上げて水気を切る。
5 Aを煮立てて4を入れ、弱火でことこと煮詰める。

MEMO

しらすや昆布など好みの具材と炊き合わせるなど、応用できて便利。冷蔵庫で6カ月くらいは保存可能。

十分にアク抜きを

ゼンマイ

●特徴

ゼンマイ科のシダ植物の若芽で、渦巻き状になった葉に綿毛がついているあいだが食べごろ。男ゼンマイ(写真右)、女ゼンマイ（写真左）があり、おいしいのは女ゼンマイのほうです。

●ゆで方

ゼンマイはアクが強いので十分なアク抜きが必要です。沸騰した湯に重曹（大さじ2～3）とゼンマイを入れて加熱し、沸騰直前で火からおろしてそのまま冷まします。冷めたら水をとり替えてひと晩さらしておきます。

冷凍保存も可能

ワラビ

●特徴

シダの一種の若芽で、根にデンプン質が多く含まれ、これを粉にしたものがワラビもちの材料となるワラビ粉です。細長い茎の根元近くを折って採取します。

●ゆで方

ワラビもアクが強く、ゼンマイと同様、重曹を入れた熱湯につけたあと、そのまま冷まし、冷めたら水をとり替えてひと晩水にさらします。アクを抜いたら水洗いして調理します。冷凍する場合は、きれいな水ごと保存袋や容器へ移しましょう。

煮びたしにしたワラビをそばにトッピング。

育つと美しい緑の葉に

コゴミ

●特徴

シダ類の若芽ですが、ゼンマイやワラビのようにアク抜きが必要なく、手がるに食べられる山菜です。日当たりのよいところに群生します。

●ゆで方

収穫後はなるべく早めに調理しましょう。手間がかからない分、調理の前はくるくると巻いている部分もよく水洗いしておきます。天ぷらにはそのまま、おひたしや和え物、酢の物にはかるくゆでて使います。長期保存する場合は、少量の塩を加えた熱湯で1分ほどゆで、水気をよく切ってから保存袋に入れて冷凍保存します。

かるくゆでてかつお節をかけて。

山のアスパラガス

シオデ

●特徴

つる性の多年草の若芽。ほかの山菜のように群生しておらず、1本ずつ出てきて、しかもこの状態になるまで6年もかかるため、なじみのない人も多いでしょう。「山のアスパラガス」と呼ばれるように、見た目も味もアスパラガスのよう。アクが少なく、かるくゆでてそのまま食べられます。

●ゆで方

アスパラガスによく似た姿ですが、味も似ています。さっとゆでて、辛子マヨネーズなどでいただきます。

サラダやおひたし、炒め物などに。

強い香りが独特

ウド

●特徴

青果店でも売られているウドは軟化栽培されたもので、天然のものは「山ウド」と呼ばれています。早春に芽吹く芽はやわらかく、食用となります。伸びて少し葉が出始めたものも、茎などおいしくいただけます。

●ゆで方

生でも加熱しても食べられますが、アクが強いので、皮は厚くむき、切ったものはすぐに酢水にさらしましょう。保存するときは日に当てないよう、新聞紙に包んで冷暗所へ。冷凍保存する場合は、調理する大きさに切り、塩水でゆでたものを保存袋に入れて。

若芽は天ぷらなどで。

タラノメ採りは春の印

タラノメ

●特徴

「山菜の王様」と呼ばれるタラノキの新芽。アクが少なく、面倒な下処理が必要ないので手がるに食べられます。

●ゆで方

天ぷらならそのまま、おひたしや和え物にはさっとゆでて使います。根元のかたい部分とはかまをとり除き、根元の部分には十字に包丁を入れておきます。冷凍保存する場合はウドと同様に、塩水でかためにゆでたものを冷水にさらして水気を切り、保存袋に入れて。

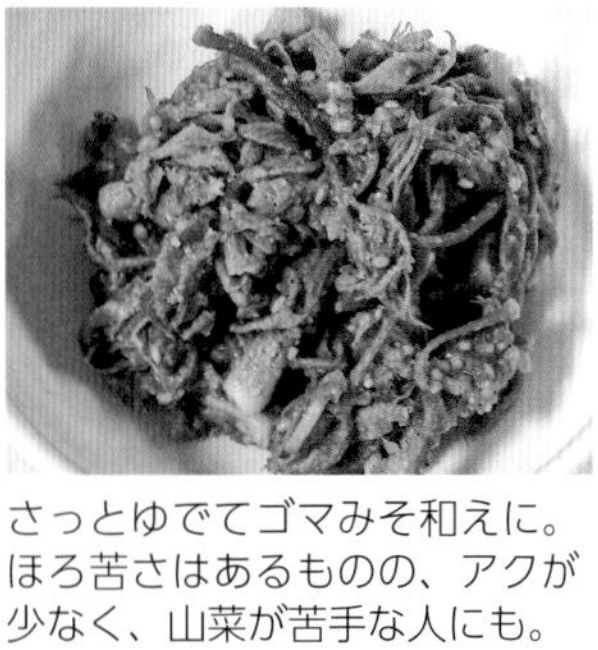

さっとゆでてゴマみそ和えに。ほろ苦さはあるものの、アクが少なく、山菜が苦手な人にも。

手がるに採取、ネギの代わりに

ノビル

特徴

ネギのように伸びた葉とラッキョウのような白い根が特徴です。あぜ道など身近なところに自生しています。シャキシャキとした食感や味もラッキョウに近く、生食ができます。

ゆで方

採取したノビルは、土をていねいに落とし、臭いが気になるときはかるくゆでても。薬味にしたり、酢みそやみそをつけて食べます。

小さな玉を、生のまま酢みそなどで。つんとした辛みと香りがあり、手がるな一品に。

春の七草のひとつ

セリ

特徴

水際に自生し、きれいな環境では田んぼのあぜ道などでも見られます。ミツバに似ていますが、ミツバは名前のように3枚の葉であるのに対し、セリは5枚の葉をもっています。葉が広がり始めたころが収穫期。春の七草のひとつでもあり、栄養価も高いとされる春の山野草の代表的な人気の山菜です。

ゆで方

2～3日内なら、冷蔵庫の野菜室に。乾燥を嫌うので、湿らせたペーパーなどにくるみ保存袋に入れて立てて保存を。天然のセリはアクがあるので、ゆでたあと、しばらく水にさらしておくとよいでしょう。ゆで時間は15秒前後。鍋物やおひたしに。

column

知っておきたい！ 山菜のアクの抜き方

山菜にはアクがあるものが多いので、種類や好みによってアク抜きを。食べ慣れていない人やたくさん食べる場合は、しっかりアク抜きしておくとよいでしょう。

アクの強いもの

（フキノトウ、ゼンマイ、ワラビなど）

方法1

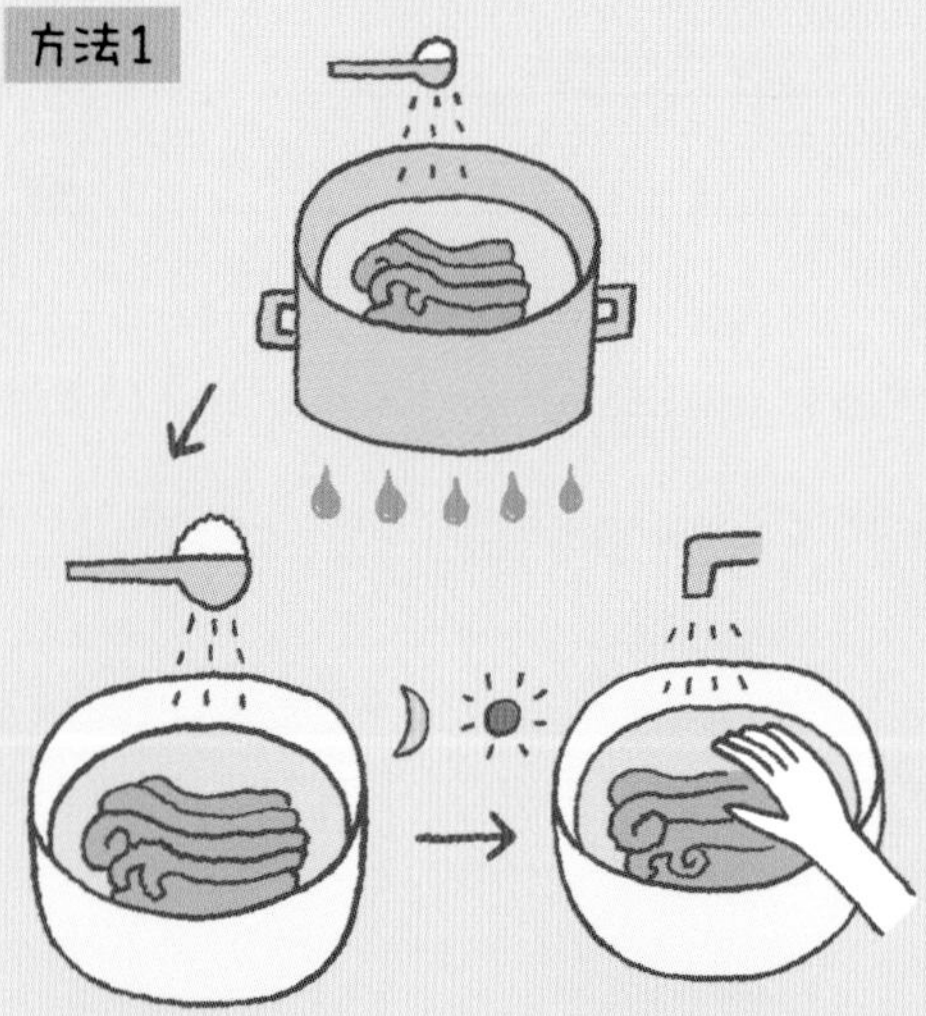

1 山菜 1kg に対して小さじ 1 杯の重曹を入れて、さっと沸騰させてからとり出す。
2 別の容器に入れ、水をひたひたに入れて小さじ 1 杯の重曹を溶かし、ひと晩置く。
3 翌日、とり出し、よく水洗いをしてから調理する。

方法2

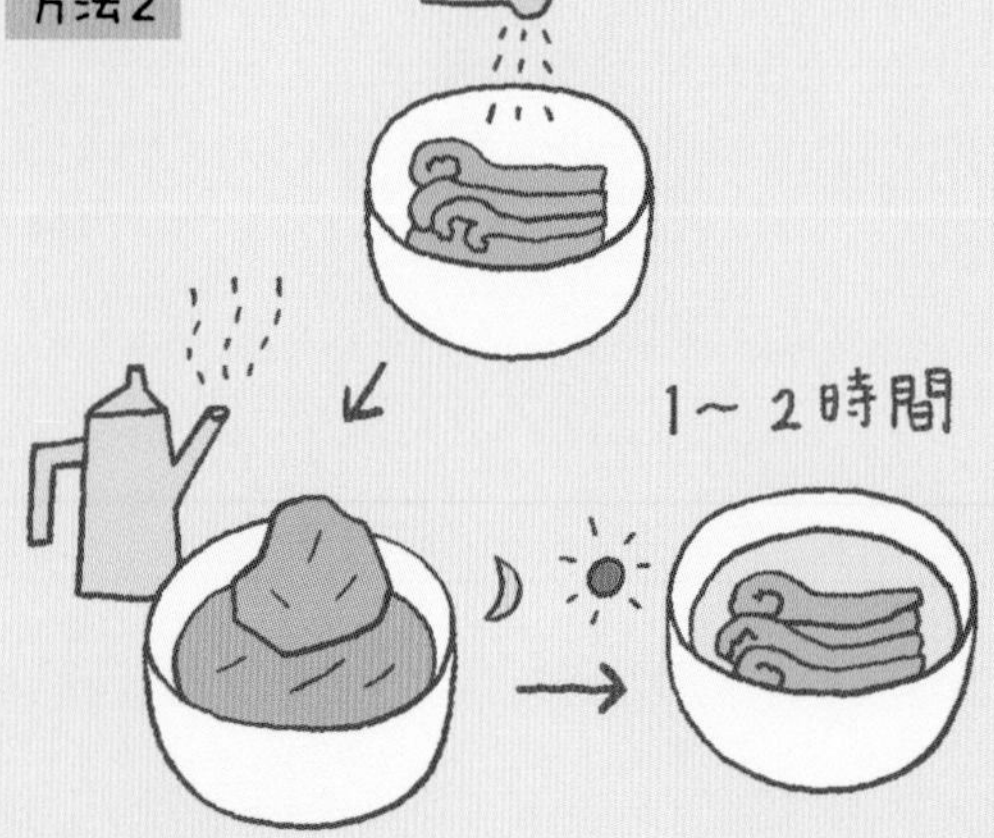

1 山菜 1kg に対して小さじ 1 杯の重曹をまぶし、熱湯をひたひたに入れ、重し（山菜の量の倍くらいの重さ）をしてひと晩置く。
2 翌日、水を替えて洗ったあと、さらに 1 ～ 2 時間、水にさらしてから調理する。

アクの弱いもの

生で食べるもの（ウドなど）

しばらく流水にさらす。

ゆでて食べるもの
（コゴミ、タラノメなど）

1 つまみの塩を入れて、かるくゆでる。

2章

秋・冬の野菜

カブ

大きくなりすぎる前に収穫し、保存のためには早めに葉と根を切り離しておきましょう。

保存方法の種類

冷蔵保存
冷凍保存
漬け保存
加工保存

収穫カレンダー（月）

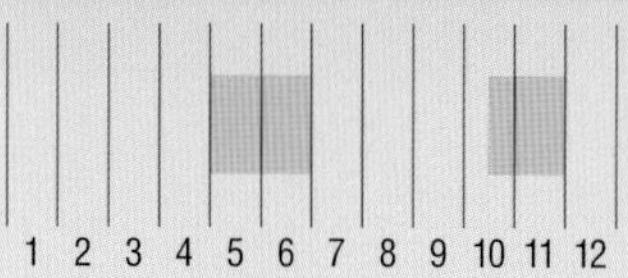

収穫方法

収穫時期になると、根の部分が土から見えてきます。大きくなりすぎる前に収穫しましょう。

土から見えてきたら収穫

カブの根（白い部分）が大きくなってくると土から見えるようになってきます。小カブで直径5～7cm、大カブで直径8～10cmになったら収穫を。収穫が遅れると根が大きくなりすぎて割れたり、スが入ったりします。適期を逃さないようにしましょう。種まきを少しずつずらして行うと、長く収穫が楽しめます。

春まき、秋まきそれぞれに特徴

涼しい気候を好むカブは春まき、秋まきと2回の旬があります。春にとれるものは生でもやわらかく、サラダや浅漬けにむいています。ただ、虫がつきやすく、梅雨に入ると根が割れやすくなるリスクも。一方、秋にとれるものは甘みが強く、煮崩れしにくいため、煮込み料理にむいています。

収穫・保存Q＆A

Q カブの品種にはどんなものがありますか？

あやめ雪

カブの上部が赤く、コントラストのきれいなカブ。色を生かして酢漬けや浅漬けなどにしましょう。甘みもあります。

日野菜《ひのな》カブ

滋賀県・日野町特産で細長いカブ。日が当たった部分は赤い色になります。かためでおもに漬け物などに使われます。

保存方法

収穫後は葉と根を早めに切り分けて保存します。冷凍するときは調理しやすいよう、切り方を変えておくと便利です。

冷蔵保存 約1週間

ペーパーに包んで

葉をつけたままにしていると、根の栄養分や水分が葉に吸い上げられてしまうため、早めに切り分けます。切り分けた根はキッチンペーパーに包んで保存袋に入れて冷蔵庫の野菜室へ。

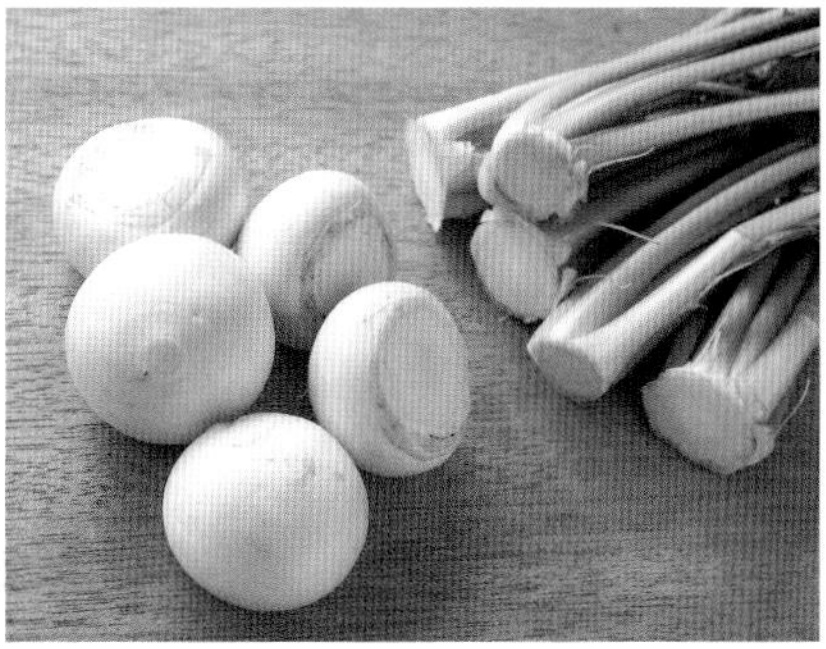

葉はすぐに使う場合は新聞紙に包んで冷蔵庫に入れ、遅くなるときはゆでるなど加工を。

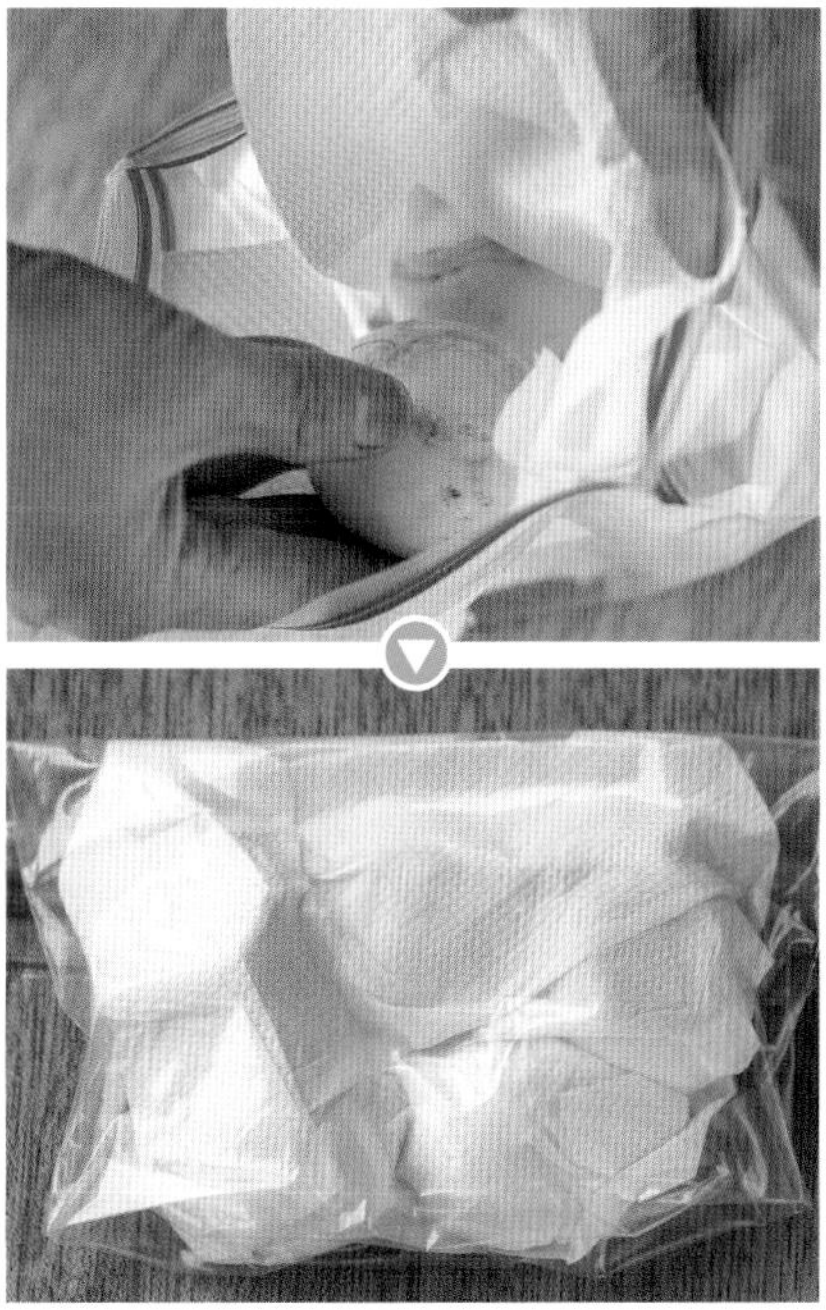

根は全体をキッチンペーパーで包み、保存袋に入れて。

冷凍保存 約1カ月

葉と根を別々に保存

葉と根を分けたら、別々に冷凍をします。葉はかるく塩ゆでをし、根はそのままで。調理するときに使いやすいようにいろいろな切り方をして保存をしておくと便利です。

根は、くし形切りや半月切り、いちょう切りなど、切り方を変えて保存しておくと便利です。

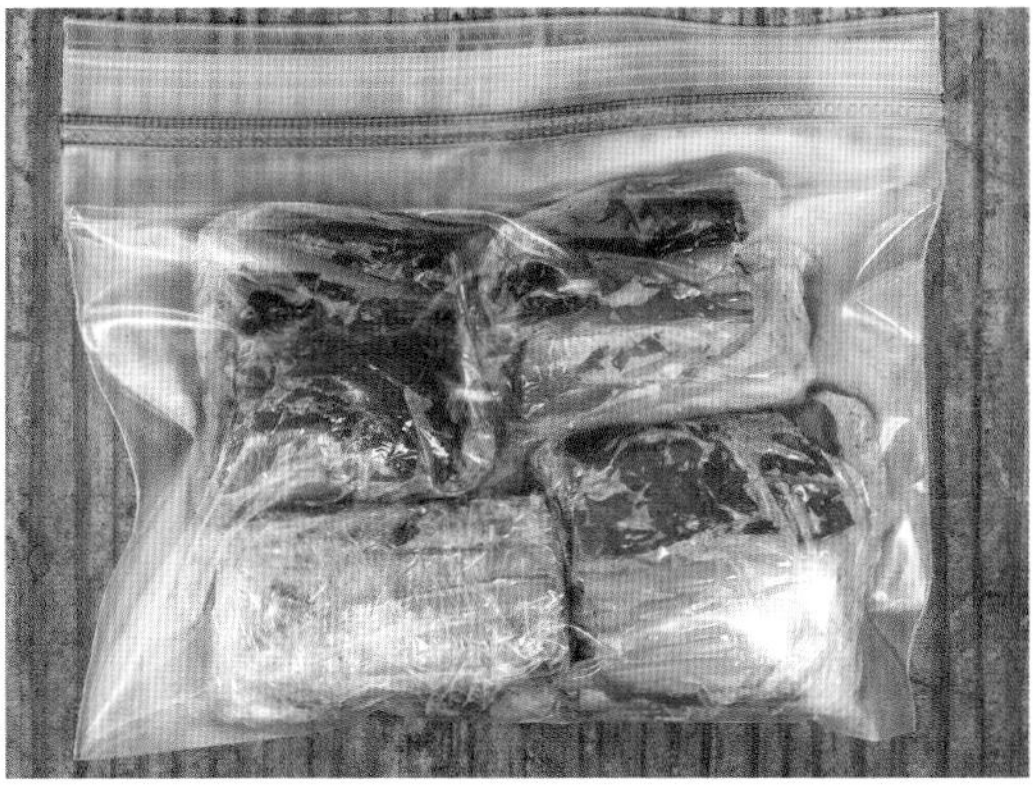

葉はかるく塩ゆでをして切り、小分けにしてラップに包み保存袋へ。

漬け保存

約1週間

漬け保存❶ 約1週間

かぶら漬け

紅白の色が美しい「あやめ雪」（↓P130）を使った浅漬けにして保存を。もちろん、白や赤いカブでもおいしくできます。

分量

- カブ…5個
- 酢…大さじ3
- 塩…小さじ2
- 砂糖…50g
- 赤トウガラシ…1本
- 昆布…2×5cm

作り方

1 カブは厚さ2mmで繊維を切るように切る。
2 漬け物容器に昆布を敷き、その上にカブを並べる。
3 酢、砂糖、塩を合わせて上からかけ、赤トウガラシを入れて重しをし、半日置く。

漬け保存❷ 約1週間

紅白酢漬け

カブのスライスを赤酢に半日ほど漬ければ、ピンク色のきれいな酢漬けになります。白カブでかぶら漬けを作り、一緒に盛りつけると紅白酢漬けになり、食卓も華やかに。

市販の赤酢で手がるに！

分量

- カブ…5個
- 赤酢…大さじ4
- 砂糖…大さじ2
- 赤ワイン…大さじ3
- 昆布…2×5cm

活用法
千切りにして、混ぜご飯の上にのせると彩りも鮮やか。

作り方

上記のかぶら漬けと同じように漬けます。

加工保存

約1カ月

ペーストにする

皮をむいた根を適当な大きさに切ってやわらかめにゆで、ミキサーにかけます。ペースト状にしたものを密閉容器に入れて冷凍保存します。ポタージュスープなど活用の幅が広がります。

冷凍ペーストを使って

材料

- 冷凍ペーストしたカブ…200g
- 卵白…1個分
- 七味トウガラシ…適量
- あん［だし…100mℓ、酒、しょう油、みりん…各大さじ1］
- 水溶きくず粉（くず粉の倍量の水で溶く）…少々

作り方

1 冷凍ペーストしたカブを解凍しておく。
2 卵白をよく泡立て、1に合わせ、耐熱用器に入れる。
3 2を蒸し器に入れて強火で10分程度蒸す。
4 鍋にあんを入れ、沸騰したら水溶きくず粉を入れてとろみをつける。
5 蒸し上がった3に4をかけ、最後に七味トウガラシをかける。

※これをベースに白身魚や鶏肉、ニンジンやシイタケなど好みの具材を加えてみて。

かぶら蒸し

カブは根も葉もすべて食べられます。葉はかるくゆでて使いましょう。甘みがあり、色もきれいです。冷凍しておけば、いつでも手がるに使えます。

消費料理

カブのカルパッチョ

材料

- カブ……3個
- 塩……小さじ¼
- A
  - オリーブオイル……大さじ2
  - アンチョビ……3枚
  - ニンニク……1かけ
  - バルサミコ酢……大さじ2
  - 黒コショウ……少々

作り方

1 カブは葉と根を切り離し、根は縦3㎜幅に切って塩をふり、30分ほど置く。
2 葉は沸騰した湯の中に入れて2～3分ゆでで、5㎝長さに切る。
3 皿に水気を切った1と2を並べ、A(アンチョビとニンニクはみじん切りにする)を混ぜ合わせて上からかける。

カブの葉の炒り煮

材料

- カブの葉……200g
- ゴマ油……大さじ2
- しょう油……大さじ2
- みりん……大さじ1
- 白ゴマ……小さじ1

作り方

1 カブの葉は1㎝幅に切る。
2 フライパンにゴマ油を熱し、1としょう油、みりんを加え、ふたをして中火で火を通す。
3 5分ほどしてふたをとり、菜箸で混ぜながら炒り煮にする。
4 水分がなくなったら、白ゴマを加えてさっと混ぜる。

活用法
ご飯に混ぜて菜飯にしたり、炒め物に入れても。

カブのフリカッセ

材 料

- **小カブ**……………10個
- しめじ……………………1パック
- 鶏ひき肉…………………200g
- A
  - 卵……………………………½個
  - 塩…………………小さじ¼
  - 酒…………………小さじ½
  - ニンニクすりおろし…小さじ½
  - 片栗粉……………大さじ1
- オリーブオイル………大さじ1
- バター…………………………30g
- 白ワイン、水………各200mℓ
- 生クリーム………………50mℓ
- 塩…………………………小さじ1
- コショウ…………………………少々

作り方

1 鶏ひき肉はボウルに入れ、粘りが出るまでしっかりよく混ぜる。

2 Aを加えて混ぜ、ひと口大に丸める。

3 鍋にオリーブオイルとバターを熱し、2の表面に焼き色がつくまで焼き、カブ(根は半分に切り、葉はみじん切りにする)としめじを加える。

4 白ワイン、水を加え、塩、コショウを入れ、ふたをして中火で20分煮込む。

5 生クリームを加え、弱火でさらに5分煮込む。

カブとスナップエンドウのサラダ

材 料

- **カブ**……………………5個
- スナップエンドウ………200g
- オリーブオイル………大さじ2
- 塩麹……………………大さじ1
- はちみつ……………小さじ½
- 酢…………………………大さじ1

作り方

1 カブは葉を切り落として8等分のくし形切りにし、スナップエンドウはゆでて食べやすい大きさに切る。

2 ボウルにすべての材料を入れ、混ぜる。

カブの鶏そぼろあん

材料

- カブ……2個
- 鶏ひき肉……180g
- ゴマ油……大さじ½
- ショウガすりおろし……小さじ½
- A ┌ だし……500mℓ
  │ みりん……大さじ1
  └ 塩……小さじ½
- 水溶き片栗粉……小さじ1

作り方

1 カブは葉と根を切り分け、根はひと口大、葉は2㎝幅に切る。
2 鍋にゴマ油を熱して鶏ひき肉を炒め、ショウガを加え炒める。香りが立ったら1、Aを加えて火が通るまで煮る。
3 2に水溶き片栗粉をまわし入れ、ひと煮立ちしてとろみをつける。

焼きカブのガーリックポン酢和え

材料

- カブ……2個
- サラダ油……大さじ1
- 砂糖……少々
- ポン酢……大さじ1
- ニンニクみじん切り……大さじ1

作り方

1 カブは葉と根に切り分け、根は皮をむいて6等分のくし形に切る。葉は3㎝長さに切る。
2 フライパンに油を熱して根を並べ入れ、砂糖をふりかけて両面に焼き色がつくまで焼く。
3 2に葉、ポン酢、ニンニクを加えて炒め合わせる。

ラディッシュ

短期間で収穫でき、色鮮やかでつけ合わせにも便利。葉も食べられます。

保存方法の種類　冷蔵保存

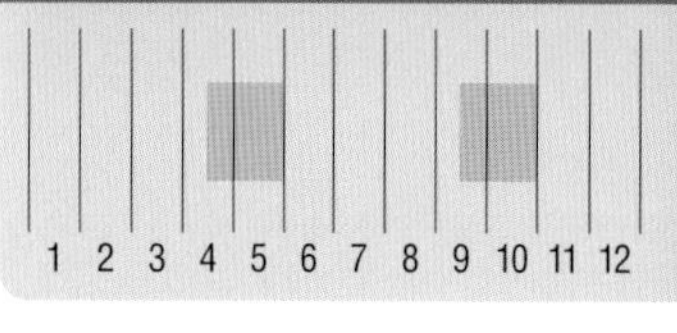

収穫カレンダー（月）

収穫・保存方法

直径2～3㎝で収穫。葉と根を切り分けて保存します。

土から見えてきたら収穫

「二十日大根」ともいうように、短期間で収穫できます。根の部分が直径2～3㎝になったら収穫時期。収穫後できた穴に土を戻しておくと、隣にある株が乾燥しません。収穫後は早めに使い切りますが、すぐに使わないときは葉と根を切り分け、保存袋に入れて冷蔵保存します。

消費料理

オーソドックスにサラダ、甘酢漬け、ピクルス（→P13）にするほか、炒め物にしてもおいしく食べられます。

ラディッシュ丼

材料

- ラディッシュ……5個
- 厚揚げ……½個
- ナガネギ……½本
- サラダ油……大さじ1
- ラディッシュの葉……少々
- A
  - 酒……大さじ2
  - しょう油……大さじ3
  - みりん……大さじ2
  - 砂糖……大さじ1
  - 水……50㎖
- かつお節……5g
- 卵……2個
- ご飯……適量

作り方

1 ラディッシュは4等分に切り、ナガネギは千切り、厚揚げは横半分に切ったあと1㎝幅に切る。
2 フライパンに油を熱して厚揚げを炒め、表面に焼き色がついたらナガネギ、ラディッシュ、**A**を加え、ふたをして10分程度中火で煮る。
3 ラディッシュに火が通ったら強火にし、みじん切りにしたラディッシュの葉、かつお節、溶いた卵を入れてふたをし、火を止める。
4 皿にご飯を盛りつけ、**3**をのせる。

ラディッシュとサーモンのちらし寿司

材料

- ラディッシュ……140g

甘酢
- 塩……小さじ1
- 砂糖……15g
- 酢……100g

- 炊きたてのご飯（白米）……400g
- サーモン……100g
- 白ゴマ……大さじ½

作り方

1 ラディッシュは葉を切り分けて2㎜幅の輪切りにする。
2 ボウルに1と甘酢の材料を入れ、冷蔵庫でひと晩漬ける。
3 切り分けた葉はさっとゆでて細かく刻む。
4 炊きたてのご飯に2を甘酢（漬け汁）ごと加え、3も加えてさっくりと混ぜる。
5 軽く冷まして器に盛り、サーモン（角切り）と白ゴマを散らす。

MEMO

ラディッシュの甘酢漬けは冷蔵で10日ほど保存できます。しだいに全体が薄紅色に染まり、彩りがほしいときにも便利。

ラディッシュとツナオリーブディップのカナッペ

材料

- ラディッシュ……適量

ツナオリーブディップ
- ツナ缶……1缶
- ブラックオリーブ……10g
- クリームチーズ……30g
- オリーブオイル……小さじ2

- 好みのパン……適量
- 黒コショウ……適量

作り方

1 ツナオリーブディップの材料をすべてミキサーに入れ、なめらかなペースト状にする。
2 ラディッシュは適量を薄切りにし、適量は茎を残して縦半分に切る。
3 パンを薄く切ってトーストし、1を塗って薄切りのラディッシュをのせ、黒コショウをふる。残りの1は小さめの器に盛る。
4 皿に盛り合わせ、縦半分に切ったラディッシュはディップをつけて食べる。

カボチャ

収穫後、丸ごと風通しのよいところに置いて1～2カ月は追熟させると甘みが増します。そのまま3カ月間は保存が可能。

保存方法の種類　常温保存　冷凍保存

収穫カレンダー（月）

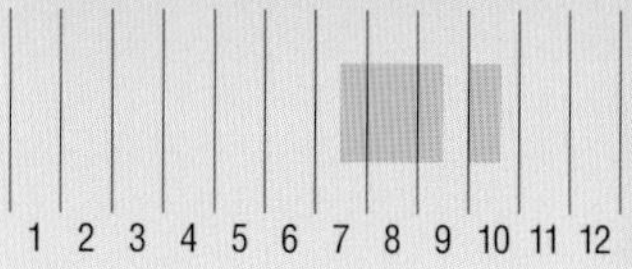

収穫方法

茎のつけ根がかたくなり、茶色いコルクのようになったら、ハサミで切って収穫します。

つけ根がコルクのようになったら収穫どき

開花から40～50日後に、茎のつけ根がコルクのようになってきます。写真のように、縦に白い線が入ってきたら収穫のサインです。

長期間の保存が可能

「冬至にカボチャを食べると風邪を引かない」といわれるように、夏にとれたものが寒くなるまで、長期間の保存が可能です。長く保存をしている間にデンプンが糖に変わることから、甘みも増してきます。

カロテンやビタミン類が多く含まれており、免疫力を高める効果があることでも、そういわれています。

食べられる？食べられない？

種とわた

種の部分は周囲のわたをとって天日に１週間干します。まわりに薄皮ができてきたら乾いた証拠。フライパンで殻がはじけてくるまで炒り、好みで塩をふって殻をむいて食べます。炒った種に熱湯を注ぐとお茶として飲めます。わたには実の部分の３倍の栄養があるともいわれます。手間でなければ調理に使ってみても。

収穫・保存Q&A

Q カボチャの品種にはどんなものがありますか？

坊ちゃんカボチャ

小型のカボチャ。電子レンジで丸ごと加熱して調理が可能です。

バターナッツカボチャ

ひょうたんのような形をしています。ねっとりと甘い味です。

保存方法

丸ごと保存する場合は常温で、切って保存する場合は冷蔵庫で。薄切りにして天日で1週間くらい干して、干しカボチャにもできます。

常温保存 約3〜6カ月*

＊早生種は3カ月、晩生種は6カ月

コンテナなどに入れて

収穫後はコンテナに入れて、風通しのよいところに置いておきましょう。この間、追熱して甘くなり、実は黄色からオレンジ色に変わっていきます。

冷凍保存 約1カ月

冷凍保存1 約1カ月

切り分けて

カットしたら、種とわたの部分をスプーンなどでとり除き、さらに調理しやすい大きさに切り分け、保存袋に入れて冷凍します。

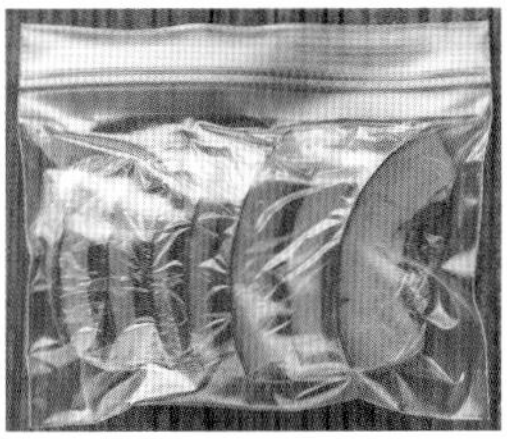

薄切りにしておくと、天ぷらやうどんの具などに便利です。

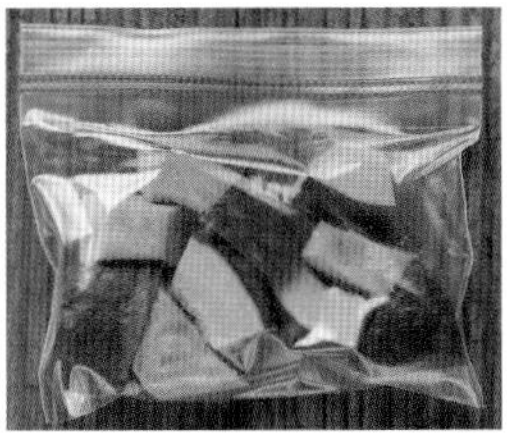

煮物にちょうどいい大きさに。このまま鍋に入れられます。

冷凍保存2 約1カ月

マッシュして

やわらかくなるまで加熱してつぶして冷凍しておくと、コロッケのたねにしたり、のばしてスープにしたりでき、時短になります。

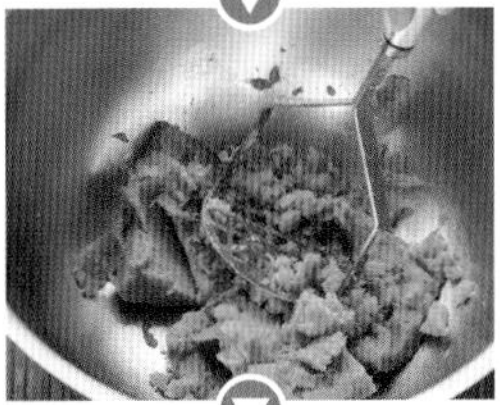

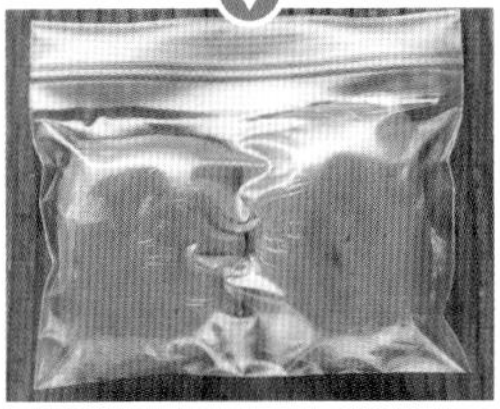

作り方

1 適当な大きさに切り、やわらかくなるまでゆでる。
2 熱いうちにマッシャーなどを使ってつぶす。
3 小分けにして、保存袋に入れて冷凍。

冷凍カボチャを使って

南蛮漬け

材料

- 冷凍カボチャ（薄切り）…¼個分

A［酢、砂糖…各大さじ4、水…大さじ1、塩…小さじ1、しょう油…大さじ1、赤トウガラシ 輪切り…1本］

作り方

1 Aを合わせ、沸騰させておく。
2 冷凍カボチャは素揚げ（揚げ油は分量外）にする。
3 1に2を漬けて冷蔵庫で冷やす。

長く保存できるからこそ、いろいろな料理に挑戦してみましょう。

消費料理

カボチャとひじきのコロッケ

材 料

- **カボチャ**………450g
- 乾燥ひじき……………………50g
- タマネギ……………………¼個
- ゴマ油……………………大さじ1
- しょう油、みりん……各大さじ1
- 塩、コショウ…………各少々
- 小麦粉、卵、パン粉…各適量
- 揚げ油…………………………適量

作り方

1 ひじきは水で戻し、カボチャは種とわたをとり除いてひと口大に切る。タマネギはみじん切りにする。

2 カボチャは蒸し、つぶしてマッシュする。

3 フライパンにゴマ油を熱し、ひじきとタマネギを炒め、しょう油、みりんを加えて煮詰める。

4 **2**と**3**を合わせ、塩、コショウで味をととのえる。

5 等分して丸め、小麦粉、溶き卵、パン粉の順に衣をつける。

6 揚げ油を180度に熱し、からりと揚げる。

カボチャのパンケーキ

材 料

- **ペーストにしたカボチャ**…70g
  （フードプロセッサーやミキサーなどでペースト状にする）
- 卵……………………………………1個
- 砂糖……………………………………80g
- 牛乳…………………………………150mℓ

A
- 小麦粉…………………………250g
- ベーキングパウダー………3.5g
- バター…………………………適量

作り方

1 ボウルに卵と砂糖、ペーストしたカボチャを入れ、泡立て器でよく混ぜる。

2 **1**に牛乳を加え、**A**を合わせてふるいながら加え、ゴムベラで混ぜる。

3 フライパンを熱し、直径20㎝の大きさになるように生地を流し入れ、両面を弱火で焼く。

バターナッツカボチャサラダ

材料

- **バターナッツカボチャ**……½個
- ニンニクみじん切り……小さじ1
- オリーブオイル……大さじ3
- A
  - 塩……小さじ¼
  - しょう油……大さじ1
  - 酢……大さじ½
  - パセリみじん切り……大さじ1

作り方

1 バターナッツカボチャは皮をむき、種とわたをとって千切りにする。

2 フライパンにオリーブオイルとニンニクを入れ、弱火にかける。

3 ニンニクがきつね色に色づいたら火からおろして**1**を加え、混ぜる。

4 **3**が冷めたら**A**を加え、混ぜる。

カボチャサラダ

材料

- **カボチャ**……350g
- 塩……小さじ⅕
- ナガネギ(白い部分)……½本
- ゴマ油……大さじ2
- しょう油……小さじ1
- 酢……小さじ½

作り方

1 カボチャは種とわたをとり除き、ところどころ皮をむく。ひと口大に切り、2㎝厚さに切る。

2 **1**を鍋に入れ、水(分量外)と塩を加え、沸騰したら弱火で10分加熱する。

※電子レンジの場合は耐熱皿にカボチャを並べ、水大さじ2と塩を全体にふり、ラップをかけて電子レンジ（500W）に約6分かけ、水気を切る。

3 フライパンにゴマ油とみじん切りにしたナガネギを入れて弱火で熱し、香りが出たらしょう油を加えて火を止め、**2**に加えて混ぜる。最後に酢を加え混ぜる。

column カボチャの葉柄

カボチャの茎はクセがなく、手がるに食べられます。

葉の下の茎部分を切って調理します。

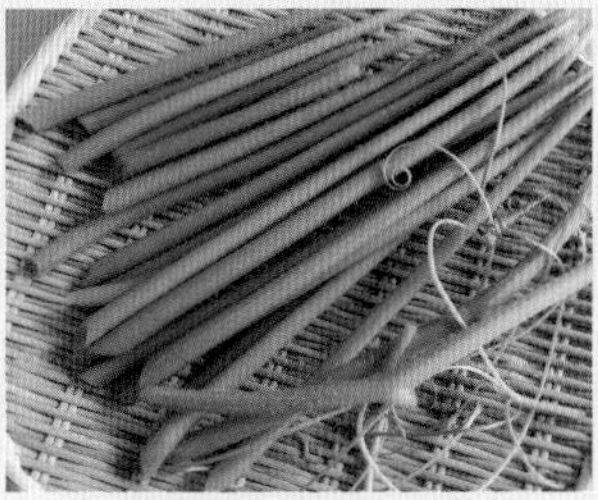

1 茎と葉を切り分ける。

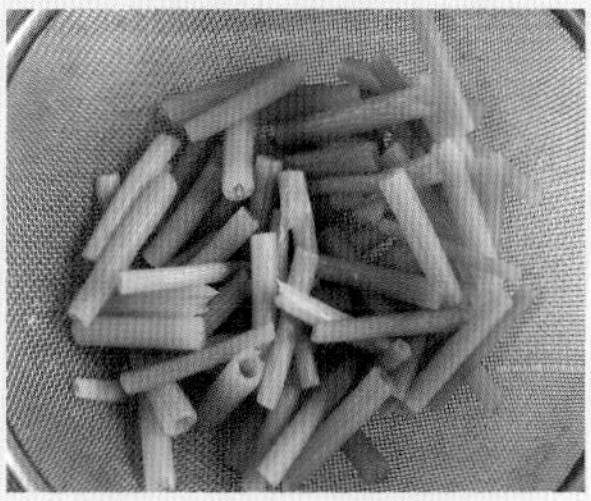

2 筋をとって3㎝程度の長さに切り、さっとゆでる。

3 だし、しょう油、みりんを入れ、炒め煮する(味は好みで)。白ゴマをふって食べる。

※ゆでたものをだし汁の中に半日漬けておいてもよい。

キャベツ

栄養が豊富で、生でも火を通しても食べられる野菜です。調理方法を考えながら、保存法を選択するとよいでしょう。

保存方法の種類
冷蔵保存
冷凍保存
漬け保存

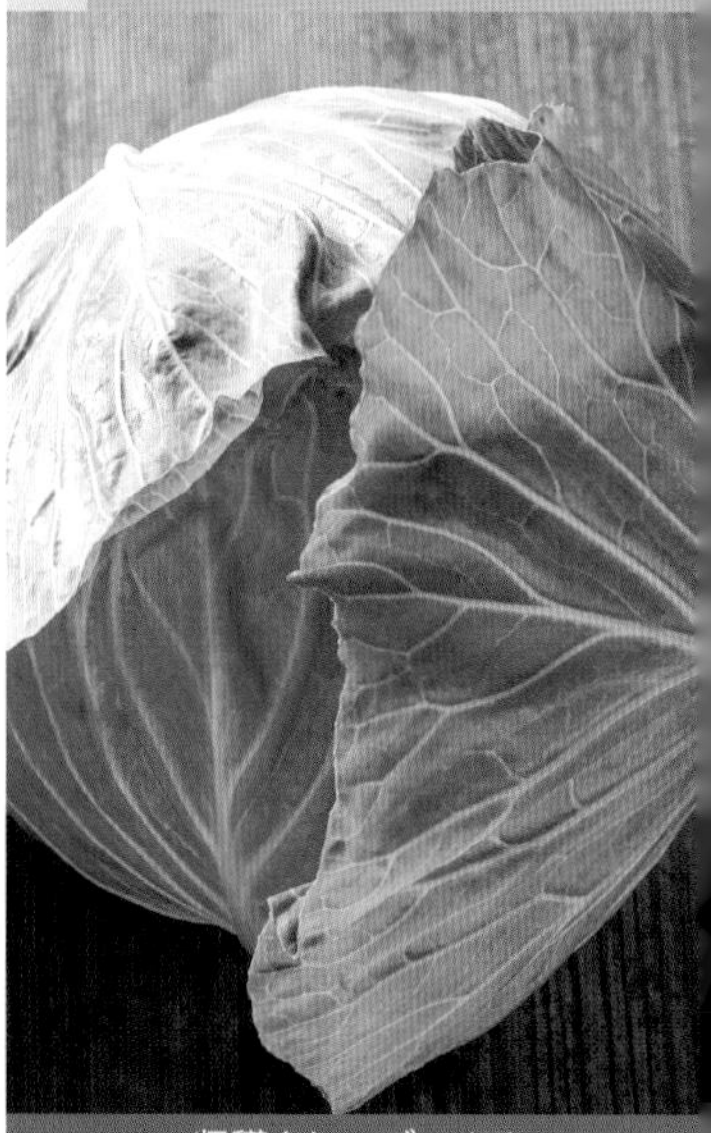

収穫カレンダー（月）

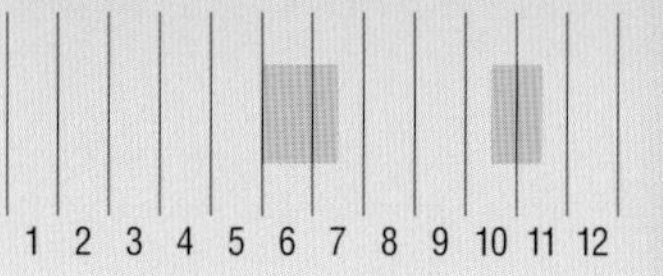

収穫方法

霜に当たると甘みは増しますが、収穫適期を過ぎるとかたくなったり割れたりするので注意を。

かたく締まってきたら収穫

葉がしっかり巻いて、触ったときにかたく締まっていたら収穫できます。外葉と結球部の間に包丁を入れてカットします。収穫が遅れると割れたり、トウが立ってきます。平らなタイプの品種なのに、とがっているときは中でトウが出る直前になっていることがあります。

結球部を少し倒して包丁を入れます。

冬キャベツと春キャベツ

葉がしっかり巻いてずっしりと重たいのが冬キャベツ。甘みがあり、煮込み料理に適しています。一方、葉がゆるめに巻いていて、やわらかいものが春キャベツ。生で食べるのに適しています。春と冬に収穫したキャベツの特徴を知って、料理に生かしたいものです。

栄養たっぷりのキャベツ

キャベツから発見された「キャベジン」というビタミンUは、胃酸の分泌を抑え、胃の粘膜を保護したり胃潰瘍を予防したりする働きがあります。

このほか、ビタミンCやカロテン、カルシウム、アミノ酸なども多く含む栄養たっぷりの野菜です。

収穫・保存Q＆A

Q 収穫したキャベツは丸ごと保存がいちばん？

カットして保存すると、乾燥しやすく切り口が黒くなります。できれば丸ごと保存し、外側の葉から食べていくようにしましょう。やむを得ずカットする場合は、しっかりとラップで包みます。

先がとがった形をしている「みさき」という品種のキャベツ。葉がやわらかく、生でおいしいのが特徴です。

食べ切れないときは、早めに加工をして保存することを考えましょう。

保存方法

冷蔵保存

約1～2週間

冷蔵保存① 約1週間

新聞紙に包む

外葉が残っているときは、外葉でおおったあと、新聞紙で包み、芯を下にして冷蔵庫へ。新聞紙で包んだあと、かるく霧吹きで水をかけてポリ袋に入れておいてもいいでしょう。

冷蔵保存② 約1週間

芯を湿らせる

湿らせたペーパータオルを芯の部分に当て、全体をラップでおおいます。切り口を湿らせておくことで、乾燥が抑えられます。保存中、ときどき水分を補います。

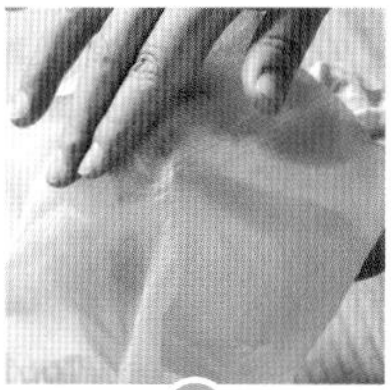

冷蔵保存③ 約1～2週間

芯をくり抜く

包丁を縦に使い、芯を丸くくり抜くと、芯が葉の養分を吸収するのを抑えます。あけた穴に水を含ませたペーパータオルを詰めておけば、さらに乾燥防止になります。

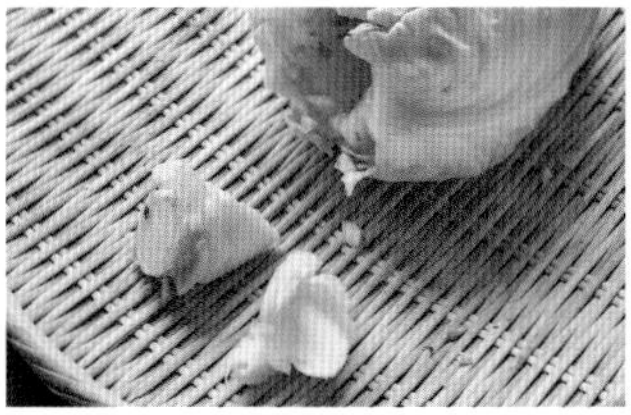

芯は天ぷらにするとほくほくして、おいしく食べられます。

冷凍保存

約1カ月

冷凍保存① 約1カ月

1枚ずつラップで包む

キャベツが新鮮なうちに、冷凍しておきましょう。そのつど、必要な枚数だけ使えて便利です。

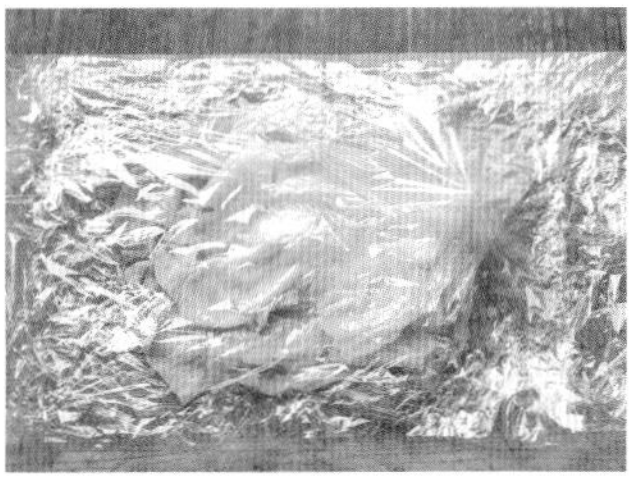

作り方

1 外葉から1枚ずつはがしていく。
2 数枚ずつ沸騰した湯にくぐらせる。
3 ざるに上げて冷まし、水気を切る。
4 1枚ずつラップで包む。
5 まとめて保存袋に入れ、冷凍庫へ。

活用法
解凍してロールキャベツに。調理時の手間が省けます。

冷凍保存❷

約1カ月

塩をまぶして

塩をまぶして冷凍保存すると水分が出てしんなりし、ゆでてあるような食感になります。

ざく切りにして全体にぱらっと塩をふり、保存袋に入れて冷凍します。そのまま野菜炒めやスープに。

冷凍キャベツを使って

キャベツとじゃこのなめこ和え

材料

●冷凍キャベツ…¼個分

●なめこ…2パック ●じゃこ…50g

A［だし…25㎖、しょう油…50㎖
ユズやカボスなど柑橘類のしぼり汁…25㎖］

作り方

1 なめこはさっとゆでて冷水にとり、ざるに上げておく。

2 Aの材料を合わせ、キャベツと1、じゃこを加え、1時間ほど味をなじませる。

漬け保存

約2～7日

塩漬け

塩漬けにすることでかさが減り、大量のキャベツもコンパクトに保存できます。キャベツは千切りにし、重さの2％の塩を合わせます。2日ほどならびんでの保存でもよいですが、しっかり塩漬けする場合は保存袋に入れ、重しをして冷蔵庫で保存しましょう。1週間保存できます。

活用法
そのままみそ汁の具やサラダに。ほかの野菜と合わせて簡単漬け物などにも。

塩漬けキャベツを使って

キャベツとシソの和風サラダ

材料

●塩漬けキャベツ…½個分

●青ジソ千切り…5枚分 ●オリーブオイル…大さじ2

●リンゴ酢…大さじ2 ●はちみつ…大さじ1

作り方

塩漬けキャベツをボウルに入れ、ほかの材料を加え、混ぜる。

大量のキャベツが一度に食べられます。収穫したキャベツがたまってきたときに重宝するメニューです。

消費料理

シュクルート

材料

- キャベツ…………½個
- ベーコン…………2枚
- ソーセージ…………4本
- ジャガイモ…………2個
- 塩……キャベツの重さの2%
- A
  - 白ワイン…………200mℓ
  - 酢…………大さじ3
  - ローリエ…………1枚
  - キャラウェイシード…小さじ¼
- オリーブオイル…………大さじ2
- バター…………10g
- しょう油…………大さじ½

作り方

1 キャベツは細切りにし、塩をして保存袋に入れて重しをし、1週間ほど冷蔵庫に入れておく。
2 ベーコンは1cm幅に切り、ジャガイモは皮をむき、好みの大きさに切る。
3 鍋にオリーブオイルとバターを熱し、ベーコンを炒め、キャベツを加える。
4 Aを加え、ジャガイモとソーセージを入れ、ふたをして、弱火で40分くらい煮込む。
5 最後にしょう油を加える。

丸ごとキャベツのシューファルシー

材料

- キャベツ…………1個
- 豚ひき肉…………400g
- ベーコン…………2枚
- トマトホール缶…………1缶
- タマネギ…………½個
- 白ワイン…………100mℓ
- バター…………15g
- 塩…………小さじ1
- 水…………200mℓ
- ローリエ…………1枚
- A
  - 卵…………1個
  - パン粉…………50g
  - 牛乳…………50mℓ
  - ニンニクみじん切り…小さじ1
  - 塩…………小さじ½

作り方

1 キャベツは芯をくり抜き、タマネギはみじん切りにする。
2 フライパンにバターを熱してタマネギを炒め、冷ます。
3 ボウルに豚ひき肉を入れ、粘りが出るまでよく混ぜ、Aと2を入れてよく混ぜ合わせる。
4 芯をくり抜いたキャベツの中に3を詰める。
5 ベーコンを巻き、ローリエをのせてタコ糸でしばる。
6 鍋に5を入れ、トマトホール缶、白ワイン、塩、水を加えてふたをし、1時間中火で煮込む。

和風ロールキャベツ

材料

- **キャベツ**…8枚
- 豚ひき肉………150g
- A
  - 卵………………1個
  - パン粉………50g
  - 牛乳………大さじ1
  - 酒…………大さじ½
  - 塩…………小さじ½
  - コショウ………少々
- だし……………………1ℓ
- バター…………………25g
- 小麦粉…………………20g
- 豆乳……………………250㎖
- みそ…………………大さじ1

作り方

1 キャベツはかたい軸の部分を削いで熱湯で1〜2分ゆで、ざるに広げて冷ます(葉を1枚ずつ冷凍したものを使ってもよい)。
2 ボウルに豚ひき肉を入れて混ぜ、**A**を加えて粘りが出るまでさらに混ぜ、8等分してまとめる。
3 キャベツを広げ、**2**をのせて包む。
4 鍋にだしを煮立てて**3**の巻き終わりを下にして入れ、約25分煮る。
5 別の鍋にバターを熱して小麦粉を入れ、焦がさないように弱火で炒めて豆乳を少しずつ混ぜながら加える。とろみがついたらみそを溶き混ぜ、**4**に加えて10分煮込む。

キャベツのタイ風サラダ

材料

- **キャベツ**(大)………………………1/4個
- タマネギ………………½個
- むきエビ………………150g
- ピーナッツ……………10g
- ゴマ油…………………大さじ1
- ニンニクすりおろし…小さじ½
- ショウガすりおろし…小さじ½
- 豆板醤…………………小さじ1
- 砂糖……………………大さじ1
- ナムプラー……………大さじ1
- 酢………………………大さじ1

作り方

1 キャベツは5㎜幅の千切りにし、タマネギは縦に薄切りにする。混ぜ合わせて器に盛る。
2 フライパンにゴマ油を熱してニンニク、ショウガ、豆板醤を炒め、香りが出たらむきエビを入れて炒める。
3 エビの色が変わったら砂糖、ナムプラー、酢を加え、熱いうちに**1**に加えて全体を和える。
4 器に盛ってに刻んだピーナッツをちらし、好みで七味トウガラシをふる。

無限キャベツ

材料

- キャベツ(大)……… ¼個
- ツナ缶…………………… 1缶
- 塩……………………… 小さじ¼
- A［ゴマ油……………… 大さじ1
  しょう油……………… 大さじ1
  ニンニクすりおろし… 小さじ1
  白ゴマ………………… 適量

作り方

1 キャベツは5㎜幅の千切りにし、耐熱容器に入れて塩をふる。ラップをして電子レンジ(500w)で6分加熱し、軽くしんなりさせる。

2 1に汁気を切ったツナとAを加えて全体を和える。

column

紫キャベツは美しい色を生かして

酸味と相性のいい紫キャベツ。酢やレモン汁を加えると、色鮮やかに発色し、味わいもマイルドになります。加熱する場合も、酢をかくし味程度に加えてみましょう。

●紫キャベツのマリネ

材料

- 紫キャベツ(大)… ¼個
- 塩… 小さじ¼

A［酢… 大さじ2、砂糖… 小さじ2、オリーブオイル… 大さじ2］

作り方

1 紫キャベツは千切りにし、塩をふって全体に混ぜる。

2 しんなりしたらAを加えて混ぜ、味がなじむまで置く。

●紫キャベツのソテー・たらのムニエル添え

材料

- 紫キャベツ(大)… ¼個
- バター… 20g ●塩… 小さじ¼
- リンゴ酢… 大さじ1 ●塩たら… 4切れ
- 小麦粉… 少々 ●オリーブオイル… 適量

作り方

1 紫キャベツは千切りする。

2 鍋にバターを溶かし、1を入れて塩を加える。しんなりしたらリンゴ酢を加えて火を止める。

3 塩たらは小麦粉をつけてオリーブオイルを熱したフライパンでこんがりと焼く。

4 皿に3、2を盛り、好みでレモンを添える。

ゴボウ

うまみや香りは皮の近くに多く含まれているので、できるだけ皮がついたまま保存、調理するとよいでしょう。

保存方法の種類 常温保存

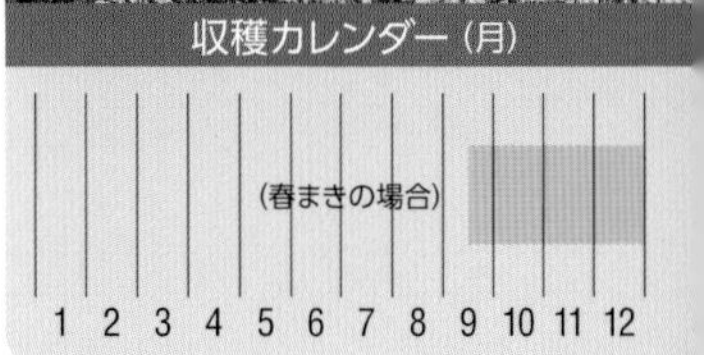

収穫方法

畑にそのまま置いておき、必要な分だけ抜いて使うと、秋から長期間収穫できます。

使うときに収穫を

種をまいてから100日ほどで直径1cmのゴボウができます。このころから収穫は可能ですが、春まきの場合は、春先までは土の中で少しずつ太くなりながら、鮮度を保っています。使うときに必要な分だけ掘り出して収穫しましょう。霜に当たると葉が枯れ、生長は止まります。

ゴボウの花

収穫をしないでいると、翌年4～5月ごろ、草丈が大人の背丈くらいになって、アザミに似た紫色の花をつけます。根の栄養分がとられてしまうので、咲く前に収穫しましょう。

種のとり方

花のあと、サヤの中に種ができます。よく乾燥させて手でもむと、種がパラパラととれます。保存びんなどに入れ、翌年の種にできます。

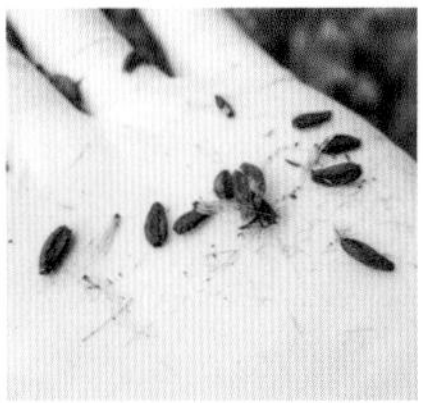

収穫・保存Q＆A

Q 常温保存以外のよい保存法は？

洗ったもの、切ったものはそのままではアクが出てきたり、スが入ったりするので、使いやすい大きさに切ってさっとゆでておくとよいでしょう。

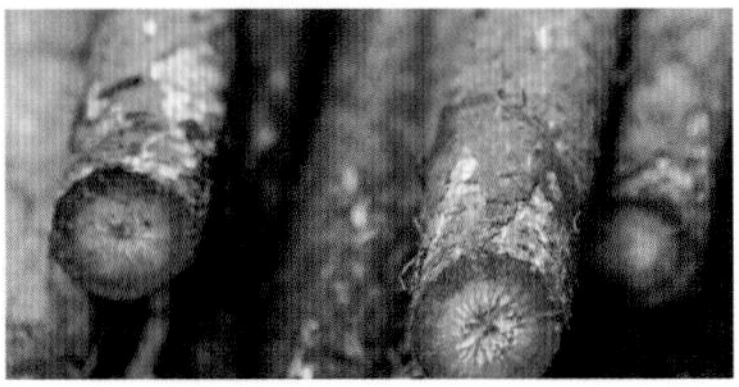

農家のコツ

ゴボウの掘り方

1 葉が茂りすぎているときは、掘り出す前にカマで刈りとっておきます。

2 うねの横にスコップで穴を掘ります。この穴を少しずつ大きくしながら、ゴボウの横の土を削りとります。

3 ゴボウの根に沿って少しずつ土をかき出します。

4 ゴボウの根がだいぶ見えてきました。途中で折らないように注意しながら、株の根元を持って、真上に引き上げます。

5 掘り上げたゴボウ。基本的に、使うときに掘り上げますが、すぐに使わないときには、上から土をかぶせておきます。

保存方法

健康茶として知られるゴボウ茶も簡単にできます。
たくさん収穫できたらぜひ、試してみてください。

常温保存

約1カ月
(切らないで保存した場合)

新聞紙に包んで

乾燥を防ぐため土がついたまま新聞紙に包んで、風通しのよい冷暗所に置いておきます。切ったものは、2～3日で使い切りましょう。

column

ゴボウ茶

乾燥させて炒ったものを急須に入れ、お湯を注いでしばらく待ち、カップに注いで飲みます。

1 ゴボウをよく洗い、皮ごと薄くスライスする。
2 ざるに広げ、完全に乾くまで天日干しする。
3 フライパンでよく炒る。

あまり主役にならない野菜ですが、飽きずにたくさん食べられるメニューを紹介します。

消費料理

ゴボウのコンフィー

材料

- ゴボウ……………………1本
- 塩……………………大さじ½
- オリーブオイル……使用する鍋に入れたとき、ゴボウがひたひたになる程度

作り方

1 ゴボウは長さ10㎝程度に切って洗い、塩をかるくふって半日置く。
2 鍋にゴボウを入れ、オリーブオイルをひたひたになるくらいまで入れる。
3 ゴボウを転がしながら、じっくり弱火で煮る。
4 30～40分ほどして竹串がすっと入るようになれば完成。

※油は、ゴボウの香りがうつっているので、ドレッシングや炒め物に使えます。

MEMO

完全に冷まし、オイルに漬けたまま保存容器に入れて冷蔵庫に入れておけば、約1カ月は保存が可能。

ゴボウとひじきのチャーハン

材料

- ゴボウ…………¼本
- 乾燥ひじき……………5g
- 卵……………………2個
- ご飯…………………300g
- しらす………………50g
- サラダ油………大さじ3
- 塩………………小さじ¼
- しょう油………小さじ½

作り方

1 ゴボウは2～3㎜幅の輪切りにして水にさらし、ざるに上げる。ひじきは水で戻す。
2 フライパンに油大さじ1を熱して**1**を炒め、ゴボウに火が入ったらとり出す。
3 再びフライパンに油大さじ2を熱し、溶いた卵を入れてすぐにご飯を加え炒め、**2**を戻して塩を加え、強火で炒め合わせる。
4 **3**にしらすを加えて混ぜ、フライパンのふちからしょう油をまわし入れてサッと炒める。

ゴボウとカニかまの酢の物

材料

- **ゴボウ**……$\frac{1}{4}$本
- カニかま……4本
- かつお節……5g
- A
  - 酢……大さじ2
  - 砂糖……大さじ2
  - しょう油……大さじ1

作り方

1 ゴボウは5㎝長さの千切りにしてたっぷりの湯で5分ゆで、ざるに上げてしっかりと水気を切る。
2 カニかまは細く割く。
3 ボウルに1、2、かつお節、Aを入れてよく混ぜ合わせる。

※よく混ぜることで、カニかまやかつお節からうまみが出てゴボウになじんでおいしくなります。

ゴボウと油揚げのしぐれ煮

材料

- **ゴボウ**……$\frac{1}{2}$本
- 油揚げ……1枚
- ショウガ……1かけ
- ゴマ油……大さじ2
- 酒、みりん、しょう油……各大さじ2
- 水……100㎖
- 針ショウガ(飾り用)……好みで

作り方

1 ゴボウはささがきにし、油揚げは1㎝幅に切り、ショウガは千切りにする。
2 鍋にゴマ油を熱し、1を加えて炒め、酒、みりん、しょう油、水を入れる。
3 水分がなくなるまで煮詰める。
4 器に盛り、針ショウガを飾る。

MEMO

ささがき

ゴボウをまわしながら、薄く斜めに削ります。

千切り

縦に千切りにしたものは歯ごたえが残ります。

ニラ

葉だけを収穫すれば、3～4回の収穫が可能です。傷みやすく、乾燥にも弱いので冷蔵庫で保存して早めに食べ切ります。

保存方法の種類

冷蔵保存

冷凍保存

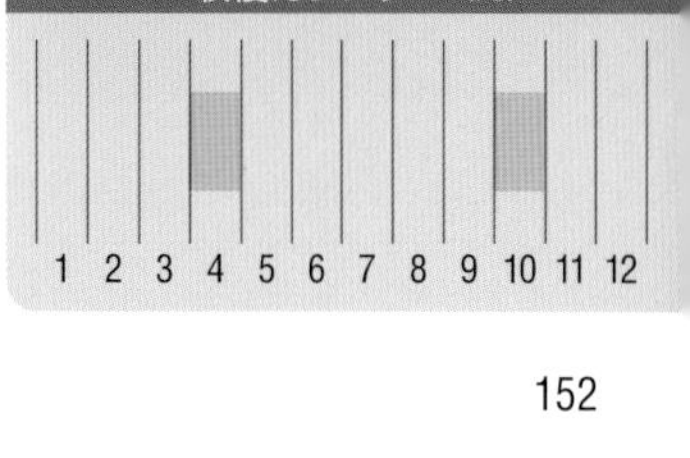

収穫方法

成長点の上でカットしましょう。ふたたび葉が伸びてくるので、3～4回の収穫が可能になります。

成長点の上で収穫

葉が20㎝以上になったら、成長点（分岐しているところ）の上をハサミで切って収穫します。すると、そこから葉が伸び、20日くらいでまた収穫ができます。夏になって花茎が伸びてきたら、花に栄養をとられないよう、つぼみのうちに葉の根元から切りましょう。なお、植えつけ年は株を大きくさせるため、収穫はせずにおきましょう。2年めの春から収穫を始めると大きな株に育ちます。同じ株は3年たったら株分けをします

保存方法

乾燥に弱いので、新鮮なうちに冷蔵、冷凍を。しょう油漬けにしておくのも、何かと便利です。

冷蔵保存 約1週間

水分補給して冷蔵

水分が失われやすいので、根元に湿らせたペーパータオルを当て、全体をラップで包んで、野菜室に立てて保存しましょう。

冷凍保存 約1カ月

カットして冷凍

調理しやすい長さにカットし、保存袋に入れて冷凍庫へ。みそ汁や炒め物に使うときは、凍ったまま鍋に入れても大丈夫です。

調理しやすい長さにカットし、保存袋に入れて冷凍庫に保存を。約1カ月もちます。

漬け保存 冷蔵で約1カ月

しょう油漬け

漬けた翌日から使え、びんに入れて冷蔵庫で保存すれば、約1カ月保存できます。ご飯や冷や奴にのせるほか、チキンソテーのソースや卵焼きにしてもおいしい。

分量

- ニラ…100g
- しょう油…大さじ2
- ゴマ油…大さじ1

作り方

1 ニラは1㎝幅に切ってびんに入れ、しょう油、ゴマ油を加えてよく混ぜる。

ニラたまやニラレバはもちろん、韓国風の炒め物もおいしく、たくさん食べられます。ニラと卵の組み合わせはみそ汁にもぴったり。

消費料理

ニラとふわふわ卵のみそ汁

材料

- ニラ……50g
- 卵……1個
- だし……400㎖
- みそ……30g

作り方

1 ニラは1㎝幅に切り、卵は溶きほぐす。
2 鍋にだしを入れて火にかけ、沸騰したらニラを入れる。
3 再び沸騰したところで卵を少しずつ加え、ふわっとかたまったらみそを溶き入れて火を止める。

ニラのプルコギ風炒め

材料

- ニラ……100g
- 牛切り落とし肉……200g
- A
  - ニンニクすりおろし……小さじ1
  - しょう油……大さじ2
  - 砂糖……小さじ2
  - 酒……大さじ2½
  - コチュジャン……大さじ1
- ゴマ油……大さじ1
- 白ゴマ……適量

作り方

1 ニラは5㎝長さに切る。
2 ボウルに牛肉とAを入れて混ぜ合わせ、10分置く。
3 フライパンにゴマ油を熱して2を炒め、火が入ったら1を加えてサッと炒め合わせる。
4 器に盛って白ゴマをふる。

サツマイモ

収穫したあと、貯蔵しておくあいだに糖度が増します。とれたてのあっさりしたものはサツマイモご飯などで楽しんで。

保存方法の種類
常温保存
冷凍保存
加工保存

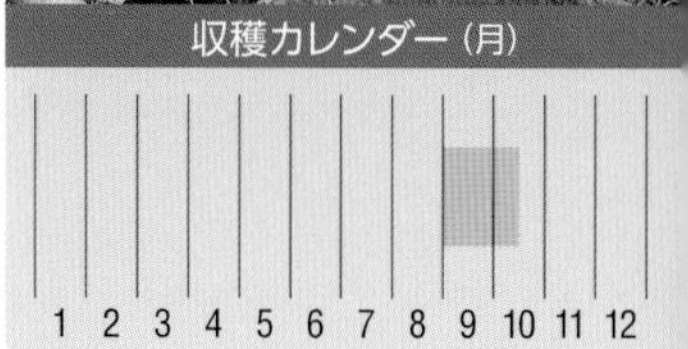

収穫方法

畑にそのまま置いておき、必要な分だけ抜いて使うと、秋から長期間収穫できます。

晴れた日の午前中に収穫

10月に入ったら試し掘りをしてみます。大きさと長さを確認して十分に太っていれば収穫を。よく晴れた日の午前中、つるをとりはらい、イモを傷つけないように掘り出します。午後、畑で掘り出したままの状態で乾燥させます。霜に当たるとつるが腐ってくるので、地域に応じて時期を見極めましょう。

保存方法

土がついたまま保存しましょう。保存中に甘みを増します。低温を嫌うので冷えすぎないように注意を。

常温保存 約4~5カ月

新聞紙にくるみ、紙袋に

収穫したさつまいもは、土がついたまま新聞紙に包んで風通しのよい場所へ。保存の適温は15度前後です。冬季に冷えすぎるようなところでは、新聞紙に包んでから段ボールや紙袋に入れるとよいでしょう。保存中に甘みが増しておいしくなっていきます。そのままの状態で冷蔵庫に入れるのは厳禁。芽が出てしまったものは、芽かきをすれば食べられますが、種イモとしても使えます。

農家のコツ

サツマイモのつるも活用を

●きんぴら
つるの葉をとり、3cmの長さに切ります。水にさらし、ゴマ油で炒めて、しょう油、酒、みりんなどとからめます。

●リース
つるから葉をすべてとり、乾き切らないうちに円形に形作っておき、乾いてから飾りつけを行います。

冷凍保存 約1カ月

マッシュにして

蒸したものをつぶしてよく冷まし、小分けにして保存袋に入れて冷凍します。サツマイモは時間をかけて加熱するほどおいしくなります。電子レンジでも加熱できますが、時間があれば蒸すのがいちばんです。

活用法
解凍して、コロッケやスイートポテトなどに。

加工保存 約3カ月

干しイモ

保存食にもなる一品。少し手間はかかりますが、チャレンジしてみては。干しイモ専用の品種もありますが、一般的な品種でも作れます。

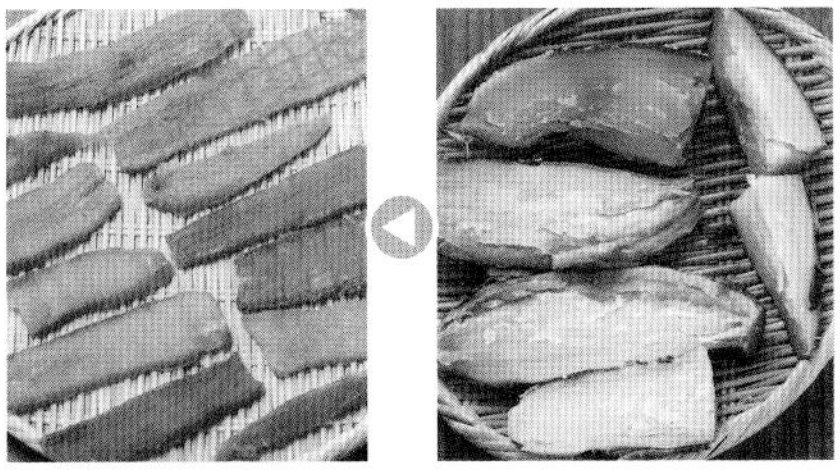

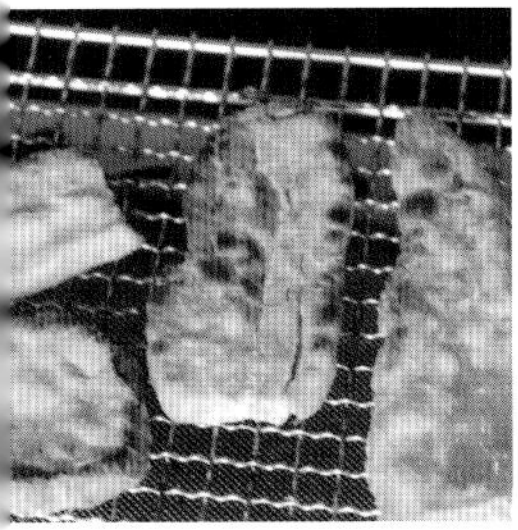

1 イモは洗って、丸ごと蒸し器で蒸す。
2 1㎝幅に切ってざるに並べ、天日で7〜10日間干す。
3 干し上がったら、冷蔵庫や冷暗所に置く。
4 網で両面焼いていただく。
※冷凍庫で保存すると1年もつ。

消費料理

定番料理もよりおいしく。長く保存できるから、いろいろな料理をじっくり楽しみましょう。

サツマイモ入りココナッツカレー

材料

- サツマイモ……500g
- シーフードミックス……180g
- タマネギ……50g
- ニンニク……2かけ
- ショウガ……1かけ
- バター……15g
- サラダ油……大さじ2
- トマトピューレ……200㎖
- 水……200㎖
- 塩……小さじ1
- ココナッツミルク……200㎖
- コリアンダーパウダー…小さじ1

作り方

1 サツマイモは1.5㎝幅の半月切り、タマネギ、ニンニク、ショウガはみじん切りにする。
2 鍋にバターと油を熱し、ニンニクとショウガを炒める。
3 香りが出たらシーフードミックスとタマネギを加えて炒める。
4 トマトピューレ、水、塩、サツマイモを加え、中火で15分煮込む。
5 ココナッツミルクとコリアンダーパウダーを加え、さらに弱火で10分煮込む。

スイートポテトサラダ

材 料

- **サツマイモ……300g**
- タマネギ……30g
- ハム……3～4枚
- 塩……小さじ¼
- A
  - マヨネーズ……50g
  - 白すりゴマ……小さじ1
  - しょう油……小さじ¼

作り方

1 サツマイモは皮ごと3㎝角に切り、かぶるくらいの水と塩を加えて中火で10分ほどゆでる。やわらかくなったら湯を切って粗熱をとる。
2 タマネギは横半分に切って縦に薄く切り、ハムは1㎝幅の短冊に切る。
3 ボウルに**1**、**2**、**A**を合わせて和え、器に盛って好みで白すりゴマをふる。

サツマイモと豚こまの煮物

材 料

- **サツマイモ**(細め)……**4本**
- 豚こま切れ肉……200g
- タマネギ……½個
- サラダ油……大さじ1
- だし……400㎖
- しょう油……大さじ3
- みりん……大さじ3
- 砂糖……大さじ1
- 七味トウガラシ……適量

作り方

1 サツマイモは皮ごと3㎝幅の輪切りにし、タマネギはくし形に切る。
2 鍋に油を熱して豚肉を炒め、焼き色がついたら、**1**を加えて炒め合わせる。
3 全体に油がまわったらだしを加えて煮立て、しょう油、みりん、砂糖を加えて落としぶたをし、煮汁がほとんどなくなるまで煮る。
4 器に盛って七味トウガラシをふる。

MEMO

細めのサツマイモを輪切りにして煮ると、煮崩れしにくくしっとり仕上がります。大きいものは角切りなどにすると、ほくほく感を楽しめます。サイズに合わせて使い分けを。

サツマイモ蒸しパン

材料

- **サツマイモ……200g**
- 小麦粉……120g
- ベーキングパウダー……小さじ1½
- 卵……1個
- 牛乳……80㎖
- 砂糖……60g
- サラダ油……大さじ2

作り方

1 サツマイモは皮ごと1㎝角に切り、水に10分さらしてから、電子レンジ(500w)で6分加熱する。粗熱をとっておく。

2 ボウルに卵を割り入れて砂糖を加え、泡立て器で混ぜる。全体がなじんだら牛乳、サラダ油を加えて混ぜ合わせる。

3 小麦粉とベーキングパウダーを合わせて**2**にふるい入れ、ゴムベラで混ぜ合わせる。

4 **3**に**1**を加えてさっくりと混ぜ、グラシン紙を敷いた型に流し入れて蒸し器で20分蒸す。

サツマイモと鶏手羽のエスニック煮込み

材料

- **サツマイモ(中) 1本**
- 鶏手羽元……8本
- ダイコン……¼本
- ニンジン……1本
- ナガネギ……1本
- トマトホール缶……1缶
- ニンニク……1かけ
- サラダ油……大さじ2
- 塩……小さじ1
- 水……適量
- A
  - 砂糖……大さじ1
  - クミンパウダー……大さじ2
  - コリアンダーパウダー……大さじ1
  - ジンジャーパウダー……大さじ1
  - セロリシード……小さじ¼(またはセロリ⅛本)

作り方

1 サツマイモは皮ごと2〜3㎝幅の半月切りにする。

2 ダイコンは2㎝幅のいちょう切りにし、ニンジンは1㎝幅のいちょう切りにする。ナガネギは2㎝幅に切る。

3 鍋に油を熱して鶏手羽元をこんがりと焼き、**2**の野菜と塩を加えて炒める。

4 **3**にトマトホール缶、つぶしたニンニク、ひたひたの水、**A**を加えて中火で30分煮込み、**1**を加えてさらに10分煮込む。

※煮込み料理としてもおいしい一品ですが、一番のおすすめはクスクス。クスクスは細かい粟粒状のパスタ。汁ごとたっぷりかけると、煮込みのうまみをクスクスが吸って絶品に。

サツマイモ入りおこわ

材 料

- **サツマイモ……300g**
- 豚バラ肉……200g
- 米……1合
- もち米……2合
- ゴマ油……大さじ1
- 酒……小さじ2
- しょう油……小さじ2
- 水……450㎖

作り方

1 サツマイモは1.5㎝幅の半月切り、豚バラ肉は1㎝幅に切る。

2 米ともち米は洗ってざるに上げておく。

3 鍋にゴマ油を熱し、豚バラ肉を炒め、きつね色になったらすべての材料を入れる。

4 ふたをして、中火で加熱し、沸騰したら弱火にして15分炊く。

5 器に盛りつけ、黒ゴマ（分量外）をふる。

サツマイモのひと口ドーナツ

材 料

- **サツマイモ……300g**
- 卵……1個
- 砂糖……80g
- 牛乳……大さじ2
- 小麦粉……200g
- ベーキングパウダー　小さじ1
- 揚げ油……適量

作り方

1 サツマイモは蒸し、ペースト状にする。

2 ボウルに卵と砂糖を加えて混ぜ、サツマイモ、牛乳を加える。

3 小麦粉とベーキングパウダーを合わせてふるい入れ、木ベラでさっくりと混ぜる。

4 揚げ油を熱し、スプーンで生地を入れて揚げる。

5 熱いうちに粗糖（分量外）をまぶす。

芋けんぴ

材 料

- **サツマイモ……200g**
- 砂糖……50g
- 水……大さじ2
- 揚げ油……適量

作り方

1 サツマイモは洗い、縦長に1㎝幅に切る。

2 フライパンに**1**とひたひたになるくらいの揚げ油を入れる。

3 中火できつね色になるまで、こんがりと揚げる。

4 別のフライパンや鍋に砂糖と水を入れ、中火にかける。

5 砂糖が溶けたら**3**を加えからめる。すぐにバットや皿に重ならないように並べる。

ヤーコン

保存方法の種類 常温保存

南米・アンデス原産のイモの仲間。ナシのようなシャキシャキの食感で甘みがあり、オリゴ糖やポリフェノールも豊富です。

収穫・保存方法

春まで土の中においておけるので、食べる分ずつ掘り起こしても。

葉が枯れ始めたら収穫

早いところでは、10月下旬ごろから収穫できます。葉が枯れ始めたら茎を刈りとり、株元から20〜30cmほど離れたところにスコップを入れ、イモを傷つけないように土ごと掘り上げます。

場所によっては土中保存も可能

土の中に入れておくと春までもつので、そのつど掘り起こすのがおすすめですが、寒さの厳しい地域では、霜がおりる前に収穫し、コンテナなどに入れて冷暗所へ。

消費料理

まずは甘みと食感が際立つマリネや和え物で楽しんで。ほかにきんぴらや煮物、天ぷらもおいしい。

ヤーコンのレモンマリネ

材料

●ヤーコン（小さめ）…2本
●レモン…1個 ●酢…大さじ1
A［塩…小さじ¼、はちみつ…大さじ1、オリーブオイル…大さじ1］

作り方

1 ヤーコンは皮ごと薄い輪切りにし、酢水に浸けて10分おく。
2 レモンは半分に切り、半量は薄い半月切りにする。残りは果汁をしぼる。
3 1のヤーコンの水気を切ってボウルに入れ、2、Aを入れてよく混ぜる。そのまま30分ほどおいて味をなじませる。

ヤーコンのみそ和え

材料

●ヤーコン…300g
●酢…大さじ1 ●みそ…50g ●酒…大さじ1

作り方

1 ヤーコンは皮をむいて5㎜幅の半月切りにし、酢水に浸けて10分おく。
2 ボウルにみそ、酒を入れて溶き混ぜ、水気を切った1を加えて混ぜ合わせる。そのまま10分ほど置いて味をなじませる。

秋・冬野菜 9

サトイモ

ひとつの種イモから子イモが15〜20個ぐらいとれます。冬のあいだ、土の中で貯蔵でき、長く食べられます。

保存方法の種類　常温保存　冷凍保存

収穫カレンダー（月）

収穫方法

スコップで掘り上げます。種イモが大きくなった親イモは筋っぽいですが、よく煮れば食べられます。

試し掘りのあと本収穫を

9月ごろから試し掘りをしてみます。このころは直径が2cmくらいなので掘ったものは「衣かつぎ」として食べられます。茎が枯れ始めたら本収穫の適期。霜に当たり始める11月には掘り上げを。掘り上げたあとは、土がついたまま畑で数日間乾かします。貯蔵中に芽が出てしまったものは、翌年の種イモにできます。

茎は根元近くで切り、スコップで株のまわりを掘り起こします。

株元を持って引き抜きます。

株を引き抜くと、親イモのまわりに子イモができています。

保存方法

低温や乾燥に弱いので、冷蔵庫には入れません。土の中に保存する場合は、霜に当てないように。

保存は土の中がベスト

畑に穴を掘るスペースがあれば、その中で保存しましょう（→左ページ）。サトイモは親イモのまわりに子イモ、孫イモができます。バラバラにすると傷みやすくなるので、かたまりのまま保存し、使うときにはずします。

常温保存

約1カ月

コンテナに入れて

かたまりのままコンテナに入れて、風通しのよいところに保存します。保存しているあいだに表面が乾燥してきたときは、かるく湿らせた新聞紙で包んでおきましょう。

冷凍保存

約1カ月

ゆでて冷凍

皮つきのまま加熱して冷凍しておくと、使うときに皮がつるんとむけて、手がるに扱えます。やわらかくなるまでゆでるか蒸し、ざるに上げて冷まします。完全に冷めたら保存袋に入れて冷凍します。

農家のコツ

皮をつるりとむく方法

サトイモのぬめりには、粘膜の保護や免疫力をアップさせる効果があります。皮がむきにくいときは、蒸すなどして加熱後にむくと、成分を落とさずつるりとむけます。冷凍後もつるりとむけます。

農家のコツ

土の中での保存方法

長期保存をしたいときは、畑の隅に穴を掘って、しっかり土を盛っておきましょう。

畑の隅に深さ50cmくらいの穴を掘り、かたまりになったままのサトイモを入れます。

サトイモがしっかり隠れるように、スコップで土をかぶせます。

かぶせた土の上からビニールシートをかけ、霜から守ります。シートが保存場所の目印にも。

栄養価が高く、イモ類のなかでは低カロリー。冬のあいだ、あったか料理で楽しみましょう。

消費料理

サトイモのポタージュ

材料

- **サトイモ……500g**
- ナガネギ……50g
- バター……30g
- 塩……小さじ2
- だし……400mℓ
- 牛乳……100mℓ
- ガーリッククルトン……適量
- パセリ……適量

作り方

1 サトイモは皮をむいて、1.5㎝幅に切り、ナガネギは千切りにする。
2 鍋にバターを熱し、ナガネギと塩の半分を入れ、弱火でじっくり炒める。
3 サトイモとだしを加え、サトイモがやわらかくなるまで中火で煮る。
4 ハンドミキサーかブレンダーにかけ、なめらかになったら牛乳と残りの塩を加える。
5 クルトンをスープの上に浮かべ、細かく切ったパセリをちらす。

サトイモの揚げだし風

材料

- **サトイモ……500g**
- 塩……少々
- 片栗粉……適量
- 揚げ油……適量

A
- しょう油……50mℓ
- 酒……25mℓ
- みりん……25mℓ
- かつお節……5g

作り方

1 サトイモは電子レンジ(500w)で5分加熱し、皮をむき、かるく塩をふって片栗粉をまぶす。
2 鍋にAの材料を入れ、沸騰したら5分置く。
3 揚げ油を熱し、1を揚げる。
4 3が熱いうちに2に浸ける。
5 盛りつけるときに白髪ネギ少々(分量外)を飾っても。

サトイモだけのコロッケ

材料

- サトイモ……500g
- 塩麹……大さじ1

衣

- 小麦粉……適量
- 溶き卵……1個分
- パン粉……適量

- 揚げ油……適量

作り方

1 サトイモはたわしでよく洗い、皮ごと水からゆでる。やわらかくなったらざるに上げる。

2 1の皮をむいてボウルに入れ、塩麹を加えてイモをつぶしながら混ぜる。

3 ひと口大に丸めて小麦粉、溶き卵、パン粉の順に衣をつけ、180度に熱した油できつね色に揚げる。

サトイモと鶏肉のみそグラタン

材料

- サトイモ……250g
- 鶏もも肉……1枚
- タマネギ……½個
- しめじ……½パック
- サラダ油……大さじ1
- 塩……小さじ¼
- コショウ……適量

ホワイトソース

- バター……20g
- 小麦粉……大さじ2
- 豆乳……300㎖

- みそ……大さじ1
- シュレッドチーズ……適量

作り方

1 サトイモはよく洗って皮ごとゆで、皮をむいて1㎝幅の半月切りにする。

2 鶏もも肉はひと口大に切り、タマネギは薄切りにする。しめじはほぐす。

3 フライパンに油を熱して2を炒め、塩、コショウをする。

4 小鍋にバターを溶かして小麦粉を入れ、泡立て器で混ぜる。粉っぽさがなくなったら豆乳を少しずつ混ぜてホワイトソースを作り、温かいうちにみそを加え混ぜる。

5 グラタン皿に1、3を入れて4を注ぎ入れ、シュレッドチーズを散らして180度のオーブンで10分焼く。

ナガイモ

ヤマイモの仲間のなかでも水分が多く、食感を楽しむ料理に向いています。収穫後は常温保存か、すりおろして冷凍保存を。

保存方法の種類

常温保存　冷蔵保存　冷凍保存

収穫カレンダー（月）

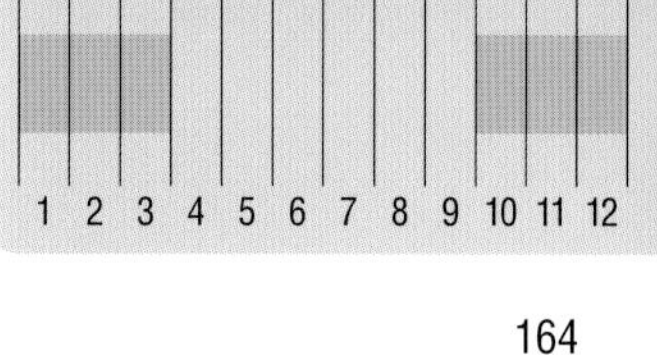

収穫・保存方法

折れやすいので注意して収穫します。保存はそのまま新聞紙に包んで常温保存を。

注意深く収穫を

葉茎が枯れてきたら収穫します。細長く折れやすいので、イモから少し離れたところに穴を掘り、そこからイモを傷つけないように土をとり除いていきます。

常温保存が基本

収穫後、新聞紙に包んで立てて冷暗所で保存します。保存しているあいだにひげ根が伸びてきたら、そのつどとり除きましょう。使いかけのものはしっかりラップをして冷蔵庫へ。

冷凍保存をする場合は、すりおろしたものをラップで小分けにすると使いやすく便利です。千切りにしたものを保存袋に入れて冷凍しても使えます。

種のとり方

むかごも種イモに

ヤマイモの仲間には枝や葉のつけ根に「むかご」と呼ばれる小さな球状の芽ができます。そのままつけておくと生長の妨げになるのでとり、塩ゆでや素揚げにしたり、ご飯と一緒に炊き込んで食べましょう。また、これを1～2年土中に埋めておくと、種イモになります。

消費料理

手早く炒めればシャキシャキ感を味わえ、厚めに切って焼けば、シャキホクのまた違った食感を楽しめます。

ナガイモのアンチョビ&バルサミコソテー

材料

●ナガイモ…1本

●しめじ…1パック ●オリーブオイル…50㎖ ●ニンニク…1かけ ●アンチョビ…1缶 ●バルサミコ酢…50㎖（しょう油で代用可）

作り方

1 ナガイモは拍子切りにし、しめじはほぐす。

2 フライパンにオリーブオイルとみじん切りにしたニンニク、アンチョビを入れて弱火にかけ、アンチョビが溶けたらナガイモとしめじを加え、強火で炒める。

3 火が通ったら、バルサミコ酢を加え、混ぜる。

ナガイモのマスタード漬け

材料

- ナガイモ…………300g

漬け汁

- しょう油………………大さじ1
- 粒マスタード…………大さじ½
- レモン汁………………小さじ1

作り方

1 ナガイモは皮をむき、1㎝幅の短冊切りにする。
2 ボウルに漬け汁の材料を合わせて1を加え、よく混ぜ合わせて味がなじむまで置く。

ナガイモのバターしょう油ステーキ

材料

- ナガイモ…………300g
- 焼き海苔……………………全型1枚
- 片栗粉……………………………適量
- サラダ油…………………大さじ1

A
- バター………………………10g
- しょう油…………………大さじ1
- みりん……………………大さじ1
- 砂糖………………………大さじ½

作り方

1 ナガイモは皮ごと1㎝幅の輪切りにする。
2 焼き海苔はナガイモの大きさに合わせて切り、1枚ずつ1にはりつけて片栗粉を全体にまぶす。
3 フライパンに油を熱し、2を並べ入れて両面を焼く。
4 両面が薄いきつね色になったらAを加え、中火で煮詰める。

ヤマトイモ

関東では「ヤマトイモ」、関西では「イチョウイモ」と呼ばれる品種。ナガイモよりも粘り気があります。

保存方法の種類　常温保存　冷凍保存

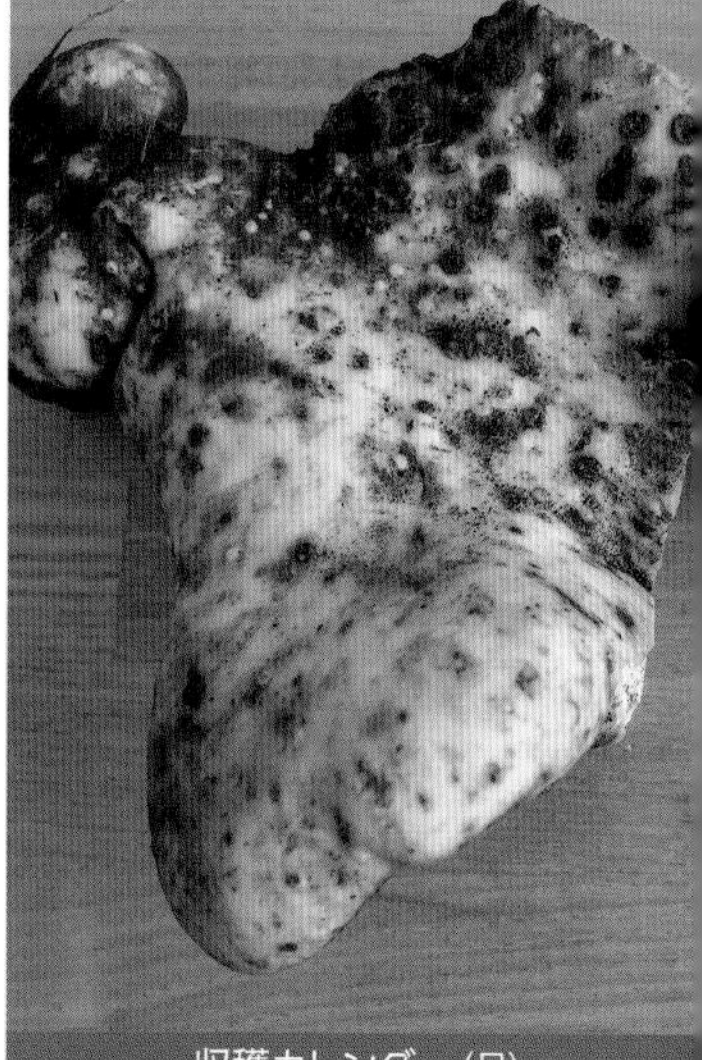

収穫カレンダー（月）

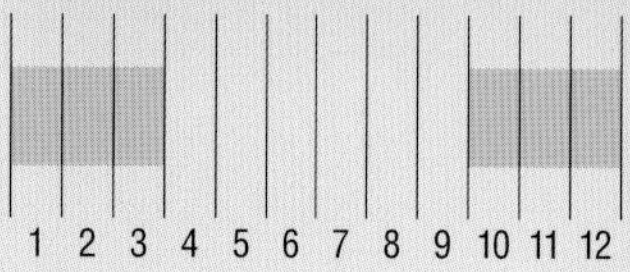

収穫・保存方法

葉茎が枯れてきたら収穫を。新聞紙に包んで常温保存が基本です。

掘り上げやすい

ナガイモの一種で、イチョウの葉のような形をしています。地中に伸びていくナガイモにくらべると短いため、収穫はしやすいのですが、イモを傷つけないように注意を。葉茎が枯れてきたら、少し距離をとって株のまわりにスコップを入れ、まわりの土ごと掘り上げます。

常温で風通しのよいところに保存

常温保存をする場合は、新聞紙に包んで風通しのよいところに置いておきます。すりおろしたものを小分けにして保存袋に入れ、冷凍することもできます。

冷凍保存

約1カ月

すりおろして冷凍

すり鉢かおろし金ですりおろし、小分けにして保存袋に入れ、冷凍庫へ。解凍したものは、お好み焼きに入れるほか、小麦粉を少し加えて素揚げにしたり、ひき肉と合わせて団子にしてもおいしくいただけます。

冷凍すりおろしを使って

ヤマトイモの団子鍋

材料

- 冷凍すりおろしヤマトイモ…150g
- 豚ひき肉……250g
- ダイコン、ニンジン……各適量
- A［ニンニクすりおろし…小さじ½、ショウガすりおろし…小さじ1、しょう油…大さじ1］
- 片栗粉……30g
- 昆布水［水1ℓ、昆布3×8cm］
- 酒……50mℓ
- みりん……大さじ1
- しょう油……25mℓ

作り方

1 水に昆布を浸し、ひと晩置いて昆布水を作る。
2 解凍したすりおろし、豚ひき肉、Aをボウルに入れて粘りが出るまでよく混ぜ、片栗粉を加えて混ぜ合わせる。
3 ダイコン、ニンジンは薄いいちょう切りにする。
4 鍋に1を入れて弱火にかけ、酒、3を加えて中火で煮る。
5 野菜に火が通ったら、2をスプーンですくい入れて火を通し、みりん、しょう油を加えてひと煮立ちさせる。あればダイコンの葉を加えても。

消費料理

ナガイモよりも粘り気があるヤマトイモは、とろろにすると特徴が際立ちます。加熱すると食感が変わるので、ご飯に炊き込んだり煮物にしても。

とろろ汁

材 料

- ヤマトイモ……100g

めんつゆ
- 酒……50mℓ
- みりん……50mℓ
- しょう油……25mℓ
- かつお節……10g

- ご飯……適量

作り方

1 小鍋に酒、みりんを入れて中火で煮切り、しょうゆ油、かつお節を加えて火を止める。そのまま5分置いてこす。

2 ヤマトイモは使う部分の皮をむき、すり鉢ですりおろす。

3 2に1のめんつゆを少しずつ加えてすり混ぜ、ご飯にかける。

MEMO

すり鉢ですりおろしたとろろは、きめが細かく雑味もないので、本当においしい。コツは、同じ方向にまわしながらすりおろすこと。めんつゆも同じ要領ですり混ぜるとムラなく混ざります。

ヤマトイモとシーフードのピラフ

材 料

- ヤマトイモ……250g
- シーフードミックス……150g
- 米……2合
- 水……適量
- バター……15g

A
- 塩……小さじ1
- カレー粉……大さじ1
- コンソメ(好みで)……1個

- 黒コショウ……適量

作り方

1 米を洗って炊飯器に入れ、2合の目盛りまで水を加えて浸水させる。

2 ヤマトイモは皮をむいてひと口大に切る。

3 シーフードミックスはバターを熱したフライパンで炒める。

4 1にA、2、3を加え、さっと全体を混ぜて炊く。

5 器に盛って黒コショウをふる。

ショウガ

収穫時期によって「葉ショウガ」、「根ショウガ」と二度楽しめます。新ショウガは生食に。

保存方法の種類　常温保存　冷凍保存　漬け保存　加工保存

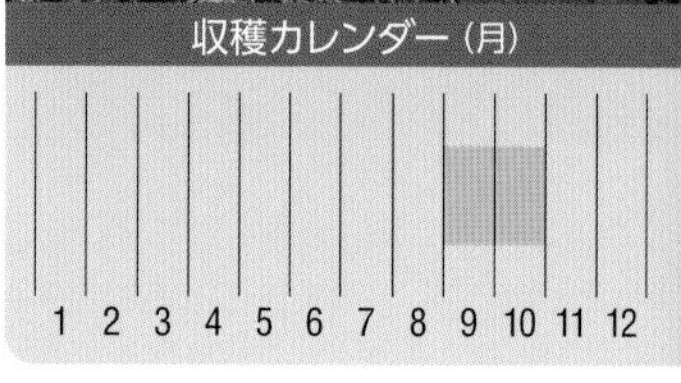

収穫方法

夏から秋にかけて収穫。最後の収穫は、最初に霜がおりて、つぎの霜がおりるまでのあいだに行います。

葉ショウガの収穫

夏に早い段階で収穫したものを葉ショウガといいます。植えつけから2カ月たち、草丈が40～50cmになったら収穫できます。茎の根元を持って、引き抜きます。根の部分はまだ小さい状態です。「谷中ショウガ」は品種名ですが、早どりしたショウガをさしていることもあります。葉ショウガは、茎を5～6cmつけて切り、洗って水気を拭いておきます。根の部分だけを生でみそをつけて食べたり、和え物、揚げ物にしたりするとよいでしょう。

茎ごと引き抜いた葉ショウガ、根ショウガとくらべると小ぶりです。

根ショウガの収穫

秋になり、葉茎がしなびてきたら、根ショウガの収穫を開始します。霜がおりる前までには掘り上げましょう。掘り上げると、種ショウガの上に根ショウガがついています。収穫後すぐのショウガを「新ショウガ」といい、白っぽい色で茎のつけ根がピンク色をしています。甘酢漬けなどは新ショウガでも少し時間がたった根ショウガでも作れますが、新ショウガのほうが水分が多いため、保存可能期間はやや短くなります。

根が大きくなるまで育ててから収穫した根ショウガ。

MEMO

辛みの成分は「ジンゲロール」と呼ばれるもので、抗菌、殺菌作用や吐き気を抑える作用があります。加熱するとこの成分が「ショウガオール」という成分に変わり、血行を促進したり、脂肪を燃焼したりする効果をもちます。生で薬味に使ったり、加熱して料理や飲み物、おやつにすることで、両方の効果を享受しましょう。

冷蔵保存をするとすぐに乾いてしまいます。なるべく常温保存または冷凍保存を。

保存方法

常温保存 約2週間

紙袋などに入れて

茎を切り落としてよく洗い、新聞紙に包むか、紙袋に入れるかなどして、日が当たらない風通しのよい場所に。乾燥が気になる場合は、新聞紙にかるく霧吹きで水をかけておくとよいでしょう。

漬け保存 約6カ月〜1年

漬け保存① 約1年

ジンに漬ける

ジンやウォッカなどに漬けておくと、モスコミュールの素ができます。炭酸水で割って飲めます。漬けていたショウガも使えます。

作り方

丸ごとのショウガを皮をむかずにそのまま洗って粗く切り、2〜3カ月ジンに漬けるだけ。新ショウガの季節にぜひ試してみて。

冷凍保存 約1カ月

冷凍保存① 約1カ月

丸ごとで

よく洗って水気を拭きとり、丸ごと保存袋に入れて冷凍しましょう。冷凍庫から出して、そのまま皮ごとすりおろして使えます。

活用法

スープストック（洋風、中華風のだし汁）や魚の煮物に使ったり、すりおろしてスープに入れても。

冷凍保存② 約1カ月

切り分けて

調理しやすいよう、切り方のバリエーションを変えて冷凍保存しておくと便利です。1かけ、千切り、みじん切りなどと切り方を変えて、分けてラップに包んで保存袋に入れましょう。

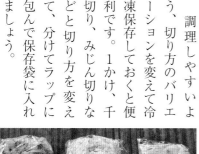

加工保存

約6カ月*

ショウガシロップ

スライスして冷凍しておいたショウガを使うこともできます。

分量

*冷蔵庫で保存

- ショウガ…300g
- 水…500㎖
- 砂糖…300g
- 好みでシナモンスティック、クローブなどのスパイス

作り方

1 ショウガは皮をむいて、5㎜厚さに切り、鍋に粗糖と合わせ、ひと晩置く。水とスパイスを加えて中火にかける。

2 アクが出てきたらとり除く。

3 弱火で液が半量になるまで煮詰め、こす。冷蔵庫で保存する。

活用法
炭酸水で割ってジンジャーエールにしたり、温かな飲み物に入れても。

漬け保存❷
約6カ月*

ガリ

新ショウガの甘酢漬けです。そのまま食べるほか、酢飯に混ぜて食べたりします。

分量

*冷蔵庫で保存

- 新ショウガ…500g
- A
  - 酢…500㎖
  - 砂糖…150g
  - 塩…小さじ1

作り方

1 鍋にAの材料を合わせ、沸騰させておく。
2 ショウガは皮をむき、スライサーなどで薄くスライスしてさっと熱湯にくぐらす。
3 2をざるに上げ、熱いうちに1と合わせる。

ガリを使って

材料

- ガリ…5枚
- ミニちくわ…5本
- 小麦粉…大さじ2
- 水…大さじ2
- 揚げ油…適量

作り方

1 ちくわは半分に切り、ガリは千切りにして、ちくわの中に入れる。
2 ボウルに小麦粉と水を混ぜて天ぷら衣を作る。
3 1のちくわを2につけて、180度に熱した油できつね色に揚げる。

ガリのちくわ天

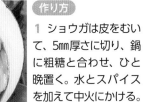

ショウガシロップを使って

材 料

- ショウガシロップ…適量
- ココアパウダー…大さじ2 ●砂糖…大さじ1 ●牛乳…150㎖

ショウガシロップ入りココア

作り方

小鍋にココアパウダーと砂糖を加え、牛乳を少しずつ加えてよく混ぜ、温める。ショウガシロップを好みで加える。大人味のココアに変身。

ショウガシロップのショウガを使って

クラクラン（糖衣がけ）

材 料

- ショウガシロップの残りのショウガ…100g
- 砂糖…100g ●水…100㎖

作り方

1 鍋に材料をすべて入れ、強火にかける。

2 煮詰まってきたら木ベラでたえず混ぜる。

3 焦げないようにたえず混ぜ、砂糖が結晶化し、色づいたら火からおろし、バットに広げて冷ます。

消費料理

常備菜としておすすめ。意外に多く消費できます。

ショウガの佃煮

材 料

- ショウガ………100g
- しょう油……………大さじ3
- 砂糖……………………大さじ2
- みりん…………………大さじ2
- 酒………………………大さじ1
- かつお節…………………………5g
- 白ゴマ……………………………適量

作り方

1 ショウガはみじん切りにする。
2 鍋にしょう油、砂糖、みりん、酒、1を入れ、中火にかける。
3 水分が少なくなってきたらかつお節、白ゴマを加える。

ダイコン

根（白い部分）も葉も皮も食べられ、生でも加熱してもおいしい野菜。使い切れない分は早めに冷凍や加工を。

保存方法の種類

常温保存　冷蔵保存　冷凍保存　乾燥保存　漬け保存

収穫カレンダー（月）

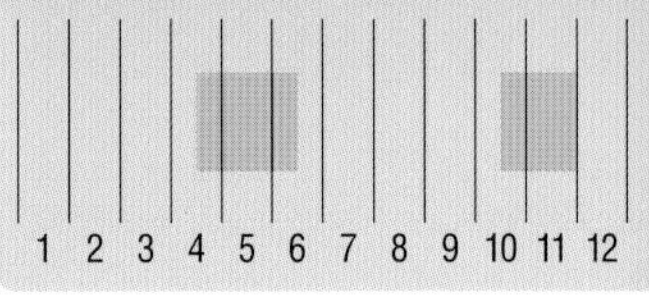

収穫方法

葉の様子をよく観察し、とり遅れないようにしましょう。遅れるとスが入ってきます。

外側の葉が垂れ下がってきたら収穫時期

上に向かって伸びていた葉がだんだん広がり、垂れ下がってくるようになったら収穫時期。土から出ている部分を真上に引き抜いて収穫します。収穫せずそのまま畑に置いておくと、トウが立ってきます。

菜花も食べられますが、ほかの野菜の菜花にくらべると味が落ちます。ただ、花後につくサヤはおいしく食べられます。

間引き大根

本葉が1～2枚になったら、1カ所に2～3本になるように間引き、本葉が5～6枚になったら1本になるように間引きます。このときに間引いたものを使います。

MEMO

ダイコンにはいろいろな品種があります。紅芯ダイコンは中が鮮やかな紅色をしています。辛みがなく、生食にむいています。色を生かしてサラダや漬け物に。聖護院ダイコンは京都生まれで、生ではシャキシャキと歯触りがよく、煮ればやわらかいにもかかわらず煮崩れしにくい品種。青ダイコンや紅化粧ダイコンも色を楽しみたい品種。ダイコンおろしもきれいです。

紅芯ダイコン

右：青ダイコン／左：紅化粧ダイコン

聖護院ダイコン

保存方法

常温保存、冷蔵保存にかかわらず、収穫したらなるべく早く葉と根を切り分けて、葉からの蒸散を防ぎましょう。

常温保存　約6カ月

土の中に保存

50㎝くらいの深さの穴を掘り、葉を落としたダイコンを並べていきます。

ダイコン同士がつかないよう、間をあけて並べ、土をかけます。

土の上からダイコンの葉をかけます。葉は保温にもなり、目印にもなります。

冷蔵保存　約1週間

新聞紙に包んで

収穫したらなるべく早く葉と根を切り分けて、葉からの蒸散を防ぎましょう。よく洗って水分を拭きとり、断面が空気に触れないように新聞紙で包んで冷蔵庫へ。新聞紙の代わりにぴったりとラップでおおってもよいでしょう。

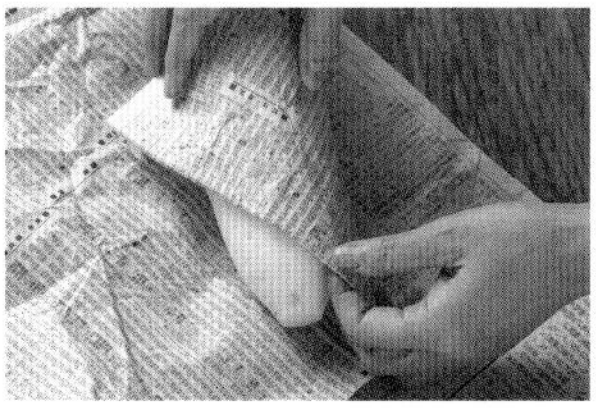

ダイコンは乾燥に弱い野菜です。保存袋に入れれば、より乾燥を防ぐことができます。

MEMO

甘みがあるのでサラダに。辛みのないダイコンおろしならこの部分を。

辛みがあります。辛いダイコンおろしにしたり、味の濃い料理に。

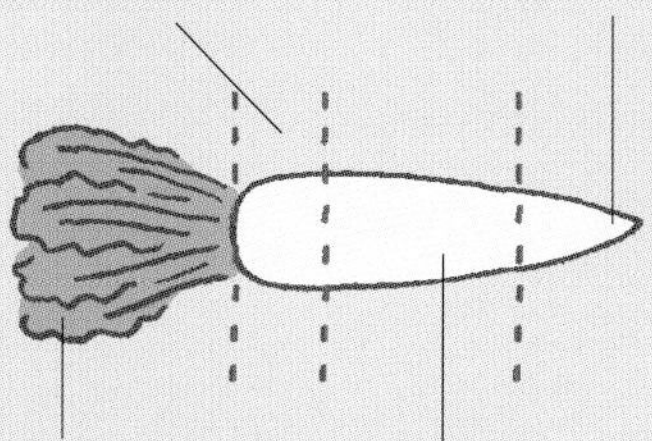

ゆでて刻み、菜飯にしたり、炒め物などにしても。

ややかためなので、煮込み料理にむいています。ふろふきダイコンも。

食べられる? 食べられない?

スが入ったもの

スが入ったものも食べられますが、風味が落ちます。加熱しても気になる場合は、ダイコンおろしにして、みぞれ鍋などに使うとよいでしょう。切り干しダイコンもおすすめです。

冷凍保存 約1カ月

冷凍保存❶ 約1カ月

半月に切って

煮物に使いやすい半月切り。冷凍室から出してそのまま調理できます。皮をむいて半月切りにして、保存袋に入れて冷凍します。

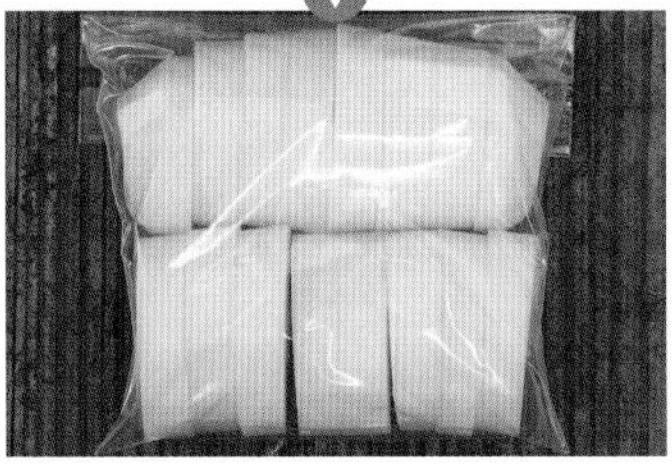

冷凍保存❷ 約1カ月

すりおろして

ダイコンおろしも冷凍できます。ダイコンをおろして、シリコン製のおかずカップに小分けし、ひとつずつラップをかけて冷凍保存します。焼き魚などに。

少量使いたいときに便利！

冷凍保存❸ 約1カ月

皮も冷凍

切ったりおろしたりしたときに出た皮も、冷凍して使うことができます。

活用法
きんぴらやナムル、炒め物などに。

乾燥保存 約6カ月*

切り干しダイコン

2月に入るとトウが立ってくるので、その前には作業をしましょう。屋外で4～5日干し、夜間は屋内へ。霜に当てた大根を使うとうまみがあります。

*冷蔵庫で保存

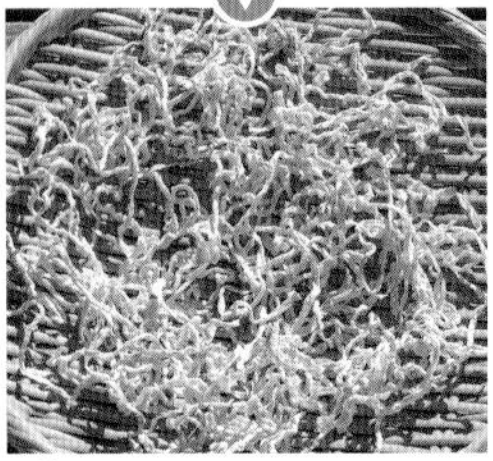

千切りにしたもの。

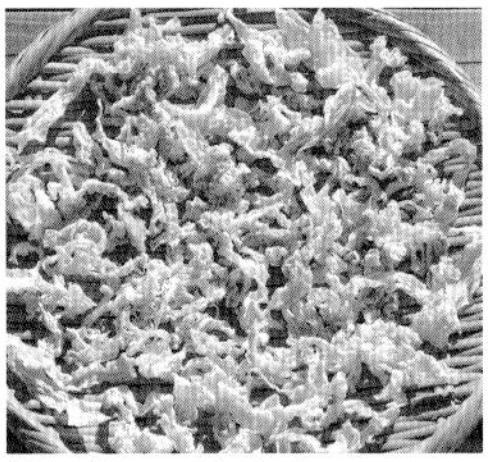

短冊切りにしたもの。

作り方

千切りにし、ざるに並べて天日で4～5日干す。

切り干しダイコンを使って

ナムル

材料

●切り干しダイコン…20g
●ニンジン…¼本 ●ホウレンソウ…100g ●塩…小さじ½ ●しょう油…小さじ1 ●砂糖…大さじ½ ●酢、ゴマ油…各大さじ1 ●ニンニクすりおろし…小さじ1 ●白ゴマ…適量

作り方

1 切り干しダイコンは湯でさっと戻し、水気をしぼる。
2 ニンジンは千切りにし、ホウレンソウはゆでて5㎝長さに切る。
3 ボウルにすべての材料を入れ、和える。

漬け保存

約1週間〜3カ月

漬け保存❶ 約3カ月　丸漬け（甘酢漬け）

定番の漬け物。作るのに少し手間はかかりますが、その分、長く保存できます。

分量

- ダイコン…5kg
- 塩…350g
- 酢…400mℓ
- 砂糖…400g

作り方

1 ダイコンは葉を切り落とし、洗って水気を拭きとっておく。

2 塩（230g）をふりながらダイコンを容器に並べ、重ねていく。少量をとり分けたいときは、同様にしたダイコンを保存袋に入れてから容器に入れれば4の工程を別に行うことができます。

▼

3 残りの塩を水（150mℓ）に溶かして差し水をし、重しをのせてふたをする。1週間ほど水が上がってくるまで置く。

▼

4 水が上がったら水を捨て、鍋に砂糖と酢を合わせて煮溶かし加え、冷暗所に置く。

※1週間後くらいから食べごろ。長く漬けたほうが味がなじんでおいしい。

漬け保存❷ 約1週間　ユズしょう油漬け

ひと晩で食べられるお手がる漬け物。ユズの風味でご飯がどんどん進みます。

分量

- ダイコン…½本
- しょう油…200mℓ
- ユズ…1個

作り方

1 ダイコンは皮をむき、縦半分に切って5mm幅に切り、容器に並べ入れる。
2 ユズは皮を千切りにし、しょう油と合わせる。1にユズのしぼり汁と一緒に注ぎ入れ、冷蔵庫で1日ねかせる。

漬け保存❸ 約1週間　即席糖しぼり

砂糖が水分を排出し、短い時間で本格的な味わいに。下漬けが不要なので手がるに作れます。

分量

- ダイコン…1本
- 砂糖…180g　●塩…大さじ2　●酢…600mℓ

作り方

1 ダイコンは皮をむき、縦半分に切り、5mm幅に切る。
2 保存袋にすべての材料を入れ、よくもみ込み、1日置く。

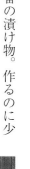

煮たり焼いたり……。寒い冬にうれしいあったかメニューを紹介します。

消費料理

ダイコンもち

材 料

- ダイコン……………200g
- ナガネギ………………………¼本
- A［小麦粉………………………50g
- 片栗粉………………………50g
- 干しサクラエビや干しイカ…5g］
- 塩………………………………小さじ¼
- ゴマ油……………………………適量
- 酢しょう油（酢：しょう油＝1：1）

作り方

1 ダイコンはすりおろし、ざるに上げて水分を切り、ナガネギはみじん切りにする。

2 1にAと塩を混ぜ合わせて形をととのえ、ゴマ油を熱したフライパンで両面をこんがり焼く。

3 食べやすい大きさに切って盛りつけ、酢しょう油を添える。

紅芯ダイコンのミネストローネ

材 料

- 紅芯ダイコン………½本
- ニンジン………………………½本
- タマネギ………………………½個
- ベーコンブロック……………50g
- コマツナざく切り……………適量
- オリーブオイル………………50mℓ
- ニンニク………………………2かけ
- 鶏ガラスープ………………400mℓ
- 塩、コショウ、パルメザンチーズ……………………………各適量

作り方

1 紅芯ダイコン、ニンジン、タマネギとベーコンは1cm角に切り、ニンニクはスライスする。

2 鍋にオリーブオイルとニンニク、ベーコンを入れて熱し、香りが出たら1の野菜を入れ、塩少々をふって炒める。

3 水は加えずにふたをして弱火で15分、鶏ガラスープを加えて20分煮込む。コマツナを入れひと煮立ちさせる。

4 塩、コショウをふって味をととのえ、仕上げにパルメザンチーズをかける。

ダイコン皮の松前漬け風

材 料

- ダイコンの皮………適量
- するめと昆布の細切り………適量
- 酒、みりん、しょう油………各適量

作り方

1 酒とみりんは煮切り、しょう油と合わせる。

2 すべての材料を合わせ、ひと晩置く。

column

栄養たっぷり！ 葉のおいしいレシピ

●ペペロンチーノ

材料

●ダイコンの葉…½本分
●スパゲッティ…200g ●ニンニク…1かけ ●赤トウガラシ…1本
●オリーブオイル…大さじ2 ●塩、コショウ…各少々

作り方

1 葉は2cm幅に切り、ニンニクはみじん切りにする。
2 スパゲッティはたっぷりの湯に塩を入れてゆでる。
3 フライパンにオリーブオイルとニンニク、刻んだ赤トウガラシを入れ、弱火で焦げないように火を通す。
4 ニンニクがきつね色になったら、ニンニクと赤トウガラシをこし、油は元のフライパンに戻す。
5 1のダイコンの葉を入れて炒め、ゆで汁大さじ2を加えてとろみがつくように揺すりながら火を通す。
6 ゆでたスパゲッティとニンニクと赤トウガラシを戻し、塩、コショウをして味をととのえる。
7 器に盛り、黒コショウ(分量外)をかける。

●ダイコン葉とじゃこの煮物

材料

●ダイコンの葉…200g
●じゃこ…50g ●ゴマ油…大さじ1
A［みりん、しょう油…各大さじ2、酒…大さじ1、かつお節…5g］

作り方

1 ダイコンの葉は1cm幅に切り、フライパンにゴマ油を熱して炒める。
2 しんなりしたらじゃことAを加え、ふたをして10分煮る。

●餃子

材料

●ダイコンの葉…200g
●餃子の皮…適量
A［豚ひき肉…150g、ナガネギみじん切り…½本、酒…大さじ1、しょう油…大さじ½、ゴマ油…大さじ1、ニンニク、ショウガすりおろし…各大さじ1］

1 ダイコンの葉はゆでて水気をしぼり、包丁かフードプロセッサーで細かく刻み、冷凍しておいてもよい。
2 解凍した1とAをボウルに入れてよく混ぜ合わせる。ひと晩置くと味がなじんでおいしい。
3 等分にした2を餃子の皮で包んで焼く(水餃子にしてもよい)。

ハクサイ

霜に当たるとうまみが増します。11月中旬ごろが収穫適期ですが、外葉で保温しておけば翌年1月まで保存が可能です。

保存方法の種類

常温保存　冷蔵保存　冷凍保存　漬け保存

収穫カレンダー（月）

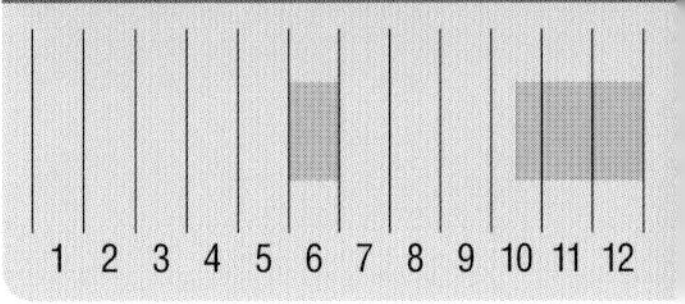

収穫方法

葉がしっかり巻いてきて、触ってみてかたくなっていれば収穫を。株元を包丁で切ります。

葉の先が縮んできたら収穫時期

結球して大きくなってきたハクサイは、11月の半ばごろから葉の先が縮んできます。手で全体を触ってみて、かたく締まってきているようなら収穫ができます。食べる分だけ順次、収穫していきましょう。

ひもでしばって防寒を

初霜がおりるころになったら、畑に植えたまま上部をひもでしばっておくと防寒になり、そのまま翌年まで保存しながら食べられます。

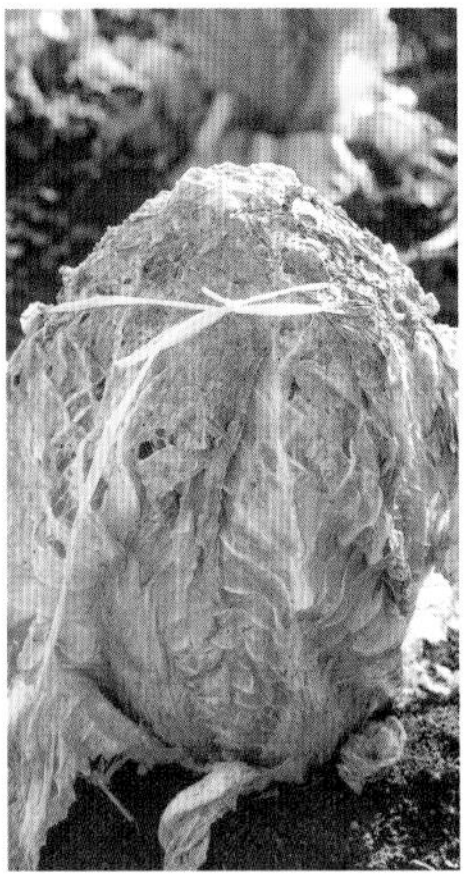

食べられる？食べられない？

結球しない葉

結球しなかったハクサイも、結球したハクサイと同様に食べられます。ただ、結球したものにくらべると早めにトウが立つので注意を。

トウ立ちしたもの

畑に置いておくと、春に黄色の花をつけます。これは菜花として食べることができます。先をつまんでスープや炒めものに。ハクサイの菜花はいろいろな野菜の菜花の中でもとくにおいしいといわれ、このためにハクサイを畑に残しておくという人もいるほどです。

芯に黒点

ハクサイの芯に見られる黒い斑点は、栄養過多の場合に生じるもので、害はありません。見た目が気になる場合は、そいで料理しましょう。

保存方法

カットしなければ、常温保存することができます。ハクサイには水分が多いため、凍らないところに保管するようにしましょう。

常温保存

約1カ月（冬期）

新聞紙に包んで

丸ごと保存する場合は、常温でも保存できます。その場合はカットせずに外側の葉から使っていきましょう。全体を新聞紙で包んで、涼しいところに立てて保存します。寒さが厳しい地域では凍らないように気をつけましょう。

冷蔵保存

約1週間

芯に切れ目を入れる

カットしたものはラップで包んで冷蔵庫の野菜室に。芯の部分に縦に数cmほどの切れ目を入れておくと長もちします。収穫後も芯が生長し、葉から栄養分を吸収するのを防ぐためです。

冷凍保存

約1カ月

葉、芯を切って

調理しやすい大きさに切ったものを冷凍します。生のままでも、かるく塩ゆでしたものでもＯＫ。

葉をひと口大に切ったもの。野菜炒めなどにちょうどよいサイズです。

芯を短冊切りにしたもの。ラーパーツァイ（→P180）などを手早く作るのに重宝します。

MEMO

サントウサイはハクサイの一種で結球しません。ハクサイよりも葉の色が濃く、やわらかいのが特徴です。

収穫・保存Q＆A

Q ハクサイの害虫対策は？

アオムシやヨトウムシの食害にあいやすく、油断しているとあっというまに葉が穴だらけに。穴やふんを見つけたら、葉裏や結球の中心部を丹念に見てみましょう。虫を見つけたら、割り箸でつまんでとり除いておきます。

漬け保存

約3週間〜1カ月

漬け保存❶ 約1カ月

丸漬け（塩漬け）

冬の食卓に欠かせない「ハクサイの漬け物」。ハクサイの表面についている天然の乳酸菌が塩とともにうまみを加えます。

分量

- ハクサイ…1個
- 塩…ハクサイの重さの4％

作り方

1 ハクサイは株元に包丁で十字の切れ目を入れ、手で割る。

2 天日に1日干す。

3 1枚1枚の葉に、塩をまんべんなくふっていく。

4 容器に順番に入れる。

5 並べたところ。

6 重し（ハクサイの重量の倍の重さ）をして1週間程度置く。

MEMO

重しがないときは、食器や鍋など重たいものを選んで、重し代わりにしてもOK。

丸漬けハクサイを使って

ラーパーツァイ

材 料

- 丸漬けしたハクサイ…¼個分
- 塩…小さじ2 ●砂糖、酢、ゴマ油…各大さじ3
- しょう油…大さじ2 ●赤トウガラシ…1本

作り方

1 丸漬けしたハクサイを5㎝長さ、2㎝幅に切る。

2 塩、砂糖、酢、しょう油を合わせ、**1**に混ぜ合わせ、30分程度置く。

3 小鍋にゴマ油と赤トウガラシの小口切りを入れて熱し、**2**にかけて混ぜる。

漬け保存2
約3週間*

キムチ

*冷蔵庫で保存

葉1枚1枚にしっかり材料を塗り込むことで、味にむらが出ないようにします。

分量

- 塩漬けしたハクサイ…1個分
- ダイコン…100g ●ニンジン…50g ●ナガネギ…1本
- 煮干しだし［水…200mℓ＋煮干し6本］

A［赤トウガラシ粉末…30g、リンゴ…¼個、ニンニク…1個、ショウガ…1個、しょう油、砂糖…各大さじ2、イカの塩辛…40g、ゴマ油…大さじ1］

作り方

1 煮干しを水に入れて半日置き、鍋に移して中火にかけ、沸騰したら火を止め、5分置く。ざるでこし、冷ましておく。ダイコンとニンジンは千切り、ナガネギはみじん切りにする。リンゴ、ニンニク、ショウガはすりおろしておく。

2 Aをボウルに入れ、よく混ぜ合わせ、煮干しだしを、様子を見ながら加える（のり状になるくらいがベスト）。

3 切った野菜と2の半量を合わせ混ぜる。

4 塩漬けしたハクサイの葉の間に残りの2を少しずつ塗り、3をていねいに入れる。

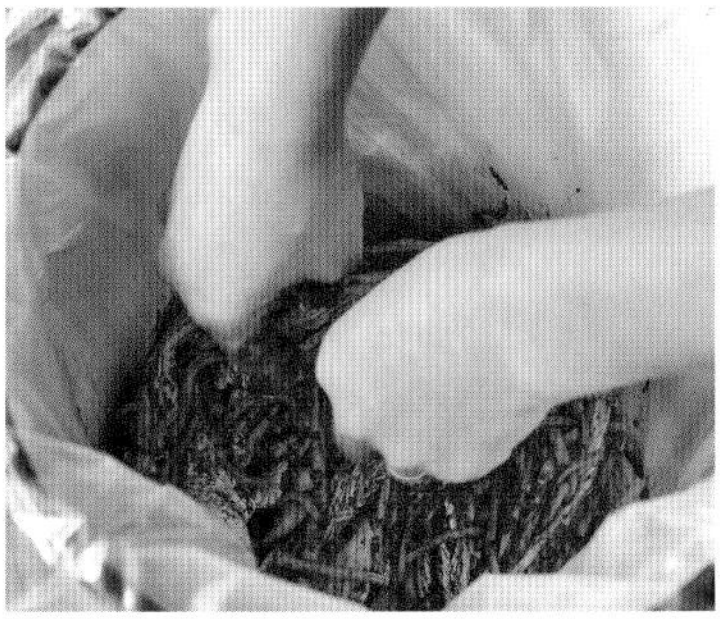

5 ほうろうかステンレスの容器に漬け物袋を入れ、4をすき間なく入れる。

6 空気を抜きながら口をしばり、重し（塩漬けハクサイの重量と同じ重さ）をして1週間置く。1週間くらいからが食べごろ。

熱や塩によってかさを減らすので、たっぷり食べられるメニューです。

消費料理

ハクサイのピリ辛ミートソース

材料

- ハクサイ …………… ½個
- 豚ひき肉 …………… 150g
- タマネギ …………… ½個
- ニンニク …………… 1かけ
- トマトホール缶 …………… 1缶
- ゴマ油 …………… 大さじ2
- しょう油 …………… 小さじ1
- 豆板醤 …… 小さじ1（好みで）

作り方

1 タマネギをみじん切りにする。

2 ハクサイは縦半分に切り、5㎝幅に切る。

3 鍋にゴマ油とニンニクのみじん切りを熱し、香りが出たら豚ひき肉を炒める。

4 タマネギを加え、透き通ったら、トマトホール缶と豆板醤としょう油を加え、ハクサイを並べる。

5 ふたをして中火で沸騰したら弱火にし、30分煮込む。

ハクサイのコールスロー（和風）

材料

- ハクサイ …………… ¼個
- 塩 …………… 小さじ½
- オリーブオイル …………… 大さじ2
- はちみつ …………… 大さじ1
- リンゴ酢 …………… 大さじ2
- キャラウェイシード …… 小さじ¼

作り方

1 ハクサイは千切りにし、塩もみをして30分置く。

2 ほかの材料を合わせ、1時間ほど冷蔵庫で冷やして味をなじませる。

ハクサイのコールスロー（洋風）

材料

- ハクサイ …………… ¼個
- タマネギ …………… ¼個
- コーン …………… 50g
- ハム …………… 80g
- マヨネーズ …………… 大さじ4
- 塩 …………… 小さじ⅛
- 砂糖、酢 …………… 各大さじ1

作り方

1 ハクサイ、タマネギは8㎜角に切り、ハムは1㎝角に切る。

2 ボウルに1とコーンを入れ、ほかの材料をすべて加えて、混ぜ合わせる。

ハクサイの和風お好み焼き

材料

- ハクサイ……………½個
- イカ…………………………1パイ
- 卵……………………………2個
- 小麦粉………………………200g
- だし………………………200㎖
- しょう油………………小さじ2
- 塩………………………小さじ1
- サラダ油…………………適量

作り方

1 ハクサイはみじん切りにし、イカは1㎝幅に切る。

2 ボウルに卵を割りほぐし、だし、小麦粉、ハクサイ、イカ、しょう油、塩を加えてよく混ぜる。

3 フライパンに油を熱し、2を入れて両面をこんがり焼く。

※お好み焼きソースのほか、めんつゆなど明石焼き風に食べるのもおすすめ。

ハクサイのグラタン

材料

- ハクサイ……………½個
- ベーコン……………………4枚
- シュレッドチーズ…………適量
- バター………………………30g
- オリーブオイル………大さじ2
- 小麦粉……………………大さじ2
- 牛乳………………………500㎖
- 塩………………………小さじ¼
- コショウ……………………適量

作り方

1 ハクサイは縦半分に切り、ベーコンを葉の間に入れて5㎝幅に切り、耐熱皿に並べる。

2 鍋にバターとオリーブオイルを熱し、小麦粉を加え、木ベラでしっかり混ぜる。

3 牛乳を少しずつ加え、だまにならないように火を通して塩、コショウをふる。

4 3を1にかけてシュレッドチーズをのせ、180度のオーブンで30分焼く。

ナガネギ

土の中に伸びた白い部分も食べられ、「根深ネギ」とも呼ばれます。11月ごろから収穫できますが、畑に植えたままでも。

保存方法の種類

常温保存 冷蔵保存 冷凍保存 加工保存

収穫方法

気温が下がってくるとおいしくなります。土寄せでかけていた土をとり除き、引き上げます。

使うときに少しずつ収穫

最後の土寄せをしてから1カ月後、種まきからは約半年後に、緑の葉の伸びが落ち着いてきたら収穫ができます。家庭菜園の場合は、一度に収穫せず、使うときに少しずつ収穫します。無理に引っ張らず、周囲の土をとり除いてから引き上げましょう。ネギボウズが出るころまでは、畑にそのまま植えておいても大丈夫です。

ネギボウズが出たら摘みとる

花が咲くとネギの味が落ちてしまうため、ネギボウズが出てきたら、つぼみのうちに摘みとりましょう。ネギボウズはネギの花で、食べられます(→P188)。つぼみがふくらむと数百の小さな花が咲きます。

種のとり方

封筒に入れて冷蔵保存を

種とりが必要な場合は、その分だけ残しておきます。ネギボウズをつけたまま置いておくと、中の種が黒くなってきます。中の種をとり出して封筒に入れ、冷蔵庫で保存を。

食べられる? 食べられない?

青い部分

収穫したての新鮮なものは、やわらかく食べられます。肉や魚の臭みとりとして一緒に煮込んだり、スープやみそ汁の具に入れるなど、だしとしても使えるので、捨てずに利用しましょう。

保存方法

土がついたままの状態のほうが長く保存できます。
使い切れないものは、早めに冷凍保存や加工を。

常温保存
約1カ月

土つきのままで

収穫し、土がついたままのものなら、新聞紙に包んで立てて冷暗所へ置いておきます。また、畑の隅に斜めに寝かせて土をかぶせておくか、白い部分を土に埋めておくと、長期間保存できます。

冷蔵保存
約1週間

ラップに包んで

収穫後のものは、ぬれた新聞紙に包んで、ポリ袋に入れ、冷蔵庫の野菜室に保存しましょう。カットしなければならないときは、緑の部分と白い部分を切り分けて、それぞれラップに包み、保存袋へ入れて野菜室で立てて保存を。

冷凍保存
約1カ月

みじん切り、ざく切り

冷凍保存するときは、使いやすいようにいろいろな切り方にしておくとよいでしょう。

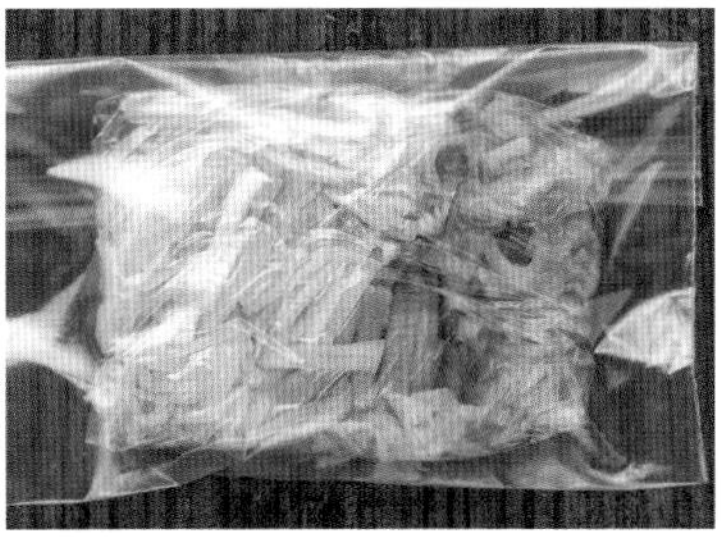

みじん切りにしてラップで包み、保存袋へ。薬味などにはこのまま使います。

ざく切りにして保存袋に入れます。冷凍すると繊維が壊れ、火が通りやすくなり、煮物などにするとトロトロの食感が美味。

加工保存
約1週間~3カ月

加工保存❶
約1週間

ナガネギペースト

分量

- ナガネギ…400g
- バター…50g
- オリーブオイル…大さじ2
- 塩…小さじ½
- 牛乳、生クリーム…各50㎖

作り方

1 ナガネギは輪切りにする。
2 鍋にバターとオリーブオイルを入れて熱し、1と塩を入れ、ふたをして、ときどき木ベラで混ぜながら弱火で30分火を通す。
3 牛乳と生クリームを加え、5分煮る。

活用法

ドレッシングやソースに。

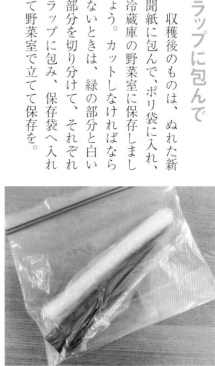

加工保存❷
約1カ月

ネギ油

ネギのうまみと香りがとじ込められた、とてもきれいな色の油です。炒め物に重宝します。

分量

- ナガネギ…1本
- なたね油…200㎖

作り方

1 ナガネギはみじん切りにし、鍋になたね油と一緒に入れ、弱火でじっくり焦がさないように揚げる。
2 1のナガネギがきつね色になったら、こす。

ネギ油を使って

材料

- ネギ油…大さじ3
- ネギ油で使ったネギ…全量
- 卵…2個 ●ご飯…2杯分 ●塩…小さじ¼
- しょう油…小さじ¼ ●コショウ…適量

作り方

1 卵は割りほぐし、ご飯とネギをよく混ぜ合わせる。
2 フライパンにネギ油を熱し、1を炒め、塩、コショウをする。
3 最後にしょう油を鍋肌からまわし入れ、よく混ぜて炒める。

ネギチャーハン

加工保存❸
約3カ月*

食べるラー油

*冷蔵庫で保存

ネギ油を作ったときの残りのネギを使って、風味豊かなラー油が手作りできます。

分量

- ネギ油で使ったネギ…½量
- ニンニク、ショウガ…各2かけ
- サクラエビ…10g
- 赤トウガラシ…1本
- 砂糖、しょう油…各小さじ1
- 塩…小さじ½
- ゴマ油…100㎖
- なたね油…50㎖

作り方

1 ニンニク、ショウガ、サクラエビ、赤トウガラシを刻む。びんかボウルに油以外の材料を合わせる。
2 ゴマ油となたね油を小鍋で熱し、1に加えてよく混ぜる。

加工保存❹
約2週間*

ピリ辛しょう油漬け

*冷蔵庫で保存

ナガネギ、赤トウガラシ、しょう油、砂糖を混ぜ合わせます。冷や奴の薬味や炊きたてのご飯にぴったりです。

分量

- ナガネギ…1½本
- 赤トウガラシ…1本
- しょう油…100㎖
- 砂糖…大さじ1½

作り方

ネギは小口切り、赤トウガラシは種をとり小口切りにし、ボウルにすべての材料を入れて、混ぜ合わせる。

加工保存❺
約1週間＊

塩だれ

＊冷蔵庫で保存

みじん切りにしたナガネギをゴマ油と塩で混ぜるだけ。冷や奴の薬味や炊きたてのご飯にぴったりです。

分量

- ナガネギ…1本
- ゴマ油…大さじ3
- 塩…小さじ1
- 黒コショウ…少々(好みで)

作り方

ナガネギはみじん切りにし、すべての材料をよく混ぜ合わせる。

活用法
焼きそばに和えれば塩焼きそばに。納豆に混ぜても。

塩だれを使って

材料

- 塩だれ…全量
- 豚バラ肉…100g
- 塩…小さじ¼
- サラダ油…大さじ1
- コショウ…適量
- レモン…¼個

作り方

1 豚バラ肉に塩、コショウをし、フライパンに油を熱し、焼く。
2 たっぷりの塩だれをかけ、レモンをしぼる。

ナガネギ塩だれの焼き肉

加工保存❻
約1週間＊

甘酢だれ

＊冷蔵庫で保存

ナガネギのみじん切りに甘酢を混ぜたもの。これを料理にかけるだけで中華風になります。

分量

- ナガネギ…½本
- しょう油、酢…各大さじ3
- 砂糖…大さじ2

作り方

ナガネギはみじん切りにし、すべての材料をよく混ぜ合わせる。

甘酢だれを使って

材料

- 甘酢だれ…全量
- 鶏手羽中…500g
- 塩、コショウ、片栗粉…各適量
- 揚げ油…適量

作り方

1 鶏手羽は塩、コショウをして、片栗粉をまぶす。
2 1を揚げ油できつね色に揚げ、皿に盛りつけ、甘酢だれを熱してかける。

鶏手羽の甘酢だれかけ

家庭菜園ならでは！ ネギボウズのおいしいレシピ

column

●ネギボウズのゆで豚サラダ

ネギボウズが出るころには、ネギ本体はかたくなって食用に適しません。でも意外にも、ネギボウズが調理によって魅力的な食材に変身します。花が開く前の若いネギボウズがやわらかくておすすめ。畑でニョキニョキ伸びたネギボウズ、おいしく楽しく活用してください。

材 料

- ネギボウズ…茎ごと2〜3本
- 豚かたまり肉…300g ●リーフレタスなど好みの野菜…適量
- ニンニク、ショウガ…各適量 ●酒…100㎖ ●塩…小さじ½
- 飾り用のネギボウズ…2個

作り方

1 ネギボウズは茎の部分を適当にポキポキ折って、洗っておく。
2 鍋に飾り用ネギボウズ以外のすべての材料を入れ、かぶるくらいの水を加え、強火にかける。
3 沸騰したら中火にし、アクをすくう。
4 弱火にして1時間煮てから、煮汁に入れたまま常温に冷ます。
5 ゆで豚をスライスして、リーフレタスなど好みの生野菜とともに皿に盛りつけ、手でほぐしたネギボウズを薬味代わりにちらす。
6 ポン酢やドレッシングなどでいただく。

MEMO

ほぐしてバラバラにしたネギボウズを小口ネギの代わりに納豆と混ぜても。意外と香りはマイルド。

●ネギボウズのチャーハン

材 料

- ネギボウズ…3〜4個
- ご飯…適量 ●しらす、ピーナッツなど好みの具…適量
- しょう油、塩…各適量

作り方

1 フライパンに油をひき、ご飯、好みの具を炒め合わせ、しょう油、塩で味つけする。
2 火を止めてから、細かくほぐしたネギボウズを加え混ぜる。

●ネギボウズの天ぷら

材 料

- ネギボウズ…3〜4個
- 天ぷら衣［小麦粉…50g、水…30mℓ、卵…½個］
- 揚げ油…適量
- 小麦粉…少々

作り方

1 ネギボウズは小ぶりなものはそのまま、大ぶりなものは半分に切っておく。
2 ネギボウズと小麦粉をビニール袋に入れ、上下にふって全体に粉がなじむようにする。
3 揚げ油を熱し、天ぷら衣をつけてカラリと揚げる。

●ネギボウズのマリネ

材 料

- ネギボウズ…3〜4個

A［サラダ油またはオリーブオイル…大さじ6、酢…大さじ2½、塩…小さじ1、コショウ…少々の割合で混ぜておく］

- 刻んだ赤トウガラシ…適量
- ナガネギ（白い部分）…1本分

作り方

1 ネギボウズはひと口大に切ってから熱湯にくぐらす程度にゆで、水気をよくしぼる。
2 ナガネギの白い部分は3㎝長さに切り、表面に焦げ目がつくくらいまで網焼きする。
3 焼いたネギが熱いうちに、**1**、刻んだ赤トウガラシと**A**を入れて和える。

コマツナ

アクが少なく、下ゆでをしなくても食べられ、ミネラルも豊富。種まきの時期をずらすと長く食べられます。

保存方法の種類　冷蔵保存　冷凍保存

収穫カレンダー（月）

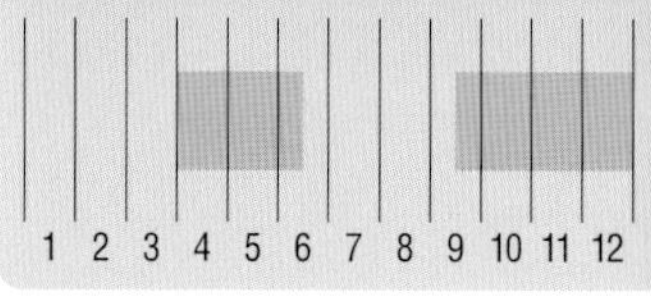

収穫方法

霜に当たると甘みを増しますが、あまり大きくなりすぎるとかたくなるので、それまでに収穫を。

草丈が20cmになったら収穫

種まきから2カ月くらいたち、草丈が20cmほどになったら株元を持って引き抜き、収穫します。市販のものよりひとまわり小さいくらいがやわらかくておいしいもの。大きくなるとかたくなります。

春と秋の収穫

春まき、秋まきと年に2回収穫できますが、すぐに暑くなる春まきよりは秋まきのほうが育てやすいでしょう。種まきをずらせばその分、長く収穫できます。本葉が1～2枚になったところで間引きをしますが、間引いたものもおいしく食べられます。

保存方法

葉もの野菜のなかでも傷みやすいが、アクが少なく下ゆでせずに調理に使えるので早めに保存作業を。

冷蔵保存　約1週間

新聞紙に包んで

収穫したらすぐに根元に水分を与えましょう。そうすることで葉に張りが戻り、長もちします。

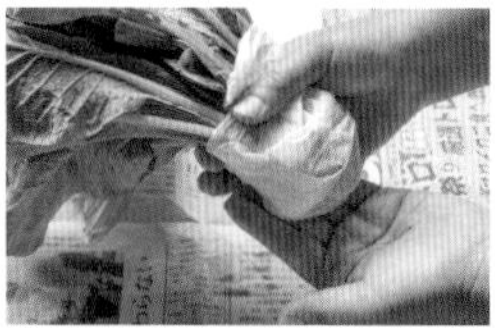

水をたっぷり含んだペーパーを根元に巻きます。

新聞紙で全体を包み、さらに保存袋かポリ袋に入れ、冷蔵庫の野菜室でなるべく立てて保存します。

冷凍保存　約1カ月

切り分けて

調理しやすい大きさに切り分けて冷凍しておくと便利です。5cm長さに切るほか、みじん切りも出番が多く、重宝します。かるくゆでても、生のままでもOK。

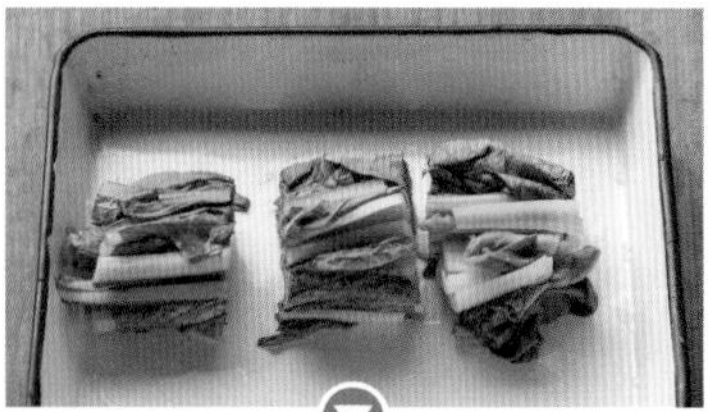

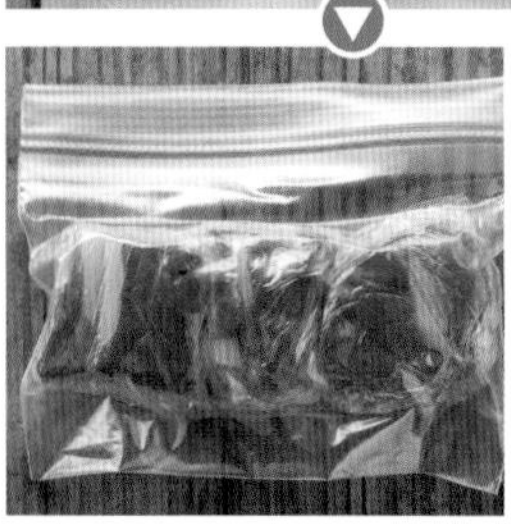

かるく塩ゆでして水にとり、よくしぼって切り分けます。ラップで小分けして、保存袋に入れて冷凍室へ。

切ってすぐに使えるため、手がるにさまざまな料理に加えることができます。油とも好相性です。

消費料理

コマツナのみそ炒め

材料

- コマツナ…………200g
- ゴマ油……………………大さじ1
- ニンニク……………………1かけ
- A しょう油………………小さじ¼
  酒、みりん…………各大さじ1
  みそ……………………大さじ1

作り方

1 コマツナは根元を切り、5㎝長さに切る。ニンニクはスライスする。
2 フライパンにゴマ油を熱してニンニクを炒め、香りが出たら**1**のコマツナを入れ、ふたをする。
3 コマツナに火が通ったら**A**を合わせて加え、強火で炒める。

コマツナとアサリの酒蒸し

材料

- コマツナ…………200g
- アサリ……………………………500g
- 酒……………………………200mℓ
- しょう油…………………大さじ½

作り方

1 コマツナは根元を切り、5㎝長さに切る。
2 鍋にしょう油以外の材料を入れ、ふたをして強火で貝が開くまで加熱する。
3 しょう油を加える。

コマツナの菜飯

材料

- 冷凍コマツナ…200g
- イクラ…………………………適量
- ご飯…………………………2合分
- 塩……………………………4g

作り方

1 冷凍コマツナを解凍して細かく刻み、塩でもむ。
2 炊きたてのご飯に混ぜて器に盛りつけ、イクラをのせる。

コマツナのナムル

材 料

- **コマツナ**……………100g
- A
  - しょう油……………………小さじ1
  - ゴマ油……………………大さじ1
  - 塩…………………………小さじ¼
  - ニンニクすりおろし……小さじ¼
  - 黒すりゴマ………………大さじ2

作り方

1 コマツナは5㎝長さに切り、茎と葉を別々に熱湯でゆでる。
2 **1**の水気を切ってボウルに入れ、**A**を加えて混ぜ合わせる。

コマツナとモヤシのとん平焼き

材 料

- **コマツナ**………100g
- モヤシ……………………100g
- 豚バラ肉…………………50g
- 卵…………………………2個
- サラダ油…………………大さじ2
- 塩…………………………小さじ¼
- コショウ…………………適量
- 中濃ソース………………大さじ3
- 青のり、かつお節……各適量

作り方

1 コマツナは5㎝長さに切り、豚バラ肉は3㎝幅に切る。
2 フライパンに油大さじ1を熱して豚肉を焼き、コマツナ、モヤシを加えて炒める。しんなりしたら塩、コショウをして中濃ソース大さじ1を加え炒め、器に盛る。
3 洗ったフライパンに油大さじ1を熱して薄焼き卵を焼き、**2**にのせる。仕上げに残りの中濃ソースをかけて青のり、かつお節をふる。

シュンギク

下葉を残しておくと、わき芽がつぎつぎに出て、何回か収穫が可能です。香りは強いものの、えぐみは少ないので生食も。

保存方法の種類　冷蔵保存　冷凍保存　加工保存

収穫カレンダー（月）

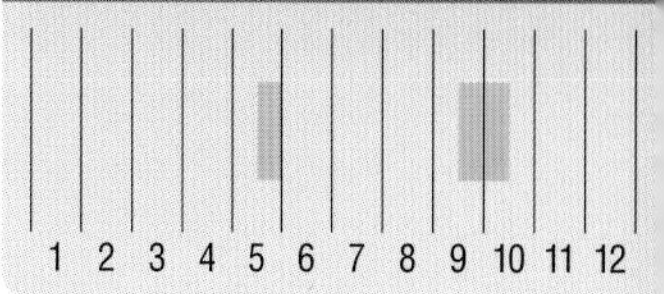

収穫方法

本葉が7～8枚になれば食べられるので、間引きをかねて収穫するのもよいでしょう。

つぎつぎにわき芽が出てくる

草丈が15～20cmになったら、わき芽を残して中心の若芽だけを摘みます。するとその後、つぎつぎとわき芽が出てきます。最初の収穫が遅れ、茎を伸ばしすぎるとあまりわき芽が出なくなり、収穫量が落ちるので注意を。

春の収穫

春と秋に収穫できますが、春はあとに梅雨が控えています。雨に当たると傷んでしまうので、早めに収穫を終えましょう。春はトウ立ちも早めです。

花が咲く前に収穫

「春菊」という名のとおり、キクのような花を咲かせますが、このころになると筋がかたくなっています。花は苦みがありますが、天ぷらにして食べることもできます。

食べられる？ 食べられない？

生でも食べられる？

香りが強い野菜ですが、そのわりにはアクが少ないので生食も可。種まきから20日たてば食べられます。やわらかい葉を摘みとってサラダにしてもおいしく食べられます。若芽のうちは、とくにやわらかくておいしいので、葉先を摘んですぐに食卓へ。

収穫・保存Q＆A

Q 収穫したシュンギクがしゅんとなってしまったら？

畑から持ち帰ったら、まずは根元を水につけましょう。鮮度が蘇り、生でもおいしく食べられます。やわらかいうちは茎ごと、かたくなりはじめてきたら葉だけ摘んで水につけます。

乾燥しないように保存します。黄色くなったり傷んだりしている葉はすぐにとり除きましょう。

保存方法

冷蔵保存 約1週間

新聞紙に包んで

新聞紙に包むことで乾燥が抑えられます。全体をしっかり包み、保存袋などに入れ、野菜室に立てて保存しましょう。

葉がとてもやわらかいので、折らないようにして包みます。

さらに保存袋かポリ袋に入れて、野菜室に立てて保存します。

冷凍保存 約1カ月

切り分けて

シュンギクはゆでると甘みが出てきます。かるく塩ゆでし、使いやすい長さに切って冷凍しましょう。

さっと塩ゆでして水にとり、水気を切ったら、使いやすい量にラップで小分けにして、保存袋に入れて冷凍します。

加工保存 約1カ月

ジェノベーゼ

香りのよいペーストに。シュンギクを5㎝長さに切り、ニンニクは皮をむき、ミキサーにすべての材料を加えて混ぜます。冷凍なら2～3カ月保存可。

分量

- シュンギク…100g
- ニンニク…1かけ
- クルミ…20g
- オリーブオイル…50㎖
- しょう油…小さじ1

ジェノベーゼを使って エビのアヒージョ

材料

- ジェノベーゼ…大さじ3
- エビ（殻つき）……………8尾
- ニンニク………………1かけ
- オリーブオイル…………50㎖
- バケット（添え用）………適量

作り方

1 ニンニクをスライスする。
2 鍋に食材をすべて入れ、弱火でじっくり火を通す。
3 エビを皿に盛り、鍋のオイルをまわしかけ、バケットを添える。

冷凍シュンギクを使って シュンギクとエビの水餃子

材料

- 冷凍シュンギク…50g
- むきエビ…150g
- A［しょう油…小さじ1、酒…大さじ1、ショウガすりおろし…小さじ1、塩、コショウ…各適量、ゴマ油…大さじ½、片栗粉…大さじ1］
- 餃子の皮…10枚
- たれ［レモン汁…大さじ½、みりん…小さじ2、砂糖…大さじ½、しょう油…大さじ2の割合で混ぜる］

作り方

1 解凍したシュンギクは1㎝幅に切り、エビは細かく切る。
2 1とAを混ぜて餃子の皮で包み、湯でゆでる。
3 器に盛ってたれをかける。

清涼感があるので、コクのある和え衣やドレッシングとよく合い、ボリューム感のある副菜になります。

消費料理

シュンギクの白和え

材 料

- **シュンギク……100g**
- 木綿豆腐……………………150g
- A
  - 塩……………………小さじ1
  - 白すりゴマ……………15g
  - 砂糖…………………大さじ1
  - みそ…………………小さじ1
  - しょう油…………小さじ2

作り方

1 シュンギクはさっとゆで、水気を切って3㎝長さに切る。
2 木綿豆腐は水気を切っておく。
3 すり鉢に2を入れてAを加え、なめらかになるまですり混ぜる。
4 3に1を加えて和える。

※コマツナやホウレンソウ、ミズナなど、ほかの青菜でも作れます。

シュンギクと油揚げのサラダ

材 料

- **シュンギク……100g**
- 油揚げ…………………………1枚
- キクの花……………………適量
- A
  - 黒すりゴマ…………大さじ2
  - しょう油……………大さじ2
  - 酢……………………大さじ1
  - 砂糖…………………大さじ1

作り方

1 シュンギクは5㎝長さに切る。油揚げはフライパンでカリッときつね色になるまで焼き、1㎝幅に切る。
2 ボウルにAの材料を合わせて1とキクの花を加え、混ぜ合わせる。

タアサイ

中国原産の野菜で寒さに強く、霜に当たることでうまみが出ます。鉄、カロテン、ビタミンCも豊富。

保存方法の種類

冷蔵保存

冷凍保存

収穫カレンダー（月）

収穫・保存方法

地面に這いつくように葉が広がっていますが、根元を包丁で切ります。

直径20㎝以上で収穫

地面に這いつくように広がった葉の直径が20㎝を超えてきたら収穫できます。株ごと包丁で切ります。霜に当たるとさらに甘みが増します。ゴワゴワした見た目とは裏腹に、やわらかくクセのない味で、どんな料理にも合います。

乾燥させないこと

湿らせたペーパータオルで根元をおおい、新聞紙に包んでから保存袋に入れて冷蔵庫へ。1～2分ゆでて小分けにし、冷凍してもよいでしょう。

消費料理

クセがなく、和え物、炒め物など何にでも使えます。中華風やエスニック風の味つけもおすすめ。

タアサイのおやき

材料

●タアサイ…100g

●豚ひき肉…80g ●皮［小麦粉…200g、水…120㎖］

A［酒、しょう油…各大さじ1、ニンニク、ショウガみじん切り…各小さじ1、塩…2つまみ、片栗粉…大さじ1］

●サラダ油…大さじ½ ●ゴマ油…大さじ1

作り方

1 ボウルに小麦粉を入れて水を少しずつ加え、生地をまとめて8等分しておく。

2 タアサイはみじん切りにする。

3 フライパンにゴマ油を熱し、タアサイを炒める。

4 別のボウルに豚ひき肉を入れてよくこねる。粘りが出たらAと3を加え混ぜる。

5 熱したフライパンにサラダ油を入れ、1の生地に4を包んだものを入れ、ふたをして両面をこんがり焼く。

タアサイのとろみスープ

材料

●タアサイ…200g

●鶏ひき肉…150g ●春雨（乾燥）…30g ●ニンニク…1かけ ●ゴマ油…大さじ2 ●塩…小さじ1 ●水…500㎖ ●コショウ…少々 ●ショウガすりおろし…大さじ1

●水溶き片栗粉［片栗粉…大さじ1½、水…大さじ2］

作り方

1 タアサイは3㎝幅に切り、ニンニクはスライスする。

2 鍋にゴマ油を熱し、ニンニクと鶏ひき肉を炒める。

3 塩、水を加え、10分弱火で煮る。

4 タアサイ、湯で戻した春雨を加えて混ぜ、ショウガとコショウを入れる。最後に水溶き片栗粉を少しずつ加え、とろみをつける。

秋・冬野菜⑲

ノザワナ

漬け物として有名な野菜。カブの仲間で小さな実もできます。漬け物にするときは天日干しをします。

保存方法の種類　漬け保存

収穫方法

株ごと引き抜き、漬け物にするなら、天日干しをします。

数回霜に当てて収穫

低温に強く、数日霜に当ててから収穫すると甘みが増します。草丈が50～70cmになったら収穫ができます。株ごと引き抜くと小さなカブもできていますが、これもふつうのカブと同様に食べられます。

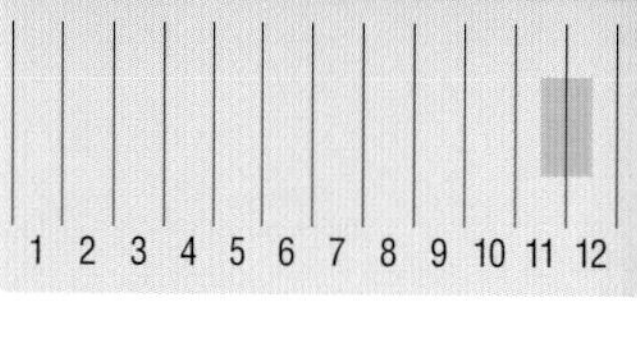

収穫カレンダー（月）

保存方法

なんといっても漬け物が有名。塩漬けのあとに本漬けをして本格的味わいを。

漬け保存

塩漬け約2週間
本漬け約3カ月

ノザワナ漬け

（本漬け）

●塩漬け

分量

- ノザワナ…15kg
- 塩…ノザワナの重さの10%くらい

作り方

1 収穫後、ざるなどの上で一日天日干しする（しんなりして途中で折れたりしなくなる）。
2 洗って容器に入れて塩をふり、重しをする（漬け物の倍の重さのもの）。
3 水が漬け物の上まで上がってきたら（1週間～10日）、でき上がり（2～3日様子を見て、水が上がってこないときは、薄い塩水を作って差し水する）。

●本漬け

分量

- 塩漬けしたノザワナ…全量

A［みそ…3～4kg、粗塩…2kg、赤トウガラシ…100～150g（⅓の長さに切る）］

作り方

1 塩漬けしたノザワナの水気をしぼり、長いものはひもなどで束ねる。
2 Aを混ぜ合わせて容器の底に少量敷き、その上にノザワナをすき間なく並べる。
3 Aとノザワナを交互に重ねていく。
4 最後は重し（漬け物と同量）をして密閉する。1カ月半くらいからが食べごろ。

活用法

ノザワナ漬けの葉は大きいので、広げておむすびに巻くと、見た目もきれいな「葉巻きおむすび」に。茎は刻んでチャーハンや野菜炒めに入れても美味。

ミズナ

鍋に入れる野菜として知られますが、サラダ、和え物、炒め物、煮物と幅広く使えます。

保存方法の種類　冷蔵保存　漬け保存

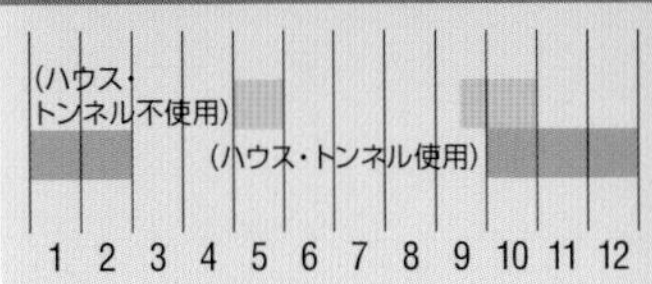

収穫方法

間引きをしながら、長期間収穫できます。あいだをあけて育てたものは、大株になるまで待っても。

間引きながら食べても

低温期にハウスやトンネルを使うと、秋から春先まで収穫できます。草丈が20㎝くらいになったら食べられます。大株にするには株の間を30㎝とる必要があるので、間引きながら若くやわらかいものを順次食べてもよいでしょう。

大株に育てたものは冬以降、霜に当たってやわらかくおいしくなります。鍋物などに大活躍の野菜です。

保存方法

葉先から傷んでくるので、全体を新聞紙で包んでから冷蔵保存をしましょう。

冷蔵保存

約1週間

新聞紙にくるんで

乾燥させないよう、新聞紙で包んでから、保存袋かポリ袋に入れて野菜室に立てて保存しましょう。

漬け保存

約1週間～10日

塩漬け

分量

- ミズナ…300g
- 塩…6g
- 昆布…5×5㎝
- トウガラシ…好みで

作り方

1 ミズナは洗って水分を切り、全体に塩をふって、食べやすい大きさに切る。
2 保存袋に昆布、赤トウガラシ、1を入れる。
3 袋の上から重し（ミズナの重量の倍の重さ）をして半日から1日しっかり漬ける。

※昆布やミズナを細かく切って漬け物容器で作ってもよい。

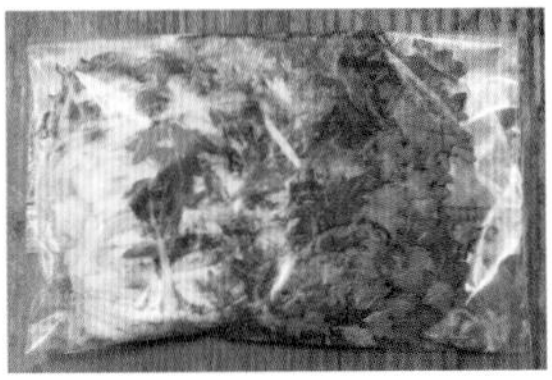

生でも食べられるミズナはサラダにぴったり。煮るときはさっと火を通して歯ざわりを生かすのもおすすめです。

消費料理

ミズナのシーザーサラダ

材料

- ミズナ…100g
- ベーコン…………2枚
- クルトン…………適量

ドレッシング

- 塩麹……………………小さじ1
- ニンニクすりおろし…小さじ½
- アンチョビ……………………1枚
- 豆乳……………………………30mℓ
- サラダ油……………………60mℓ

- パルメザンチーズ……………適量

作り方

1 ミズナは洗って3㎝長さに切る。ベーコンは1㎝幅に切り、サラダ油少々(分量外)を熱したフライパンでカリカリに焼く。

2 ボウルに塩麹、ニンニク、アンチョビ、豆乳を順に加え、そのつど泡立て器でよく混ぜる。全体がなじんだら油を少しずつ加えてドレッシングを作る。

3 器にミズナを盛ってベーコン、クルトンをちらしてのせ、2をかけてパルメザンチーズをふる。

※クルトンは好みのパンで作れます。パンを1.5㎝角に切り、サラダ油大さじ1を熱したフライパンでこんがりと焼けばでき上がり。

ミズナと油揚げのさっと煮

材料

- ミズナ……………100g
- 油揚げ……………………1枚
- だし……………………100mℓ
- しょう油………………大さじ½
- みりん…………………大さじ1
- 塩………………………小さじ¼

作り方

1 ミズナは洗って3㎝長さに切り、油揚げは1㎝幅に切る。

2 鍋にだし、しょう油、みりん、塩を入れて沸かし、油揚げを入れる。ひと煮立ちしたらミズナを加えてさっと煮る。

チンゲンサイ

春から秋まで栽培できますが、暑い時期はトウ立ちが早くなるので収穫時期を逃さないようにします。

保存方法の種類　冷蔵保存

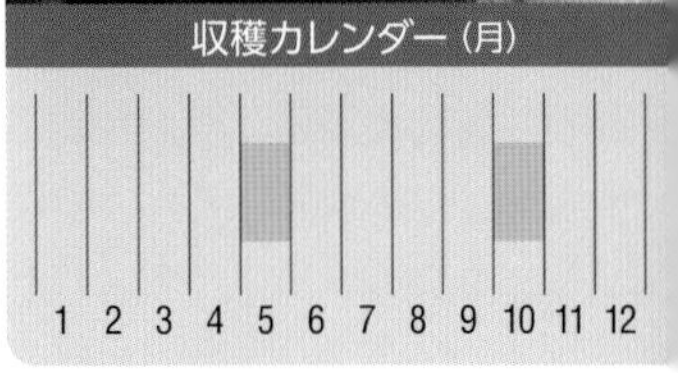

収穫・保存方法

水分量の豊富な野菜。乾燥しないようにしながらの保存が必要です。

霜に当てると甘くなる

草丈が20cm以上になったら収穫できます。霜に当てると甘くなりうまみが増しますが、とり遅れるとかたくなるので株の生長をみながら収穫しましょう。株元から包丁で切って収穫します。

乾燥を防ぎながら保存を

乾燥に弱いので、湿らせたペーパータオルを株元に巻き、新聞紙に包んで保存袋かポリ袋に入れて野菜室へ。

消費料理

クセがなく、下ゆでせずに食べられ、加熱してもシャキシャキした食感が残ります。

チンゲンサイの生春巻き

材料

●チンゲンサイ…1株

●ニンジン…¼本 ●焼き豚やハム…適量 ●エビやほかの野菜…好みで ●生春巻きの皮…5枚 ●たれ［しょう油…大さじ1、練りゴマ…大さじ1、砂糖…小さじ1、酢…小さじ1］

作り方

1 チンゲンサイは縦に千切りにし、ニンジンや好みの具材も千切りにする。

2 生春巻きの皮は布に置いて霧吹きをし、少し置いてから、具を並べて巻く。たれを添える。

チンゲンサイのシャキシャキサラダ

材料

●チンゲンサイ…1株

●タマネギ…½本 ●ツナ缶…1個 ●黒ゴマ…適量

A［しょう油…大さじ1、ゴマ油…大さじ1、砂糖…小さじ½、酢…大さじ1］

作り方

1 チンゲンサイは湯につけ（葉がシャキッとする）、ざく切りする。タマネギは繊維を断つように切る。

2 ボウルにツナとAを入れてよく混ぜ合わせ、1を加えて和える。器に盛りつけ、黒ゴマをかける。

チンゲンサイのすき煮

材料

- **チンゲンサイ**………2株
- 牛切り落とし肉……………150g
- 高野豆腐…………………………4枚
- 糸こんにゃく……………………1袋
- ナガネギ…………………………2本
- サラダ油…………………大さじ1
- 酒…………………………大さじ2
- 砂糖………………………大さじ2
- しょう油…………………大さじ2

作り方

1 チンゲンサイは縦8等分に切る。高野豆腐は戻してひと口大に切り、ナガネギは3㎝長さに切る。
2 鍋に油を熱して牛肉を炒め、火が入ったら高野豆腐、糸こんにゃく、ナガネギ、チンゲンサイの順に加える。
3 2に酒、砂糖、しょう油を加え、中火で15分ほど煮る。

チンゲンサイと鶏肉のカシューナッツ炒め

材料

- **チンゲンサイ**……2株
- 鶏もも肉……………………1枚
- カシューナッツ……………50g
- サラダ油……………大さじ1

A
- 塩…………………小さじ½
- 片栗粉………………小さじ1
- 酒…………………大さじ1

B
- 酒…………………………大さじ1
- オイスターソース……小さじ2
- みりん…………………大さじ½
- しょう油………………小さじ1

作り方

1 チンゲン菜は茎と葉に切り分け、茎は縦8等分に切る。
2 鶏もも肉はひと口大に切り、Aを混ぜる。
3 フライパンに油を熱して鶏肉を焼き、きつね色になったらカシューナッツ、チンゲンサイの茎を加えて炒める。
4 3にBを加え、煮立ったら葉も加えて火を通す。

ホウレンソウ

葉の切れ込みが深く根元が赤い日本ホウレンソウのほか、西洋系のもの、交配したもの、葉にしわがあるものなど種類が豊富。

保存方法の種類
冷蔵保存
冷凍保存

収穫カレンダー（月）

収穫方法

大きく育ったものから順次収穫を。固定種（交配していない種）のものなら、種とりもできます。

根元は栄養たっぷり

草丈が20cmを超えてきたら収穫ができます。ホウレンソウの場合は少々大きくなってもあまりかたくはなりません。霜に当たって、葉が肉厚になってきたら甘みも増します。根元の赤い部分には鉄やマンガンなど栄養分がたっぷり含まれています。株ごと引き抜くと、太くなった根元が現れます。家庭菜園で育てたからこそ味わえるもの。土をしっかりとり除いて葉と一緒に食べましょう。

種のとり方

開花後もそのまま畑に置いておき、種ができてきたら茎を切ってしばらく乾燥させます。イガイガした殻から種をとり出します。

保存方法

鮮度が失われないうちに使い切りましょう。使い切れないものは早めに冷凍保存を。

冷蔵保存 約1週間

保存袋で野菜室に

収穫後、すみやかに保存袋に入れ、立てて野菜室へ。保存中も乾燥していないか注意をしましょう。

冷凍保存 約1カ月

切り分けて

調理しやすい長さに切り、冷凍します。解凍はせず、そのまま調理に使えます。

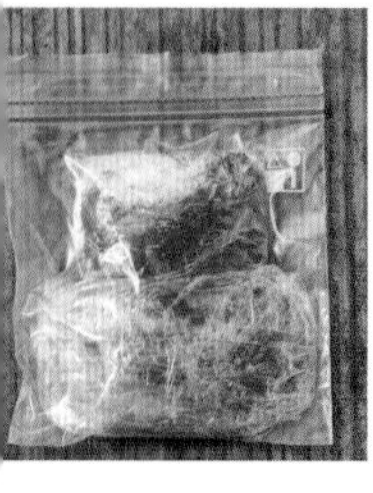

保存するときはかために塩ゆでします。ラップで小分けにして保存袋に入れましょう。

火を通すと想像以上にかさが減ります。たくさん使えるメニューを紹介します。

消費料理

ホウレンソウとカッテージチーズカレー

材料

- ホウレンソウ……400g
- エビ……300g
- タマネギ……½個
- ニンジン……150g
- サラダ油……大さじ3
- 水……1ℓ
- カレー粉……大さじ3
- 小麦粉……小さじ2
- トマトホール缶……½缶
- 塩……小さじ1
- カッテージチーズ……150g

A ニンニクとショウガのみじん切り、クミンシード、コリアンダーパウダー……各小さじ1

作り方

1 ホウレンソウは洗い、包丁かフードプロセッサーで細かく刻む。
2 タマネギはみじん切り、ニンジンはすりおろす。
3 エビは殻をむき、鍋に油大さじ1を熱して殻を炒める。色が変わったら水を加え、30分ほど弱火で煮てだしをとる。
4 別の鍋に残りの油を熱してAを炒め、香りが出たらエビの身、1、2を加えて炒め、カレー粉と小麦粉を加える。
5 4にトマトホール缶と塩、3を加え、半量になるまで煮詰める。
6 最後にカッテージチーズを加える。

ホウレンソウ入りケークサレ

材料

- ホウレンソウ……100g
- 赤パプリカ……¼個
- 焼き鮭……20g(¼切れ)
- 卵……2個
- シュレッドチーズ……40g
- 牛乳……70mℓ
- サラダ油……70mℓ
- 塩……小さじ¼
- 小麦粉……150g
- ベーキングパウダー……5g
- バター……20g

作り方

1 ホウレンソウは3㎝幅に切ってバターでソテーし、パプリカは1㎝角に切る。鮭はほぐしておく。
2 ボウルに卵を割りほぐし、牛乳とサラダ油、塩を加える。
3 2に小麦粉とベーキングパウダーをふるい入れ、1とシュレッドチーズを加えて木ベラでさっくり混ぜる。
4 フライパンに油(分量外)を熱し、3を流し入れ、ふたをしてふくらんできたらひっくり返し、裏面も焼く。

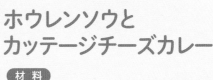

ブロッコリー

中央の花蕾を食べるほか、わき芽に出る花蕾も食べられる品種が人気です。

保存方法の種類　冷蔵保存　冷凍保存

収穫カレンダー（月）

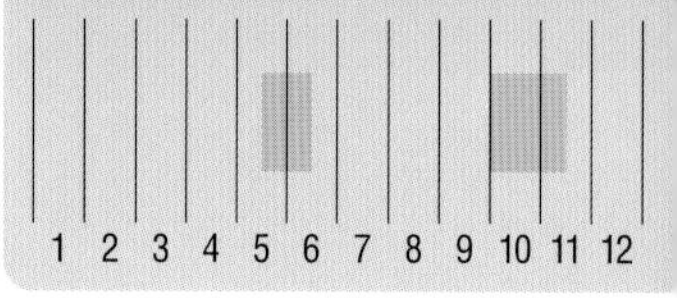

収穫方法

中央で伸びた花蕾を収穫するときに、下に節を多く残しておくと、わき芽が多く収穫できます。

わき芽がつぎつぎに出る

中央で伸びてきた花蕾（頂花蕾《ちょうからい》）が直径10cmくらいになったら収穫できます。かたく締まっているかどうか確認をして収穫します。

その後、わき芽がつぎつぎに出て側《そく》花蕾《からい》が春まで出続けます。側花蕾は頂花蕾ほど大きくなりません。ある程度茎が長くなってきたら早めに収穫しましょう。

農家のコツ

わき芽の収穫

1株で長く収穫を楽しめるのがブロッコリー。頂花蕾を収穫したあとも、わき芽を伸ばして側花蕾を楽しみましょう。頂花蕾の切りとり方で、つぎにできる側花蕾の大きさも決まってきます。頂花蕾の茎を短めに切ったときは、小さな側花蕾がたくさんできます。一方、頂花蕾の茎を長めに切ったときは数は少なくても、大きめの側花蕾ができます。側花蕾は花がすぐに咲くので収穫時期を逃さないように。

保存方法

収穫したブロッコリーは丸ごとそのまま置いておくと急速に鮮度が失われます。早めに切り分けておきましょう。

冷蔵保存

約2〜3日

保存袋で野菜室に

収穫後、そのままの状態で保存しているとつぼみがふくらんできてしまいます。切り分けて、さっとゆでるか電子レンジで加熱し、保存袋に入れて冷蔵保存しましょう。ブロッコリーは茎までおいしく食べられます。食べやすい大きさに切るかスライスして保存しておきましょう。

冷凍保存

約1カ月

切り分けて

つぼみ部分と茎をそれぞれ切り分け、かるくゆでて水気を切り、保存袋で冷凍保存を。

つぼみ部分には水分が残りやすいので、ペーパータオルなどでしっかり拭きとります。

茎の部分はやや火が通りにくいので、つぼみ部分と茎部分は分けて保存したほうが便利です。

農家のコツ

切り方のコツ

つぼみ
大きいものはいくつかに切り分けておきます。

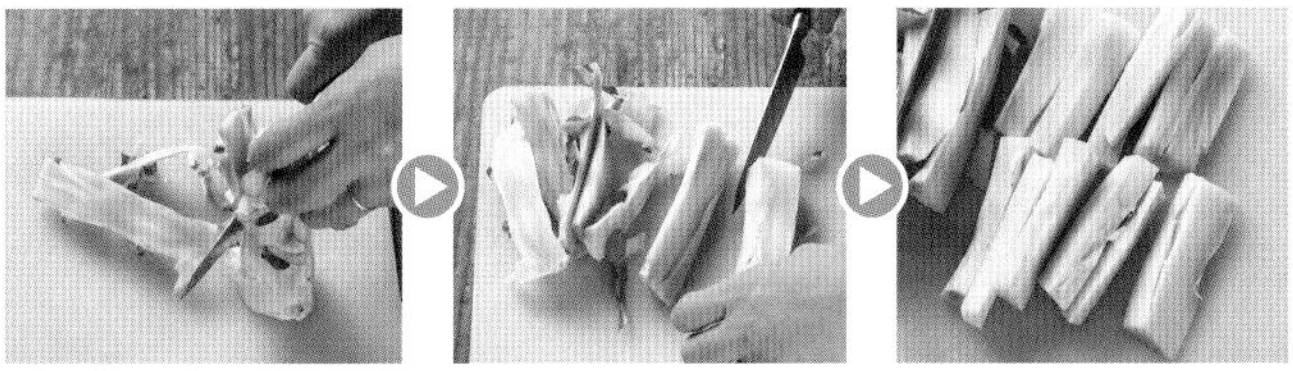

茎は、外側を切り落とし、中は火が通りやすいよう短冊切りにします。

冷凍の茎を使って

ブロッコリーのキッシュ

材料

- 冷凍の茎……1½株
- ベーコンブロック……40g
- 冷凍パイシート……1枚
- A
  - 卵……1個
  - 卵黄……1個
  - 生クリーム……40mℓ
  - 牛乳……40mℓ
  - ニンニクすりおろし……小さじ1
- シュレッドチーズ……50g

作り方

1 パイシートは解凍後に直径15㎝のタルト型に敷き込む。
2 解凍した茎は1㎝角に切り、ベーコンは角切りにしてフライパンで炒める。
3 ボウルに卵と卵黄を入れてほぐし、その他のAを加えて混ぜる。
4 1に2を敷き詰めて3を流し入れ、シュレッドチーズをかけて180度のオーブンで25分焼く。

消費料理

ゆでる、焼く、揚げるでは、食感も風味も違ってきます。味つけにもひと工夫して、いろいろな味わいを楽しみましょう。

ブロッコリーのフリット

材 料

- ブロッコリー……½株

衣

- 米粉……50g
- 炭酸水……120㎖
- 塩麹……小さじ1

- 揚げ油……適量
- レモン……適量

作り方

1 ブロッコリーは小房に分け、さっとゆでる。
2 ボウルに衣の材料を入れて混ぜ、1を加えて和える。
3 180度に熱した油でカリッと揚げ、レモンをしぼって食べる。

ブロッコリーのスープ

材 料

- ブロッコリー（つぼみ部分のみ）……200g
- タマネギ……½個
- バター……20g
- 塩……小さじ½
- だし……200㎖
- 豆乳……100㎖
- しょう油……小さじ1

作り方

1 ブロッコリーは小房に分け、タマネギは縦に薄切りにする。
2 鍋にバターを溶かして1を入れ、塩、だしを加えて10分ほど煮る。
3 火が通ったらハンドブレンダーでなめらかにし、豆乳、しょうゆ油を加えて混ぜる。

ブロッコリーとカキのサラダ

材料

- **ブロッコリー** ……… ½株
- カキ …………………………… 1個
- プロセスチーズ ……………… 適量
- A
  - 塩 ……………………… 小さじ⅛
  - リンゴ酢 ……………… 大さじ1
  - オリーブオイル ……… 大さじ1
  - しょう油 ……………… 小さじ¼
- 黒コショウ …………………… 適量

作り方

1 ブロッコリーは小房に分け、さっとゆでる。
2 カキは皮をむき、8等分のくし形に切って半分に切る。
3 チーズは1㎝角に切る。
4 ボウルに1、2、3、Aを入れて混ぜ合わせる。
5 器に盛って黒コショウをふる。

ブロッコリーのタパス

材料

- **ブロッコリー** ………… 1株
- ニンニク …………………… 2かけ
- アンチョビ ………………… 5枚
- オリーブオイル …………… 60㎖
- しょう油 …………………… 大さじ1
- 白ワインビネガー ………… 大さじ1

作り方

1 ブロッコリーは小房に分け、ニンニクはみじん切りにする。
2 鍋にニンニク、アンチョビ、オリーブオイルを入れ、弱火でじっくりアンチョビを溶かすように火を入れる。
3 ブロッコリーを加え、ふたをして5分中火にかけ、しょう油、白ワインビネガーを加える。

ラッカセイ

花が地中にもぐって実をつけます。カラカラになるまで天日干しをしたものは、フライパンやオーブンで炒って食べます。

保存方法の種類
- 冷凍保存
- 乾燥保存
- 加工保存

収穫カレンダー（月）

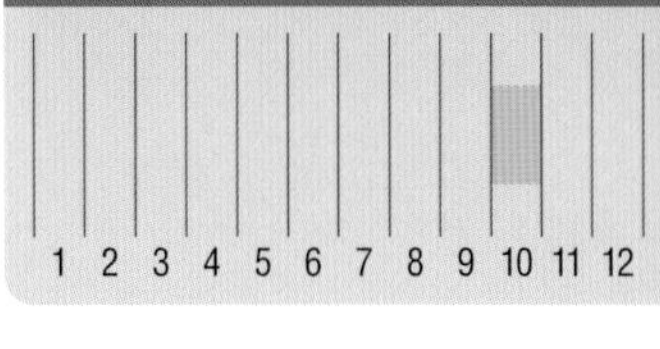
1 2 3 4 5 6 7 8 9 10 11 12

収穫方法

葉が黄色くなってきたら試し掘りを。株元にスコップを入れ、茎を持って引き抜きます。

生食はその日にゆでる

試し掘りをしてみて、サヤに編み目がしっかりできていたら、収穫可能です。乾燥させないものはその日にうちにゆでて、食べきれないものは冷凍を。ピーナッツにする場合は、乾燥させてから炒ります。

ゆで方

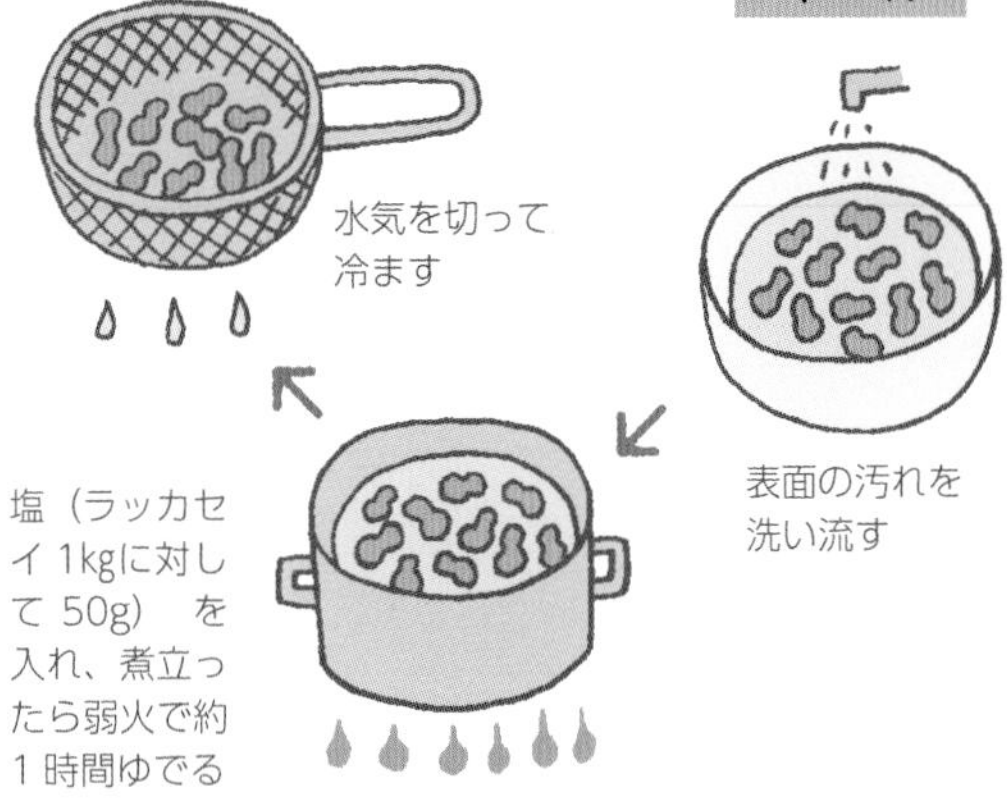
表面の汚れを洗い流す
塩（ラッカセイ 1kgに対して 50g） を入れ、煮立ったら弱火で約1時間ゆでる
水気を切って冷ます

保存方法

おなじみの味も、手作りならではのおいしさが楽しめます。新鮮なうちに調理しましょう。

加工保存

約1カ月～

約6カ月

ピーナッツバター

加工保存❶ 約6カ月＊

＊常温で1カ月、冷蔵で6カ月保存可

材料

- 生ラッカセイの実…100g
- はちみつ…大さじ1
- 砂糖…35g
- なたね油…65㎖

作り方

1 ラッカセイをフライパンに広げて弱火で15分炒り、薄皮をむく。

2 1、はちみつ、砂糖をフードプロセッサーで攪拌し、ペースト状になったら、なたね油を少しずつ加えて混ぜ合わせる。

ピーナッツみそ

加工保存❷ 約3カ月＊

＊常温で1カ月、冷蔵で3カ月保存可

材料

- 生ラッカセイの実…100g
- A［みそ…大さじ3、砂糖…大さじ2、みりん…大さじ½、酒…大さじ1］
- はちみつ…大さじ1

作り方

1 ラッカセイをフライパンに広げて弱火で10分炒り、薄皮をむく。

2 フライパンにAを入れて強火で煮詰め、1を加えて冷ます。

3 人肌に冷めたら、はちみつを加えて混ぜ合わせる。

※オーブンで炒る場合は180度で15分焼く。

消費料理

ゆでたラッカセイのほっくりとしたおいしさは、収穫したてのものならでは。そのまま食べるほか、ご飯にもたっぷり炊き込んで、存分に味わいましょう。

ラッカセイと豚肉の炊き込みご飯

材料

- 生ラッカセイ(サヤ)……200g
- 米……1合
- もち米……1合
- 豚バラかたまり肉……200g

A
- だし……大さじ2½
- みりん……大さじ1
- オイスターソース……大さじ1
- しょう油……大さじ½
- 砂糖……小さじ1
- 塩……小さじ½
- 水……400mℓ

作り方

1 ラッカセイはサヤごと弱火で30分ゆでる。

2 米ともち米を合わせて洗い、鍋に入れる。

3 豚バラ肉は1㎝角に切る。

4 1の実をサヤからとり出して2に入れ、3、Aを加えて中火にかける。沸いてきたら弱火にして20分炊く。

※炊飯器で炊いてもよい。

農家のコツ

ピーナッツの炒り方

カラカラに乾燥させて炒った実がピーナッツ。
密閉できる缶やびんに入れて冷暗所に置けば、6か月くらい保存が可能です。

天日干しで乾燥
サヤのまま洗って土を落とし、ざるなどに広げて1週間ほど天日に当てて干します。

フライパンで炒る
カラカラになったらサヤから実をとり出し、フライパンにひと並びほど入れて、弱火でゆっくり炒ります。目安は10分。

オーブンで焼く
天板に実をひと並びするように広げ、180度で15分焼きます。オーブンシートを敷いておくと、とり出すときにらく。

ハーブの保存と活用法

料理に香りや風味、彩りを加えたり、肉や魚の臭みを消したりするなどさまざまな形で料理に利用されているハーブ。家庭菜園で育てている人も少なくないでしょう。ここでは、育てたハーブをうまく料理や生活に生かし、保存する方法を紹介します。

ミント *mint*

バジル *basil*

タイム *thyme*

ローズマリー *rosemary*

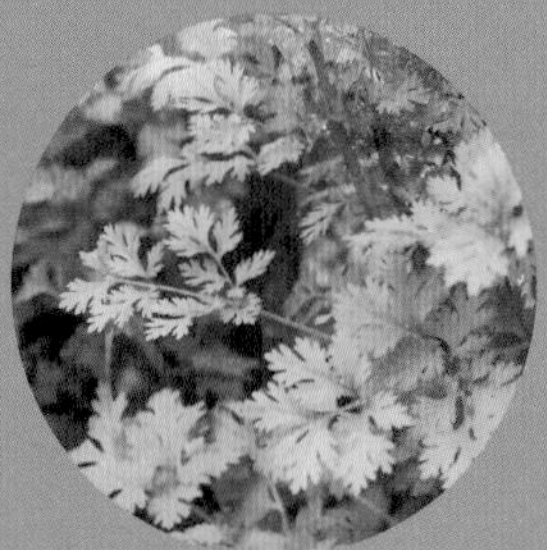
コリアンダー *coriander*

セージ *sage*

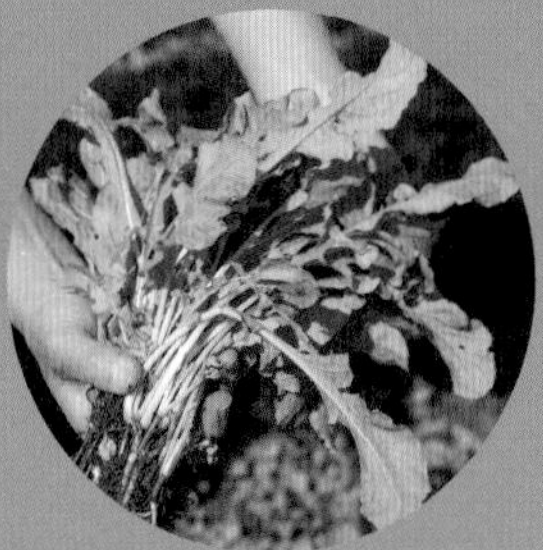
ルッコラ *rucola*

オレガノ *oregano*

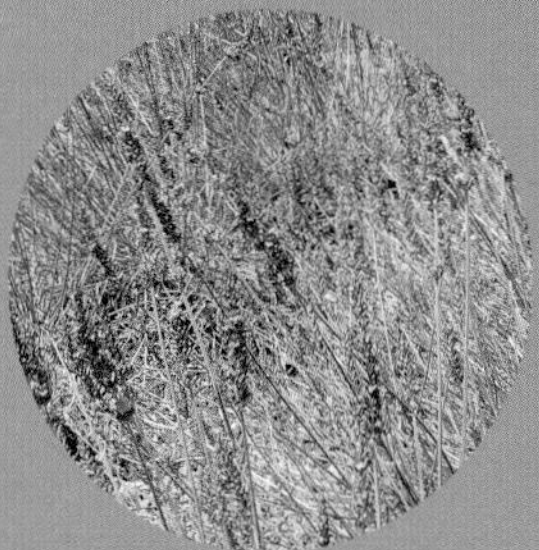
ラベンダー *lavender*

パセリ *italian parsley*

さわやかな香りで料理の脇役として活躍

バジル

●収穫方法

草丈が20cmくらいになったら収穫できます。いちばん上に出た芽を摘むと、わき芽が出て収穫できる葉が増えていきます。花が咲くと新しい葉が出なくなるので、つぼみのうちに摘みとります。

●保存方法

乾燥させると風味が落ち、香りだけが強くなりすぎるので、生のままで使うのがおすすめ。コップの水にさしたり、葉だけを密閉容器に入れて冷蔵庫で数日間は保存できます。

●利用方法

生のまま葉をちぎってパスタやサラダ、トマト、チーズ料理などに。ペーストやオイル漬けにもむいています。さわやかな香り成分には、食欲増進やリラックス効果などがあります。

おいしい食べ方

ジェノベーゼチャーハン

材 料

- ●ジェノベーゼ(→P13)…100g
- ●ご飯……………………………2合
- ●ニンジン……………………½本
- ●しめじ…………………………40g
- ●サラダ油……………………少々
- ●白ゴマ………………………少々

作り方

1 ニンジンはみじん切り、しめじは石づきをとってほぐし、細く裂いておく。
2 ニンジン、しめじをサラダ油で炒める。
3 ご飯を加えて炒める。
4 ジェノベーゼを入れて、さっと炒める。
5 最後に白ゴマをふる。

ポイント

パスタだけでなく、ご飯にも合います。ジェノベーゼ自体に油が含まれているので、炒めるときのサラダ油は少なめにするとあっさりと食べられます。冷蔵なら約2週間、冷凍なら約6カ月もちます。

清涼感のある香り

ミント

●収穫方法

地下茎でどんどん増えていき、作物の栄養分まで奪ってしまうので、植える場所や株数には要注意。草丈が20cm程度になれば、随時収穫できます。

●保存方法

葉だけをちぎって密閉容器や保存袋に入れれば冷蔵保存は可能。しおれかけたものは水を張ったボウルに入れておくとふたたび生き生きとします。乾燥中、酸化して黒ずみやすいため、オーブン乾燥がベターです。

●利用方法

清涼感のある香りはリフレッシュ効果をもたらします。このほか、消化促進、鎮静、殺菌の働きも。ミントティーのほか、エスニック料理に野菜のひとつとして使ったり、グリル料理に加えても。

おいしい飲み方

ミントティー

材料

- ミント……………………6枝
- 緑茶……………………大さじ1
- 砂糖……………………大さじ2

作り方

1 小鍋に緑茶とミント、砂糖を入れて湯を注ぎ、5分中火にかける。

2 茶葉が開いたら、ボウルに入れて茶こしでこす。

※好みで砂糖の量を増やしても。

秋に咲く小さなブルーの花も愛らしい

ローズマリー

●収穫方法

2年めからは木質化し、1年中収穫できます。使い方によって葉先だけを摘むか、葉先から10cmくらいの長さで切ります。乾燥を好むため、葉が込み合って蒸れないように1カ月に1回程度は、収穫をかねて剪定を。

●保存方法

生の状態なら冷蔵保存で。電子レンジで乾燥させることもできます。

●利用方法

森のような香りはピネン、シネオールカンファーなどの精油成分でリフレッシュ効果があり、殺菌、消化促進、利尿、強壮などいろいろな働きをもっています。古くから肉の臭い消しにも使われています。オイルやビネガーに漬けておくのもよいでしょう。

おいしい食べ方

ポテトフライ

材料

- **ローズマリー…適量**
- ジャガイモ……………4～5個
- オリーブオイル………大さじ2
- 塩、コショウ……………適量

作り方

1 ジャガイモは素揚げしておく。

2 フライパンにオリーブオイルを熱し、1とローズマリーを入れて炒め、塩とコショウで味をととのえる。

香りづけや保存目的にと多目的に活躍

タイム

●収穫方法

株を大きくするために本格的な収穫は2年めからにします。ただ、蒸れを防ぐため、開花直前に全体の3分の1を切り戻す必要があり、これを使うことはできます。翌年からは使うときに枝先を切って収穫します。

●保存方法

乾燥させる場合は、ネットなどに入れて自然乾燥させたり、オーブンで乾燥させます。完全に乾燥したものは保存びんなどへ。タイムは乾燥させても香りが失われません。

●利用方法

防腐や殺菌効果があることから、香りづけだけでなく保存食への使用も適しています。脂肪分を分解する効果も。煮込み料理やマリネなどによく使われます。

おいしい食べ方

タイム入り塩

材料

- 生タイム…………2枝
- 塩…………10g

作り方

1 生タイムは枝をしごいて葉をとり、まな板の上で、塩と一緒に包丁で刻む。

※乾燥したタイムの場合は塩と混ぜ合わせるのみでよい。

活用法

スープやシチューに入れたり、炒め物などの調味料として利用。塩気と香りがうまみを引き出します。

＊冷蔵保存で1年もちます。

ゴマに似た味のハーブ。別名「ロケット」

ルッコラ

●収穫方法

最近ではイタリア名の「ルッコラ」として知られます。種まきから50日くらいで収穫できるようになり、下葉から摘みとって収穫します。間引いた葉も食べられます。

●保存方法

葉もの野菜と同様、湿らせたペーパータオルで包んで保存袋に入れ、野菜室で保存します。

●利用方法

ビタミンC、E、カルシウム、鉄が豊富です。抗酸化作用をもつ辛み成分を生かし、生のままサラダやパスタ、ピザのトッピングなどに使えます。西洋風の料理に使われることが多いハーブですが、ルッコラはしょう油など日本の調味料にもよく合うため、炒め物やおひたしにも。

おいしい食べ方

ルッコラの炒め物

材料

- ルッコラ………200g
- ベーコン………4枚
- オリーブオイル………大さじ1
- 塩………1つまみ
- しょう油………小さじ1

作り方

1 ルッコラは洗って5㎝長さに、ベーコンは2㎝幅に切る。

2 フライパンにオリーブオイルを熱してベーコンを炒め、こんがり焼き色がついたらルッコラと塩を加える。

3 さっと炒めて、最後にしょう油を加える。

灰色がかった淡い緑色の葉が特徴

セージ

●収穫方法

数多くの品種があり、花色、香りなどの違いを楽しむことができます。草丈が30cmくらいになったら新しく出た芽を摘んで、わき芽を出させます。そのときに摘んだ葉も利用できます。

●保存方法

生で使う場合は密閉容器や保存袋に入れて冷蔵庫に。開花直前になったら、株元から刈りとります。

●利用方法

「ソーセージ」にも使っているハーブで、消化促進、殺菌効果、脂肪を中和する働きがあります。香りも強く、肉の臭み消しなどによく使われます。葉の天ぷらもおすすめ。古代ローマの時代から食べられていたといわれ、強い香りが消えておいしく食べられます。

おいしい食べ方

セージ入りバター

材料

- セージ……………………6枚
- バター……………………100g

作り方

1 バターは室温に置いてやわらかくし、ボウルに入れる。
2 細かく刻んだセージを加え、ゴムベラでよく混ぜ合わせる。

活用法
蒸かしたジャガイモにつけると絶品！ジャガイモは洗って厚手の鍋に入れ、塩と水を各少々加え、ふたをして中火にかけ、沸騰したら弱火にして15分から20分ほど蒸す。できたてにセージ入りバターをつけて食べる。

独特の香りのハーブ

コリアンダー

●収穫方法

草丈が10cmくらいになれば収穫し始められます。葉は料理に、種（コリアンダーシード）は香辛料として使います。

●保存方法

根は冷凍保存も可。葉と茎を切り分け、茎はそのまま保存袋に入れて冷凍。葉は半日ほど陰干ししてから保存袋に入れて冷凍します。葉を収穫中はなかなか花が咲かず、充実した種になりにくいので、種をとりたいときは、葉をとらない株も残しておきます。花穂が茶色になったら自然乾燥させ、種をとります。

●利用方法

香菜、パクチーとして知られ、整腸作用や鎮静効果があります。葉は肉料理やスープ、炒め物に。種や根はカレーやお菓子などの香りづけに。

おいしい食べ方

コリアンダーのスティック春巻き

材料

- コリアンダー……20g
- ミニ春巻きの皮……10枚
- サラダ油……適量
- レモン……適量

作り方

1 コリアンダーは葉と茎を分け、茎は3cm長さに切る。
2 春巻きの皮1枚に1をひとつかみずつのせ、棒状に包む。
3 フライパンに油を熱して2を入れ、弱火できつね色になるまで揚げ焼きにする。
4 器に盛ってレモンを添える。

つけ合わせでおなじみのハーブ

パセリ

●収穫方法

一般的なちぢれ葉のカールパセリ。葉が平らなイタリアンパセリもよく用いられます。ビタミンが豊富で栄養価が高く、料理の脇役として重宝されます。コンテナや鉢などで育てると、必要な分だけ摘んで利用できます。

●保存方法

たくさんとれたら、洗って水気をよく切り、保存袋で冷凍保存しておきましょう。

●利用方法

みじん切りにして、スープの彩りや肉、魚料理のつけ合わせに。イタリアンパセリは、マイルドな香りで、肉や魚の臭い消しやサラダの具材としても使われます。ベータカロテンやビタミン、カルシウム、鉄など栄養満点です。

おいしい食べ方

パセリとタコのセビーチェ

材料

- **パセリ**……………………50g
- ゆでタコ……………………200g
- トマト…………………………1個

ドレッシング

- オリーブオイル………大さじ2
- 酢………………………大さじ1
- バルサミコ酢…………大さじ1
- しょう油………………大さじ½
- レモン汁………………大さじ1

作り方

1 パセリは熱湯でさっとゆで、水気を切って2㎝幅に切る。
2 タコ、トマトはひと口大の乱切りにする。
3 ボウルにドレッシングの材料を合わせて1、2を入れ、よく混ぜ合わせる。

殺菌、抗炎、鎮静などの作用

ラベンダー

●収穫方法

開花期が収穫期です。開花後は香りの成分である精油が外に出てしまいます。花が4、5輪咲きそうになったら、葉を4～5枚つけて刈りとります。

●保存方法

刈りとったものは生けて花と香りを楽しんだり、束にして乾燥します。

●利用方法

古くから薬用として広く使われているハーブのひとつで、殺菌、抗炎、鎮静などの作用があります。乾燥したラベンダーを枕元に置くと眠りに誘われます。フレッシュなものでも乾燥したものでも細かく刻んでガーゼなどに包んで浴槽に入れればリラックスしたバスタイムに。精油は傷の手当てや頭痛緩和などにも。

ピンクの花はドライフラワーにも

オレガノ

●収穫方法

1年めから収穫できますが、株が大きくなるまで待ち、2年めから収穫すると、そのあとの収穫量がぐっと増えます。生で使う場合は若い葉を随時、摘んで使います。

●保存方法

乾燥させる場合は花が咲く直前に株元から刈りとり、風通しのよい日陰でじっくり乾燥させ、葉だけをしごきとります。乾燥させるとよりスパイシーな香りに。

●利用方法

殺菌効果、消化促進、疲労回復などの効果があります。生で刻んで肉や魚、パスタなどの香りづけに。トマトやチーズなどと相性がよいので、ピザなどに加えて風味を楽しみましょう。オイル漬けにするときは枝ごと使います。

ハーブ活用レシピ

野菜とくらべると、あまり手をかけずに育てることができるハーブ。
菜園の片隅にでも少し植えてみませんか？
収穫できたら、青空の下でハーブを使った料理を味わってみましょう。
育てやすいハーブを使って、大勢で楽しめるメニューを紹介します。

ハーブ入りピザ　2種

数種のハーブ入りピザ

材料

- ハーブ…マジョラム、ローズマリー、タイム、オレガノ、ミントなど好みのハーブを数種類
- チーズ…モッツァレラ、カマンベール、ゴルゴンゾーラなどのチーズを好みで
- 彩りのミニトマトや生ハム…適量

作り方

ピザ生地を作り、その上に数種類のチーズとハーブを好みでのせて、ミニトマトや生ハムを彩りにちらし、焼く。

バジルとパセリ入りピザ

材料

- ハーブ…バジル、イタリアンパセリ
- チーズ…モッツァレラなどを好みで
- 彩りのミニトマト……………………適量
- トマトソース…………………………少々

作り方

ピザ生地を作り、その上にトマトソースを薄く塗り、チーズをちぎってのせ、バジル、イタリアンパセリ、ミニトマトをちらし、焼く。

ハーブフォカッチャ

材料

- **ローズマリー……少々**
- **オレガノ…………少々**
- 強力粉……………………250g
- 塩……………………………3g
- ドライイースト………………3g
- オリーブオイル…………大さじ1
- 水……………………………150mℓ

作り方

1 ボウルに強力粉、塩、ドライイースト、オリーブオイルを入れ、水を少しずつ加える。
2 生地がまとまるまでよくこね、生地が2倍になるまで発酵させる(1次発酵)。
3 ボウルからとり出し、オーブンシートに丸めた生地をだ円形に伸ばす。
4 温かいところに置き、約2倍になるまで2次発酵させる。
5 ローズマリーとオレガノ、塩(分量外)をまな板の上に置き、細かく刻む(ハーブ塩)。
6 4の表面にオリーブオイル(分量外)を塗り、指で数カ所穴をあけ、5のハーブ塩をかける。
7 210度に熱したオーブンで20分焼く。

ハーブパイ

材料

- **タイム………………2枚**
- 冷凍パイシート…………1枚
- パルメザンチーズ……大さじ2
- オリーブオイル………大さじ1

作り方

1 解凍したパイシートに、刻んだタイムとパルメザンチーズをかけ、手でかるく押さえて、包丁かカードで筋を入れる。
2 上からオリーブオイルをかけ、200度のオーブンできつね色になるまで焼き、冷めたら筋にそって手で折る。

ハーブオイル＆ハーブビネガー

ハーブオイル

ハーブをオリーブオイルに漬けておいたもの。オイルにハーブの風味が移り、素材を炒めたり、料理の仕上げにひとふりしたりすれば、味がグレードアップします。

作り方

使用するハーブはよく洗って、キッチンペーパーで水気を拭いておく。消毒した大きめのびん（→P13）にハーブを入れ、つぶしたニンニク１かけ、コショウの実少々、赤トウガラシを入れたオリーブオイルを注ぐ。日当たりのよい窓辺に置き、ときどきびんを揺すりながら、１週間ほど置く。

※写真左の２本はタイムとローズマリーを使用したもの、右はバジル、オレガノ、マジョラムを使用したものです。

ハーブビネガー

ハーブを穀物酢やリンゴ酢に漬けておいたもの。油、塩、コショウを加えればドレッシングになるほか、マリネや肉、魚料理にも。水や炭酸水で割ればサワードリンクにもなります。

作り方

消毒した大きめのびん（→P13）に、洗って水気を拭きとったハーブを入れ、穀物酢やリンゴ酢を注ぐ。日当たりのよい窓辺に置き、ときどきびんを揺すりながら、１週間ほど置く。

でき上がったら……

ハーブオイル、ハーブビネガーとも１週間くらい置けば使えるようになります。でき上がったら小びんに移し、中身がわかるように、漬けておいたハーブを１〜２本入れておくとよいでしょう。いろいろな料理に使えるため、すぐになくなってしまうことが多いでしょうが、それぞれ常温で約１カ月もちます。

ハーブでおもてなし料理

作り方 ※❷❺の作り方→ P220、❸の作り方→ P213

❶クレソンとミントのサラダ

ちぎったサラダナとクレソン、スライスしたキュウリとタマネギを混ぜ、ハーブビネガー、サラダ油、塩、コショウで作ったドレッシングで和える。

❻ブルーベリーの炊き込みご飯

ブルーベリーの赤ワイン漬け（ブルーベリーを赤ワインに漬けておき、3～4カ月以上たったもの）を1カップ、ハーブオイルで炒めたみじん切りタマネギを少々、米2合を入れ、炊飯器の規定量まで水を入れて炊く。炊き上がったら、フライパンで炒ったアーモンドスライスを散らす。

❹サルティンボッカ

たたいて薄くした牛肉の上に生のセージを1～2枚のせ、さらに生ハムをのせる。かるく小麦粉をまぶし、バターを溶かしたフライパンで生ハムの面から焼く。裏に返して両面に焼き目がついたら白ワイン、塩、コショウを入れてふたをして蒸し焼きにする。とろみが出て、汁気がなくなったらでき上がり。ベビーリーフ、パプリカの薄切りの上に盛りつける。

❼ジャガイモとクレソンのサラダ

ゆでて3㎜幅の輪切りにしたジャガイモ、ちぎったクレソンの上にハーブビネガーをふりかける。ゆで卵のスライスをのせ、ハーブオイル、塩、コショウ、マスタードを混ぜて作ったドレッシングをかける。

撮影および保存・料理・加工協力、レシピ提供

田《た》中《なか》久《く》美《み》子《こ》（たなか農園《のうえん》・ペトラン）

兵庫県出身。茨城県石岡市旧八郷地区にて一町歩の有機農園を夫と営み、身体の軸になる食を提案。加工部門「ペトラン」では自農園の野菜を生かした自家製人参酵母パン、焼菓子、ジャム、お弁当などを製造販売。料理研究家としても活動し、雑誌等にレシピ提供も行う。著書に『お日さまごはん』（文化出版局）。
HP　http://tanakanouen-petrin.com
Instagram　@_petrin／@_petrinsoeur／@farmerstables

撮影協力	岩間幸代、岡田比呂美、高松靖子
撮影	c.h.lee (Owl Co.,Ltd.)、菅井淳子
イラスト	はやしゆうこ
デザイン・DTP	佐々木容子（カラノキデザイン制作室）、萩原奈保子、 東村直美（やなか事務所）、高 八重子
写真提供	i stock、Getty Images、PIXTA
執筆・編集協力	東村直美・岡田稔子（やなか事務所）、三上雅子

※本書は、当社刊『農家が教える 野菜の収穫・保存・料理』（2016年5月発行）を再編集し、書名・価格等を変更したものです。

決定版《けっていばん》 農家《のうか》が教《おし》える 野菜《やさい》の収穫《しゅうかく》・保存《ほぞん》・料理《りょうり》

編　者	西東社編集部
発行者	若松和紀
発行所	株式会社 西東社 〒113-0034　東京都文京区湯島2-3-13 https://www.seitosha.co.jp/ 電話　03-5800-3120（代）

※本書に記載のない内容のご質問や著者等の連絡先につきましては、お答えできかねます。

ISBN 978-4-7916-2964-0